자유대한민국 국민이 꼭 읽고 알아야 할 책

대한민국 어디로 가야 하나

부제 : 나를 현명하게 · 이념 알기 · 경제 알기

모두 컬러 인쇄. 큰 글씨

전 페이지 PPT 자료화

복사하기 쉬운 A4 용지 크기

이해하기 쉽게 정리된 내용

편저 나라 걱정 시민모임

이 책의 특징과 활용 방법

1. 모두 컬러 인쇄
전 페이지를 컬러로 제작하여 내용 분류가 쉽고 중요한 부분은 색깔을 달리 했고 시각적으로 편안하도록 만들었습니다.

2. 큰 글씨
모두가 잘 볼 수 있도록 큰 글씨로 써서 어르신들도 읽는 데 불편이 없도록 했습니다.

3. 전 페이지 PPT 자료화
교육용이나 단체 교육을 위해 전 페이지를 PPT로 작업하여 누구나 교육하기에 편리하게 하였습니다.
단체 교육 시 PPT 원본 파일을 보내 드릴 수 있습니다.

4. 복사하기 쉬운 A4 용지 크기
독특한 크기에 가로를 길게 편집한 것은 이 자료를 대중교육에 활용 시 필요한 부분을 A4용지에 바로 복사할 수 있게 하였습니다.

5. 이해하기 쉽게 정리된 내용
어려운 이념과 경제를 최대한 쉽게 전달하려고 그림, 도표를 활용 구조화하여 되도록 한 페이지에 내용을 요약 정리하였습니다.

표지 설명

겉 표지 전체는 대한민국의 상징 태극기를 형상화한 이미지를 바탕으로 했으며
(사진 정원길작가)

중앙의 사진은 제주 유채 꽃밭에 찬란하게 내려 비치는 햇살을 통해 밝은 대한민국의 미래를 표현했습니다.

책 이름은 현 대한민국이 극도로 혼란하고 이념 대립과 분열로 편가르기가 극심한 상황에서는 국가발전은 커녕 망하는 길로 가기에

대한민국이 화합과 협력, 상호 존중속에 발전의 동력을 회복하기 위해

대한민국이 어떤 길로 가야 하는지를 고민하며 그 방안을 마련하자는 의미로 책이름을

'대한민국 어디로 가야 하나'
(김상연님 제안)로 정했습니다.

이념 알기, 경제 알기 를 시작하며

대한민국은 어디로 가야 할까요? 그 해답을 얻기 위해 이 책이 쓰여졌습니다.

개인의 자유가 최우선 존중되며 사회 공동체가 유익이 되는 사회를 이룩하는 일,
서로를 배려하며 대립과 갈등을 최소화하며 구성원들이 한 마음으로 단결하여
모두가 행복한 나라를 만들기 위해 국가발전에 매진할 수 있는 날이 오기를 꿈꿉니다.

> 세상을 아는 공부
> 평생을 해야 한다.
> 안 하면 평생
> 후회하며 살게 된다.

편가르기와 분열과 대립을 일삼는 나라, 권력자와 정치인, 국민이 공부하지 않는
나라는 미래가 없고 **국민이 바로 알고 바로 서야 우리나라에 희망찬 미래가 열릴 거라고 생각합니다**.

'아는 것이 힘이고 배워야 산다'라고 들으며 살았지만 사회에 나와서 생업에
종사하느라 **이념공부, 경제공부**를 해본 적이 거의 없었습니다.
아는 게 없으니 정치인들이, 언론인들이, 지식인이라는 이들이 말하면 그냥 따라갔습니다.
그래서 정치꾼들에게, 이념이 잘못된 자들에게 마냥 끌려 다녔습니다.
오늘의 이 난국은 주권자인 국민이 바로 알지 못하고 바른 판단력이 부족하기 때문이 아닐까요?.

이제 공부해야 합니다. 조금씩 조금씩 꾸준히……
세상에 공부 나이란 없습니다. 공부 안 하면 노예생활을 면할 길이 없습니다.
국민이 현명해야 정치인과 공직자들이 국민을 어려워하며 주권자 국민 앞에 군림하지 못하게 됩니다.

아무런 학문적 바탕도 없고 책을 써 본 적도 없지만 누군가 시작해야 한다는
마음으로 이 일을 시작했습니다. 많이 부족한 점이 있음을 압니다.

애국적인 학자들이, 또한 각성한 단체와 국민들이 자유대한민국 국민을 대상으로 하는
국민교육과정을 만들고 국민교과서를 만들어 보급하고 교육하여 주시기를 소망합니다.

국민이 현명하지 않고는 이런 혼란상은 계속될 것입니다. 이 책이 우리가 나아갈 자유롭고
공정하고, 잘 살고 행복한 나라로 가는 길에 하나의 디딤돌이 되기를 바랍니다.

> 나라 걱정 시민모임

똑바로 알지 못하면 속는다

기본을 알면 속지 않는다

국가 끼리는 정글 게임이다. 정글에서는 착하고 약한 새끼들을 주로 잡아 먹는다.

살찐 돼지를 잡아 먹으려는 배고픈 늑대에게 아주 착한 말을 하고 떡을 주면 안전한가 ?

떡을 주면 안 잡아 먹지 ! 같이 매우 그럴싸하게 말하면 속기 쉽다.
몇 명이나 속지 않을까 ?

늑대보다 힘이 세거나, 돼지를 지켜줄 큰 개가 옆에 있어야 잡아 먹히지 않는다.

이 만고의 진리를 거스르는 국가 안보는 사기다.

국민이 잘 살려면

이 세상에 나 대신 일하여 나를 잘 살게 해 줄 사람이 있나 ?

그러므로 국민이 잘 살려면 **국민 모두가 공짜 바라지 말고 열심히 일해야 한다.**

일 안하고 입 벌리고 있으면 국가가 먹여 준다 ?
국가는 그 돈 어디서 나나 ?

누군가가 고생하여 모은 것 빼앗아 주며 한 표 얻는 것 이상 아무 것도 아니다.

엄밀히 말하면 **돈 빼앗아 사지가 멀쩡한 사람 먹여주면 국가도 힘센 강도에 불과하다.**

흐르는 물은 어떻게 만드나 ?

고인물은 썩으므로 강물은 흘러야 한다고 말한다.

비가 부족하면 강에 흐를 물이 없게 되고
강에 하수가 흘러 들어 똥 간장 강이 된다.
(과거 안양천, 청계천, 중랑천)

비는 7,8월만 많이 오고 나머지 기간은 가뭄인데 무슨 수로 강물을 계속 흐르게 하나? 친 환경론자가 상류에서 강이 가득 찰 정도로 물을 계속 부어 주나?

보를 막아 강물을 채운 후 천천히 라도 흐르게 하는 것이 상책이다.

과학 이전의 기본도 생각해 보지 않으니까 매스컴을 이용하여 속이면 쉽게 속는다.

이 책의 목적

언론이 거짓말을 할 때는 진짜보다 더 진짜같이 거짓을 하여 시청자들에게 거짓을 세뇌시킨다. 영국국민이 BBC 를 신뢰하는 정도가 10% 라는 보도가 있었다.
속지 않도록 기본적인 상식을 갖추는 게 이 책의 목적이다.
판단이 안될 때는 더 기다려 보는 것도 상책이다.

알고 알리자 !

바른말 하다, 봉변 안 당하려고 입 조심 몸 조심 하다가

 몇 년 후에 자유 세상이 이어질지
 공산 세상으로 바뀔지 모르는 지경이 되었습니다.

그러면서 " 아는 게 병이고, 모르는 게 약이다" 로 살려고 합니다.
시간만 있으면 돈 벌고, 그 돈으로 놀러가기 바쁩니다.

그러나 그런 삶이 얼마나 지속될까요?
국민이 자각하지 않으면 그런 삶은 오래가지 못하고 자유와 모든 것을 잃고
비참하게 되는 게 역사가 보여주는 사실입니다.

 역시 "아는 게 힘이다" 가 맞는 말입니다.

 그러나 소수가 아는 것은 힘이 되지 않고 국민 다수가 알아야 힘이 됩니다.

 국민 다수에게 알리려고 최대한 쉬운 설명과 색과 표를 많이 사용했습니다.

 많이 읽고, 많이 전파하여 온전한 자유 대한민국이 지켜 지기를 바랍니다.

 나라 걱정 시민모임

책 표지 ……[1]
이 책의 특징과 활용 방법, 표지 설명……[2]
이념 알기, 경제 알기를 시작하며……[3]
똑바로 알지 못하면 속는다 ……[4]
알고 알리자 ……[5]

● **차례** 1,2,3,4,5 ……[6~10]

1편 이념공부 [11]

이념관련 단어 확인……[12]
보수와 진보, 어느 쪽이 공부를 더 열심히 하나? ……[13]
좌(左)는 이런 교육을 이미 해왔다. …… [14]

인간들이 고안한 이념의 종류……[15]
주요 이념 요약 정리……[16]

이념 관련 용어들의 상대어……[17]
보수와 진보 이념의 역사……[18]
한반도 이념 도입순서……[19]
영어 단어의 한자 번역(1),(2) ……[20~21]
근세사를 공부하기 위한 사전공부……[22]
이념이 지향하는 두 가지 큰 물결……[23]
자연에는 평등도 다수결도 없다 ……[24]

자유와 평등 [25]

자유와 평등은 공존할 수 있나? ……[26]
공평, 공정, 평등의 예(例) ……[27]
'**프리드먼**'이 말하는 자유와 평등……[28]·
美 '독립선언서에 담긴 자유와 평등……[29]
자유사회가 소중한 이유
대한민국 헌법에 담긴 자유와 평등 ……[30]

평등과 불평등 [31]

불평등 타파? 평등사회로 대전환? ……[32]
불평등은 나쁘고 평등사회는 이상적인가? ……[32]
평등에 대하여 ……[33]

평등, 불평등 모식(模式)도 ……[34]
평등을 관철하려면 자유와 공정은 포기해야 한다 ……[35]
역사적으로 본 신분적 평등 ……[36]

법 앞의 평등 ……[37]
경제적 평등 ……[38]
소득 평등 상태 ……[39]
소득 불평등 상태, 평등은 없다 ……[40]

평등사회는 가능한가? ……[41]
평등화 시도의결과 ……[42]
평등사회로 가기 위해 공산 사회주의 도입 ……[43]
기회의 평등은 가능한가? ……[44]

평등의 본질적 문제는 평등 자체가 불공정하다 ……[45]
평등은 가정(假定)속에서만 가능하다 ……[46]
차이가 전혀 없는 평등 세상은 가능하지 않다 ……[47]

영국보수당과 불평등 [48]

영국보수당은 불평등을 어떻게 보고 있나? ……[48]
보수주의자가 보는 불평등
평등주의에 대한 반대의 근거

보수주의자들이 평등주의를 적극적으로 반대하는 이유 ……[49]
불평등해질 권리 …… [50]

차례 2　　　대한민국 어디로 가야 하나

자유, 자유주의 [51]

자유에 대해 알아보자……[52]
자유사상의 분류 ……[53]
신자유주의, 대표적 인물과 정책……[54]
수정자본주의와 신자유주의 비교 ……[55]
(정부의 개입이냐? 시장의 자유이냐?)

개인주의, 자유주의, 집단주의 ……[56]
생존 본능일 때 자익주의가 먼저 작동한다.……[57]
자익심(自益心)의 바른 이해 ……[58]
개인의 자유를 찾아가는 것이 현대 민주정치 ……[59]
개인의 자유와 집단의 자유 ……[60]
자유주의와 개인주의 차이

민주주의 [61]

민주주의의 목표 ……[62]
민주주의의 정신과 원리 ……[63]
아테네의 민주정과 로마공화정 ……[64]
현대의 민주정과 현대의 공화정 ……[65]
토크빌이 본 미국의 민주주의 ……[66]
민주주의는 만능인가? ……[67]
민주주의의 문제점(1) ……[68]
민주주의의 문제점(2), 방어적 민주주의……[69]
민주주의와 공화주의 비교 ……[70]
대한민국은 민주공화국이다……[71]

자유민주주의란? ……[72]
자유민주주의 국가에 꼭 있어야 할 3가지……[73]
자유민주주의는 헌법에 있는가?
사회민주주의란? 목표와 발생, ……[74]
사회민주주의의 시작과 결과……[75]
사회민주주의의 역사……[76]

인민민주주의란? ……[77]
인민민주주의의 발단과 인민정부의 정책……[78]
현재 인민민주주의 국가는? ……[79]
자유주의, 민주주의, 사회주의 비교)……[80]

정의란 무엇인가? [81]

존 롤스 (John Rawls)의 정의론(正義論)(1) ……[82]
존 롤스 (John Rawls)의 정의론(正義論)(2) ……[83]

노직 (Robert Nozick)의 권리론 ……[84]
노직 (Robert Nozick)의 최소국가론 ……[85]
롤스의 정의론에 대한 노직의 찬반론 ……[86]

샌델 (Michael Joseph Sandel) 의 정의론(1) ……[87]
샌델 (Michael Joseph Sandel) 의 정의론(2) ……[88]

보수와 진보 [89]

보수와 진보의 지향점…… [90]
우파와 좌파의 유래……[91]
보수와 진보 단순 비교표……[92]

파시즘과 나치즘은 극우인가? ……[93]
극우, 극좌 정당……[94]

한자(漢字)로 본 진보와 보수……[95]
한자에 의한 보수, 진보 구분……[96]

시대적 환경에 진보, 보수를 대입해 보면……[97]
조선시대는 어떤 사회였나? ……[98]

차례 3 　　　대한민국 어디로 가야 하나

　그림으로 보는 진보, 사회주의·····[99]
　　휴전선을 마주하고 대치중인 남북의 현상황도·····[100]
　反 대한민국세력 설명도·····[101]
　한반도의 1,2,3차 이념전쟁·····[102]

진보주의 [103]

　진보주의의 역사1(진보주의의 시작) ·····[104]
　진보주의의 역사2(칼 맑스의 자본론) ·····[105]
　칼맑스, 엥겔스의 공산당 선언·····[106]
　공산주의는 실패했지만 이상만큼은 좋다? ·····[107]

　좌파 이념의 이론적 변천과정·····[108]
　좌파 이념의 실천적 변천과정·····[109]
　현대의 진보주의·····[110]
　대한민국의 진보주의·····[111]

　네오 막시즘 (신 마르크스주의) ·····[112]
　네오 막시즘 (신 좌파 사상의 확산1) ·····[113]
　네오 막시즘 (신 좌파 사상의 확산2) ·····[114]

　신좌파가 달성하려는 목표(해방과 사회정의) ·····[115]
　네오막시즘의 형성 과정도·····[116]
　그람시의 시민사회, 헤게모니, 진지전론·····[117]
　그람시의 기동전, 대한민국에 침투한 공산화전략·····[118]

　68혁명과 보수진영의 비판·····[119]
　주요 저서 출간 순서 ·····[120]

보수주의 [121]

　보수주의 탄생·····[122]
　보수주의 창시자 에드먼드 버크·····[123]
　러셀 커크의 보수주의 정신(마음) ·····[123]

　미국의 보수주의 1 (배리 골드워터) ·····[125]
　미국의 보수주의 2 (로널드 레이건) ·····[126]
　미국의 보수주의 운동·····[127]
　Tea Party. New Right. New freedom. CPAC

　미국의 청년 보수주의 운동·····[128]
　샤론 선언문 전문(全文) ·····[129]

　대한민국의 보수의 역사와 가치·····[130]
　대한민국 보수가 나아갈 길·····[131]
　그림으로 보는 보수주의자의 자세·····[132]

사회주의, 공산주의 [133]

　꼭 알아야 할 용어 설명·····[134]
　공산주의와 사회주의의 차이점·····[135]
　미국 밀레니얼 세대, 사회주의 선호·····[136]
　질투심을 못 이겨 사회주의로·····[137]
　사회주의 정당의 경제 정책·····[138]
　사회주의자의 말과 자본주의자의 말·····[139-141]

우리가 알고 있던 스웨덴은 없다·····[142]
　복지국가 스웨덴의 실상·····[143]
　사회주의 복지국가는 지상낙원이 아니다·····[144]

　공산주의가 꿈꾸는 세상·····[145]
　공산주의 중요 내력·····[146]
　공산 전체주의 체제의 특징·····[147]
　공산 사회주의화 된 세상 경험(1),(2) ·····[148-149]
　　(By 밀로반 질라스)

　공산주의자들의 단어 (1),(2) ·····[150-151]
　공산주의 실험은 실패했다 (1),(2) ·····[152-153]
　공산주의 실패 (중국의 경우는?) ·····[154]

자본주의의 발생과 발전 [155]

자본주의에 대하여 ……[156]
청교도 정신과 애덤 스미스 ……[157]
애덤 스미스의 도덕 철학 ……[158]
애덤 스미스의 도덕감정론 ……[159]
애덤 스미스의 경제 사상 ……[160]
국부론의 핵심 내용 ……[161]

막스 베버의 자본주의 정신 ……[162]
자본주의는 자유시장경제 ……[163]

자본주의의 위력-'내가 번 것은 내 것' ……[164]
　　　(덩샤오핑과 하이에크의 대화)
자본주의와 공산 사회주의의 소유권 ……[165]
반 자본주의의 부활 ……[166]
우리 사회의 반 자본주의……[167]
반 자본주의의 10가지 거짓말(지텔만)……[168-171]
시장경제라는 자본주의 세상에서 살려면……[172]

사회계약론과 독재국가 [173]

자유를 위한 사회계약론 ……[174]
홉스, 로크, 루소의 사회계약론 ……[175]
권위주의 정치의 특징 ……[176]
독재의 종류 ……[177]
인류 역사상 가장 많은 사람을 죽인 독재자 순위……[178]
잘 나가다 망한 나라들의 망한 원인……[178]

선전 선동, 거짓 선동, 가짜 뉴스 [179]

괴벨스의 선전 선동술 ……[180]
단기간에는 거짓이 승리하고 굳히기 하려 한다 ……[181]

악의적 사상교육 악(惡)의 잠행(潛行) 1, 2 ……[182-183]]
　　　(소설'태백산맥'을 중심으로)

나쁜 평화가 전쟁보다 낫다? (1), (2) ……[184~185]
선전 선동으로 대한민국 망하고 있다 ……[186]
좌익의 선전선동에 속지 않으려면? ……[187]
운동권 출신 정치인들이 끼치는 해악 ……[188]

2편 경제 알기 [189]

왜 경제 알기에 힘써야 하나? ……[190]
자연은 처음부터 자유, 차이, 부족으로 존재했다 ……[191]
자연은 부족상태 ……[192]
부족을 해결하기 위한 방법 ……[193]
부족을 해결하기 위한 사상의 발전 ……[194]
고대 문명의 발상지 (1),(2) ……[195-196]
황하문명의 지리적 환경 ……[197]
문명의 시작 ……[198]

시장경제 [199]

시장경제에 대해 알아보자 ……[200]
시장경제의 원리에 부합하는 법과 제도의 확립 ……[201]
세상이 돌아가고 발전하는 경제원리 ……[202]
동력 전(動力前)수공업 시장경제 ……[195]
동력 후(動力後)기계화 후 시장경제 ……[204]

재산권 보호, 특허권 보장, 자유 방임주의,
　　　세금철폐가 **산업혁명을 유도하다** ……[205]
기업 자본주의 시대 도래(1).(2) ……[206-207]
시장이 발전하면 (1),(2) ……[208-209]

국가 경제가 비약하려면 ……[210]
박정희 대통령의 산림 녹화 ……[211]
1960년대 초의 대한민국 모습 ……[212]
통제 경제(배급 경제)의 모습 ……[213]
막강한 산업국가로 우뚝 서다 ……[214]

경제문제 생각하기 [215]

'빼앗아 주면 고맙다'라는 국민이 많아지면 ……[216]
규제는 경제를 말라 죽게 한다……[217]
대한민국을 살리는 규제개혁(1), (2) ……[218 - 219]
정부별 규제개혁 성적표(2014년 기준) ……[220]

좋은 규제의 조건 ……[221]
규제를 대하는 각 집단의 속성……[222]
규제개혁의 방향 ……[223]
가격통제에 의해 발생된 역사적인 예……[223]

규제개혁에 대한 제언 ……[224]
시장을 알아야 규제가 보인다 (1), (2) ……[225 - 226]

주권자 국민의 올바른 선택 ……[227]
시장에 파고 드는 사회주의 ……[228]
사회주의 약속, 자본주의 약속 ……[229]

전문가를 무시하는 경제정책은 실패한다 ……[230]
경제적 자유주의, 자유노동, 사유재산보장 ……[231]

부의 불평등 문제와 계층간 이동 ……[232]
부의 대물림은 불공정한가? (1),(2) ……[233-234]

국가의 약탈 상속세 (1),(2),(3) ……[235-237]
경제에 대한 불경 구절 ……[238]

노벨 경제학상 수상자들의 경제학 [239]

하이에크 경제학 (1) 노예의 길 ……[240]
하이에크 경제학 (2) 몽펠드랑회(MPS) ……[241]
하이에크 경제학 (3) 핵심 경제사상 ……[242]

슘페터의 경제학 (1) 창조적 파괴, 혁신 ……[243]
슘페터의 경제학 (2) 기업가 정신 ……[244]
경제 성장과 기업가 정신 ……[245]

밀턴 프리드먼 자유시장 경제론 (1) ……[246]
만화 설명(케인즈와 프리드먼의 논쟁) ……[247]
밀턴 프리드먼 자유시장 경제론 (2) ……[248]

앵거스 디턴 불평등은 경제성장의 원동력 ……[249]
경제의 모세관 현상 ……[250]
경제상황은 결코 Snap Shot이 아니다 ……[251]

한국지도자의 창조적 결단 [252]

이승만대통령의 업적……[253-254]
박정희대통령의 업적……[255]

살기 좋은 자유주의 나라 만들기 [256]

막강했던 중국은 왜 서양(동양 대제국)에 패했나? ……[257]
자유주의 관점에서 본 대한민국 헌법(1),(2),(3) ……[258-260]
헌법 119조 1,2항 ……[261]
헌법 119조 2항 문제점……[262]
경제 민주화를 시장 경제화로 바꿔야……[263]
경제민주화를 비판하는 성명서……[264]

대륙 횡단 철도의 유혹에서 벗어나자 ……[265]
대한민국의 빚 현황(2021) ……[266]
자유 국제 경쟁 체제(Bretton Woods system) ……[267]
플라자 합의와 루브르 합의……[268]

시장 경제의 요약……[269]
잘 사는 나라가 되려면……[270]

시론(時論) ……[271]
책을 마무리하며……[272]

국민이 바로 알고 바로 서야

대한민국이 바로 선다 !!!

1편 이념 알기

이념 알기에 들어가기 전에

인간의 삶은 어떤 생각을 하고 어떻게
실천하는가에 따라 달라진다.

그런 면에서 이념은 매우 중요한 공부이다.
인간은 가장 이상적인 세상을 꿈꾼다.
자유도 평등도 민주주의도, 자본주의, 사회주의,
공산주의도 다 이상(理想)을 좇아 만들어진 이념이다.

대한민국은 거대 이념의 사생결단 각축장이 되어 있다.
대립과 갈등이 심화되어 발전의 동력을 잃고 있을 뿐
아니라 존망의 기로에 서있게 되었다.

**우리는 이념 알기를 통해 우리가 나아가야 할
올바른 이념을 바르게 세워가야 한다.**

국민이 바로 알고 바로 서야 나라도 바로 설 수 있다.

- 이념관련 단어 확인
- 이념공부를 열심히 하는 진보 좌파
- 좌익은 이런 공부를 해왔다
- 인간들이 고안한 이념의 종류
- 보수 진보 이념의 역사(우리나라)
- 한반도 이념 도입 순서
- 현대를 지배하는 영어의 한자 번역(1),(2)
- 근세사를 공부하기 위해 알아 두어야 할 말
- 이념이 지향하는 두가지 큰 줄기
- 자연에는 평등도 다수결도 없다

이념관련 단어 | 이념의 종류 | 이념의 역사 | 이념도입 순서 | 영어의 한자 번역

이념 관련 단어 확인

▶ **이념** (ideology) : 어떤 것을 **이상(理想)**적으로 여기는 생각 혹은 견해.

　　　　　이상을 실현하려는 생각과 사상.

　　　　　추구하는 가치나 규범을 향해 나아가고자 하는 방향과 목표.

▶ **사상** (thought) : 체계가 세워진 생각. 틀이 잡힌 생각, 체계화된 이론이나 학설.

▶ **주의** (ism) : **주장이나 행동의 지침**으로 하는 원칙이나 사상.

　　　　　　우리 앞으로 -- 이렇게 하기다 !!!!!!!!!!

모든 이념, 사상, 주의에 영향을 미치는 것은 가치관이다.

▶ 자기 나라의 **나쁜 정부(사람)**를 지지할 것인가 ?
　다른 나라의 **착한 정부(사람)**를 지지할 것인가 ?
▶ **무난한 삶**과 도전 성취 중 어느 것을 택하는가?
▶ **자유와 평등** 중 더 중요한 가치는?
▶ **자본주의와 사회주의** 중 어느 것을 택하는가 ?

▶ **보수와 진보** 중 어느 것을 택하는가?
▶ **권력과 재산** 중 어느 것을 택하는가?
▶ **나의 성취와 국가의 발전을** 위해
　열심히 살 것인가?
　오직 **나만의 즐거움, 건강만** 챙기면서
　살 것인가?

| 질문 | 좌 진보 | 左가 모두 진보가 아니고 右가 모두 보수는 아니지만 | 우 보수 |

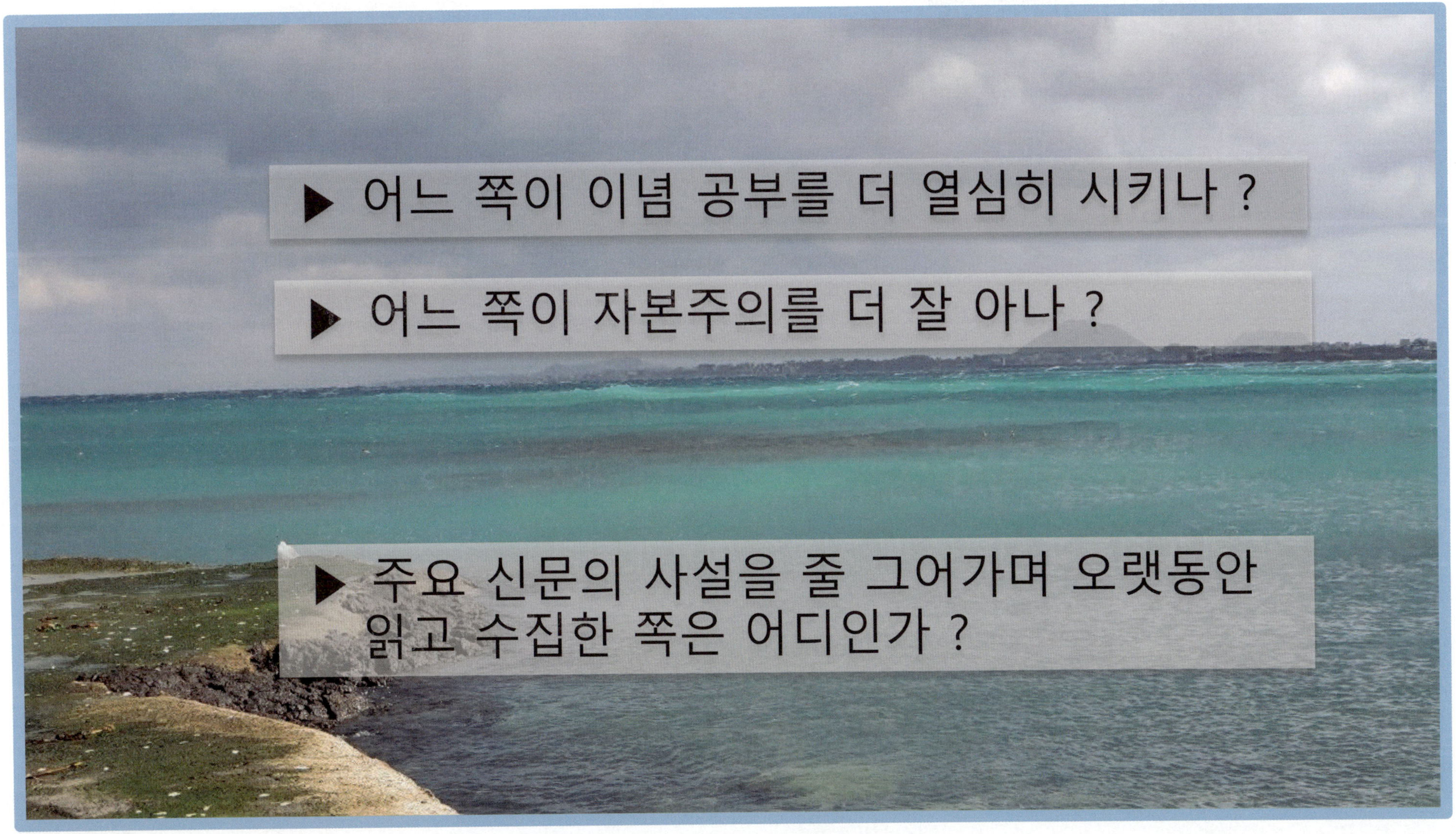

▶ 어느 쪽이 이념 공부를 더 열심히 시키나 ?

▶ 어느 쪽이 자본주의를 더 잘 아나 ?

▶ 주요 신문의 사설을 줄 그어가며 오랫동안 읽고 수집한 쪽은 어디인가 ?

좌(진보)는 이미 이런 교육을 해 왔다 !!!

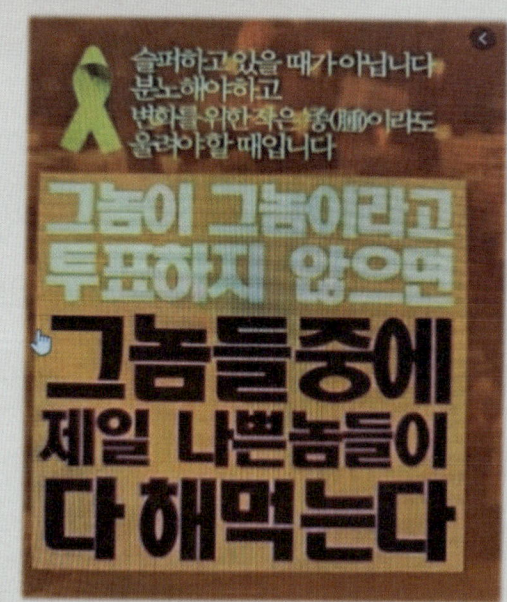

플라톤(고대 그리스의 철학자, 기원전 428~348)
지도층의 사유재산 금지, 가족제도 폐지, 절대공유제,
남녀평등, 철인정치 등 좌익사상의 원조

불의가 법률이 되었을 때, 저항은 의무가 된다 ! 토마스 제퍼슨

보수가 해야 할 말을 진보가 먼저 하여 보수의 가치가 진보의 가치인 것 같이,
마치 진보가 옳은 것 같이 먼저 써 먹는 것이 그들의 교육이다.

이념교육을 잘하는 쪽이 이념전쟁에서 승리한다 !!

인간들이 고안해낸 이념의 종류

내셔널리즘 국가주의
- 초국가주의, 국제주의
- 군국주의, 신제국주의
- 군주주의 (성리학적 사회주의)
- 쇼비니즘
- 자유 내셔널리즘
- 국민주의
- 실지회복주의
- 분리주의

- 종족적 민족주의
- 로멘틱 내셔널리즘
- 파시즘
- 루마니아의 파시즘
- 이탈리아 파시즘
- 일본의 파시즘
- 나치즘, 네오나치즘
- 생태 파시즘
- 좌파 파시즘
- 패권주의

제국주의[편집]
- 식민주의, 제국주의
- 팽창주의

고전적, 반동적 이념
- 봉건주의
- 절대주의

민주주의
- 직접민주주의
- 간접민주주의
- 자유민주주의
- 사회민주주의
- 인민민주주의

법률
- 법치주의
- 입헌주의

자유주의
- 고자유주의
- 고전적 자유주의
- 보수자유주의

• 자유민주주의
- 시민자유주의

경제적 자유주의
- 신자유주의
- 아나코-자본주의
- 자유사회주의

민족주의적 자유주의
- 자유민족주의
- 민족자유주의
- 시민민족주의

복지지향적 자유주의
- 사회자유주의
- 케인스주의

자유지상주의
- 신자유주의
- 아나키즘[1]
- 좌파공산주의

보수적 자유주의
- 보수자유주의
- 신자유주의
- 자유보수주의

보수주의[편집]
- 보수자유주의
- 보수민족주의
- 보수 혁명
- 고전주의
- 군주주의
- 고보수주의
- 민족 보수주의
- 반동주의
- 수구주의
- 사회 보수주의
- 신보수주의
- 자유 보수주의
- 재정보수주의
- 제3의 대안
- 흑인 보수주의

윤리학[
- 개인주의
- 공동체주의
- 민주주의
- 인문주의
- 인도주의

• 자유주의

• 평등주의
기타[
- 공화주의 - 왕과 귀족이 없는 정치체제
- 지공주의 - 사회주의와 달리
- 사유 재산은 인정하되,
- 토지를 비롯한 자연 그 자체는
- 사유화 하지 않는 이념이다.

• 진보주의 -
(반대의미 : 보수주의)
- 집산주의
- 평등주의
- 케인스주의

사회주의
이념 분류가 겹치는 이념이 있는 경우도 있다.

국가사회주의
- 마르크스-레닌주의 (스탈린주의)
- 차베스주의

공산주의
- 마르크스주의
- 레닌주의
- 좌파공산주의
- 룩셈부르크주의
- 아나코 공산주의
- 유럽공산주의
- 평의회 공산주의

민주적 사회주의[편집]
- 민주사회주의
- 사회민주주의
- 자유사회주의
- 좌파공산주의

사회개량주의
- 롤라주의
- 민주사회주의
- 사회민주주의
- 케인스주의

시장경제지향적인 사회주의[편집]
- 도이 머이
- 자유사회주의
- 중국식 사회주의
- 덩샤오핑주의

사회주의적 아나키즘[편집]
- 사회아나키즘
- 아나코 공산주의
- 정강주의

자유지상주의적 사회주의[편집]
- 사회적 아나키즘 (아나키즘 주류)무정부주의
- 아나코공산주의
- 자유지상주의적 마르크스주의

혁명적 사회주의(마르크스주의)[편집]
- 비레닌주의계열 마르크스주의
- 고전적 마르크스주의
- 좌파공산주의 (룩셈부르크주의)
- 신마르크스주의
- 반레닌주의
- 반스탈린주의

- 정통 마르크스주의
- 마르크스-레닌주의 (레닌주의)
- 전시공산주의
- 김일성주의
- 게바라주의
- 마오쩌둥주의
- 스탈린주의
- 카스트로주의
- 호자주의
- 호치민주의
- 수정주의적 마르크스주의
- 티토주의

소수 사회주의[편집]
- 대중사회주의
- 아랍 사회주의
- 나세르주의
- 바트주의

- 종교사회주의
- 기독교사회주의
- 불교사회주의
- 이슬람사회주의
- 아프리카 사회주의
- 중국식 사회주의
- 파시즘

세계의 중심이념

- 자유
- 중간
- 평등
- 종교적 신앙

주요 이념 요약 정리

자유민주주의
국민의 자유를 보호하는 대의 민주주의

자유+공화+다수결(민주주의)+법치주의
(공화국=민국)

입헌군주주의
군주+자유민주주의
(영국, 일본, 네델란드)

자연자유주의
특별한 이념없이 자유상태로 살아 온 미개발 상태

민주사회주의
1. 자본주의가 본질적으로 자유, 평등, 연대의 민주적 가치와 양립할 수 없다고 본다.
2. 사회주의 경제체제안에서 노동자가 기업을 자주적으로 경영할 것을 강조.
3. 다수결주의와 생산수단 (134쪽 참조)의 사회화를 옹호,
4. 의회인정

국가사회주의
국가주의, 결속주의(파시즘, 나치즘)

사회민주주의
자유민주주의+유럽전통사회주의=
서유럽식 사회주의

유럽전통사회주의=플라톤의 이상 국가론적 공산주의+산업혁명 결과를 수정하고자 하는 사회주의.

실제로는
자유민주주의+ 과잉 복지주의 였으나 복지 때문에 실패하여

자유민주주의+ 자본주의로 탈바꿈하고 있다. (서유럽 국가들)

공산사회주의
플라톤의 이상국가론 적 공산주의와 산업혁명 이 후 불거진 자본주의의 문제점을 수정하고자 하는 전통적 사회주의를 벗어나

칼막스가 과학적 사회주의라는 공산주의를 들고 나왔으며, 먼저 사회주의를 달성하고 그 결과 풍요해지면 공산주의가 도래한다고 하였다.

사회자본주의
중국과 같이 인민민주주의에 자본주의를 혼합한 사회주의.

사회주의
개인의 자유보장보다 사회전체의 이익을 중시하여 개인의 자유는 제한 될 수 있다는 이념이다.
경제적 불균형을 해소하기 위해 생산수단의 공유화와 국가의 통제를 제시.
경제적 불평등은 생산수단의 사유화에서 발생하므로 생산수단의 공유 또는 국유화가 해결방법이다.
생산수단의 국유화 후 생산에 기여한 정도에 따라 분배하면 평등한 사회를 만들 수 있다.
(상품, 화폐, 국가계급, 사유재산, 엘리트적 정부 존재함)

공산주의
계급 없는 사회(공산혁명이 요구됨), 생산수단의 사회화가 실현된 사회 경제체제
개인 소유를 철폐하고 생산수단을 공유하며 생산을 통한 이윤을 폐지하고 누구나 노동에 참여해야 한다.
사회주의를 지나 '각자는 그 능력에 따라 일하고 필요에 따라 가져간다' 는 이상 사회를 지향한다.
(상품, 화폐,국가계급, 사유재산 엘리트적 정부 부재함)

과거 경제적 평등과 사회정의를 실현하기 의한 이상적인 경제체제로 여겨왔지만 오늘날 공산주의는 실패하여 전세계적으로 실현된 곳이 없다.

신정(神政)주의

종교지상주의
*전통주의
*국가 특성주의
*선택적 취합주의

종교사회주의
*이슬람 사회주의
*기독교 사회주의
종교이념 때문에 재산을 공유하며 공동체로 살자는 주의
(예, 신앙촌)

인민민주주의
(공산당+위성정당 체제) 제2차 세계 대전 후(1945년 후) 자본주의가 덜 발달하거나 반봉건사회인 동구권이나 아시아의 여러 나라에서 프롤레타리아(노동자)들만이 아닌 각계 각층의 인민 참여를 유도해 인민혁명을 통해 성립시켰던 새로운 형태 (공산당+위성정당)의 사회주의 체제이다.

이념 관련 용어들의 상대어(相對語)

자유민주주의, 개인주의, 자본주의	집단주의, 전체주의, 공산사회주의
개인	복인(複人), 집단, 단체
개인의 자유	집단의 자유(?)
개인주의, 자유주의	전체주의, 집단주의, 통제주의
공화국(민국)	군주국(왕국), 공산사회국
민주주의(다수가 결정)	독재주의(독재자나 소수가 결정), 전제주의
자유민주주의(자유+다수결+자본주의)	인민민주주의(평등+수령독재+사회주의)
생산수단(돈 버는 수단)의 사유화	생산수단(돈 버는 수단)의 국유화 (평등을 위해 돈 버는 수단은 국가가 독점)
재산의 사유화	공산주의 (재산의 국유화)
시장경제(자유경제)	계획경제(통제경제)
사기업 생산, 사기업 배급	공기업 생산, 공기업 배급, 국가배급

보수와 진보 이념의 역사

1. 수렵시대

인간은 길고 **긴 수렵시기를 평등 환경(공동 생산, 공동 분배)**속에서 살아와서 **평등화로 가려는 본능**이 있다고 한다.

현 **한국인의 60%가 평등 세상을 만드는 진보를** 선호하며 **기자들은 70%가 진보를 선호**한다고 한다
(신광조 前 광주광역시 문화국장의 이재명 평가 글 에서)

2. 조선 시대 말기

조선 말에는 동양사상을 중시하고 서양을 배척하는 **위정척사 운동**이 일어나 진보, 보수도 도입되지 않다가 중국공산당과 러시아 적군파와 함께 항일전쟁에 가담하던 독립운동 세력에 의해 **진보가 먼저 도입되어,**
해방 후 건국되기 까지는 한국인의 80%가 진보인 공산 사회주의를 지지 하였다.

현재의 일부 한국인은 내 사유재산은 보호받고 싶어하고, 나보다 부자의 사유재산은 빼앗아 나누어 부자와 같은 **평등화를 원하는 모순과 갈등**속에 살고 있다.

3. 산업화 시대

인간은 종교개혁과 산업화가 진행되면서 ,그리스의 민주정, (민중이 직접표결), 로마의 공화정 (대표들이 표결) ,기독교의 청교도적 자본주의가 결합하여 개인의 **자유**와 **사유재산 보호**를 표방하는 또 다른 길인 **보수(돌연변이)의 길**이 있음을 발견하고,

이를 적용한 서구와 미국이 더 빠른 발전을 하게 되었다.
조선은 보수, 진보가 생기기 훨씬 전의 성리학 이념으로 고착 탈레반화 되어 후진국 중에서도 극심한 후진국이 되었다.

4. 정부수립 후

조선말기 개화파와 선교사들에 의해 보수사상이 도입되었다고도 주장하나 보수를 이해하였다고 볼 수가 없었고,

해방 후 제헌헌법 및 이승만의 성공적 토지개혁으로 소작농민의 대다수가 사유재산을 보호하고 수호하는 **자유 보수화가** 되었다.

그 후 이어진 2번의 개헌을 통해 토지 외 분야로 확대 되었고 6 25사변을 겪으면서 반공보수, 산업화를 겪으면서 **산업보수인 진정한 보수체제가 완성되었다.**

반면에 **북한은** 처음에는 개혁하는 것 같이 지주의 토지를 몰수하여 소작인들에게 무상으로 나누어 주어 대환영을 받았으나

이어서 공산주의 이념에 따라 국토 전체를 **국유화** 하고 농지를 **집단농장화** 함으로서 민심이 이반되어 **월남하는 인구가 140만**이나 되었다.

한반도 이념 도입 순서

불교
↓
유교
↓
기독교
↓
진보
↓
보수

삼국시대 : **불국정토(佛國淨土)** 이념도입

세계 제일의 부국이었던 **남송(南宋)**의 **성리학 국가를 만들기 위해** 불교국가인 고려를 무너뜨리고 세운 나라가 조선이다.

세종 때 적극 도입 : 경국대전 (태조 때 정도전이 착수해 성종 때 완성)으로 성리학을 헌법화.

천주교: 조선후기(1784) 최초의 세례자 이승훈. 서학(西學)으로 도입 후에 → 신앙화

개신교: 1884년 최초의 개신교 선교사들 도착. 교육사업 → 선교사업. 근대문명의 산파역할, 문명개화, 자유인권, 자유와 평등의 관념 제공.

1918년 이동희 등이 하바로프스키에서 **한인사회당**을 결성하였다.

1919년 3.1 운동 후 조직된 **조선독립 대동단**은 사회주의를 철저하게 시행한다고 하였고 1916년 일본유학생 김철수, 장덕수 등이 결성한 **신아동맹당** 그룹이

1920년 6월 서울에서 **사회혁명당**을 결성하였다.

만주 및 중국에서의 독립군의 다수가 중국공산군에 가입하여 싸웠으므로 대부분이 공산 좌익이 되었다.

조선말 개화파, 선교사들에 의해 들어왔다고도 하나, 1945년 10월 '**공산당의 당부당(當不當)**'을 쓴 **이승만의 귀국과 함께 들어왔다고 보는 것이 타당할 것 같다.**

1948년 8월 15일 **건국되면서 국가정체성(자유민주주의+ 부분적 시장경제)**으로 **채택**되었다.

현대를 지배하는 영어단어의 한자(漢字)번역(1)

공자는 정치의 근본은 정명(正名), 즉 **단어의 의미와 글자를 일치시키는 것**이라고 했다. 그러나 서양문명을 처음 도입하면서 **후쿠자와 유기치** 같은 일본인들이 서양 알파벳 단어를 동양의 **漢字**로 옮길 때 서양단어 의미와 사뭇 다르게 한문용어를 채택하여 서양사상을 오해하게 만들었다.

Democracy 민주주의

Demo (민중,다수) cracy (지배, 통치) : 민중이 직접 투표에 의한 다수결 결정주의로서 51%가 49%의 권리를 빼앗을 수 있다.

동양으로 오면서 (백성 民), (임금 主)로 바뀌면서 백성이 주인인 것 같이 속아 왔지만 민주라는 이름을 빌려 선거로 대표들을 뽑아 그들에게 권력을 줄 수 밖에 없었으며, 권력을 주고 나면 오히려 그들에게 지배 당할 수 밖에 없었다. 현재는 민주를 자유, 민주, 시장경제를 아우르는 것 같이 잘못 해석하고 있다.

Communism 공산주의

commune: 12세기 부터 프랑스 주민자치공동체 (재산공유)나 최소행정구역을 일컬음.

프랑스 혁명시의 무정부 상태를 commune 이라 불렀고, 1871년 파리 코뮌(세계 최초의 사회주의 정부), 광주 5.18 무정부 상태도 광주 commune (코뮌)이라 부른다.

이 commune 주의를 communism(공산주의) 이라 한다. 그러나 **칼 막스**의 자본론에 의한 → 사회주의 창안, 이어서 발표된 → communism 공산당선언 → 레닌의 급진적 혁명(볼세비키 혁명)에 의한 생산수단의 국유화와 일부 사유재산 몰수로 **사유재산이 없어지고** 국가 공유재산만 남게 되므로 **공유주의, 공분주의, 공배주의** 라고 부르는 것이 타당하다.

파리 코뮌 정부는 1871년 3.18~5.28(70일간) 까지 파리의 노동자와 시민들이 무장하고 혁명적으로 **파리**를 장악한 세계 최초의 공산 사회주의 정부였다.

막스(1818~1883)는 이 코뮌 (영어 commune) 의 어원을 이용하여 communism(공산주의)라는 말을 사용했다. 1848년 선언때도 공산당 선언이라고 했다.

파리 코뮌은 부자들의 재산을 빼앗아 나눔으로써 일시적으로 노동자의 경제적 해방이 완성될 수 있음이 발견된 정치형태였다.

현대를 지배하는 **영어단어의 한자(漢字) 번역(2)**

economy   경제(**經世濟**民 : 세상을 경영하고 백성을 구제함 ?), **살림**으로 이해해야

society   (모일 社 모일 會, 계모임 ?)로 표현하지만 **세상** 또는 **공동체**로 이해해야

science   (과거 科 배울 學)는 과거 공부 하는 것 으로 오해 할 수 있다. 물질과 물질 상호관계를 연구하는 학문. **물성학**으로 이해해야, 인문과학은 **인문학**으로 표기해야

Technology   (재주 技 재주 術), 재주꾼의 술수가 아닌 **제조술** 또는 **만들기**로 이해해야

Philosophy   (밝을 哲 배울 學), 賢학 또는 **智慧學**으로 이해해야

nationalism   (自國主義),**자기나라 제일 중시 주의**로서 종족이나 혈통 개념이 없는데 민족주의 라고 오해하게 하고 있다. 혈통주의는 **Ethnics**라고 별도로 있다.

Civilization   (글월 文 밝을 明 : '글을 읽어 환히 밝힌다'는 일본 천황의 년호다) 인간이 쌓아온 **hard ware 와 soft ware**의 **축적**을 의미한다.

Invention   (쏠 發 밝을 明, 불꽃놀이?) 고심하여 만드는 **考作**으로 해석해야

Discovery   (쏠 發 볼 見 레이저 포인터 ?) 처음으로 껍질을 벗겨 속을 봄. **初見**

Conservation   **(보수)**: 개인의 자유와 재산, 국가 정체성을 保호하고 守호하는 것. 쌓아온 좋은 것은 지키면서 신중하고 효율적으로 더 쌓아가면서 발전(개혁)한다는 의미이므로 보수라는 번역이 정확한 번역이 아니다. 지킬 만한 가치를 지키며 혁신한다는 보수혁신이 본래 의미에 적합하다 할 것이다.

Progression   **(진보)**: 쓰나미 같이 하향 평준화로 퍼져 나가는(進) 걸음(步)이 된다. 불평등을 갈아 엎고 평등화를 도모하려면 무서운 독재의 힘이 필요하다. **사회주의의 다른 이름이다.**

근세사를 공부하기 위해 알아 두어야 할 말

왕도(王道)정치 : 성선설로 무장한 **군주가 공평하고 사사로움이 없는 태도로 정치를 운영해야 한다**는 정치사상.

패도(覇道)정치 : 인간은 악하므로(천국에서도 지루하면 배반 ?) 법과 힘으로 질서를 지키게 하여 모두를 이롭게 한다는 정치사상.

성리학(주자학) : 왕도정치를 위해 유교 중에서 예절과 제례를 집중 실현시키려는 학문.

衛正斥邪(위정척사) 성리학 사상을 수호하고(**위정**), 서양사상을 배척(**척사**)하는 정책. 오늘날의 **친중반미**

苛斂誅求(가렴주구) :세금을 가혹하게 거두어 들이고, 무리하게 재물을 빼앗음. (취득세, 양도세, 보유세,상속세 등 이중과세)

鐵砲 (데뽀, 총)무데뽀로 : 총도 없이   蘭學 (난가꾸: 네델란드 학) : 네델란드 동인도회사 영향

근세 동양 3국의 서양에 대비하는 정책

조선
東道西器   (동양의 도덕, 윤리, 지배질서를 유지한 채 서양 기술을 받아 들이자.)
(동도서기)

일본
和魂洋材.文明開花 (일본 혼에 서양 기술을 접목하여 문명의 꽃을 피우자는 사상)
(화혼양재)   (문명개화)   (和 : 일본을 의미함)

중국
中體西用 (중국 본래의 유학을 중심으로 하되 서양 선진기술을 이용하자.)
(중체서용) ➡ 洋務運動 (양무운동): 19세기 중후반에 청나라에서 일어난 근대화(자강)운동
서양의 문물을 받아들여 번영과 부강을 이루려 했던 운동.

이념이 지향하는 두가지 큰 줄기

인간은 서로 공존할 수 없는 자유와 평등을 모두 원하는 갈등속에 살고 있다. 그러므로 평등, 자유를 여러 형태로 혼합하는 수많은 이념이 고안되어 왔지만, 모두 일시적일 수 밖에 없고, 결국은, **통제 지향적이냐? 자유 지향적 이냐?** 로 귀결되는 수 밖에 없었다.

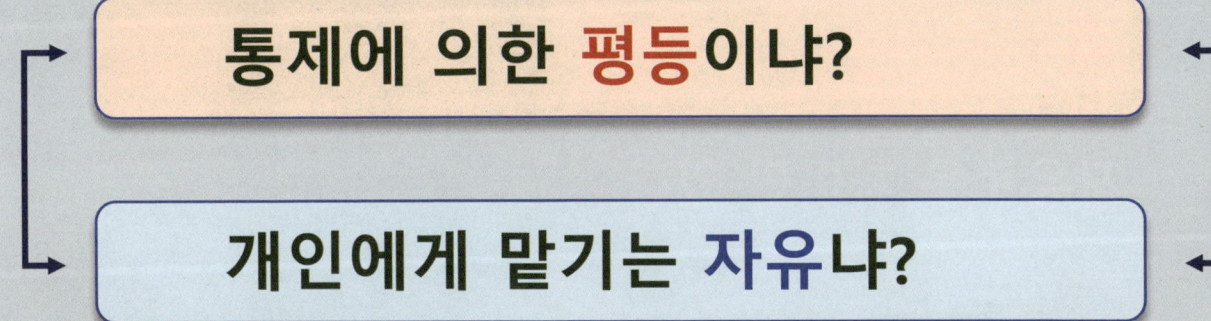

우리는 인류에 가장 큰 영향을 끼친 자유사상과 평등사상을 비교적 자세하게 설명하려고 한다.

자유와 평등이 모두 소중한 가치이지만 자유와 평등을 공존 시킬 수 없기에 자유의 가치를 앞세워야 하는 당위성과 결과적 평등의 문제점을 얘기하고자 한다.

자연은 스스로 복제하지 아니하여 동일한 것이 없고
인간도 천차만별이다.
세상은 원천적으로 **불평등**이다.

자연에는
**평등도
다수결도 없다.**
자유로운 차이만 있다.

우리가 가꾸어 나가야 하는 사회는
평등한 사회가 아니라 약자에 대한 배려와
기회가 다양하고 자유로운 사회이다.

자유와 평등

프랑스대혁명의 구호는
'자유' '평등'이 였다

민주주의가 내세우는 가치도
인권 존중, 자유, 평등이다.

자유와 평등은 각각의 한계와
 문제가 있다.

특히 **평등**에 대한 올바른 이해는
매우 중요하다.
우리는 많은 지면을
평등을 공부하는데 내놓았다.

자유와 평등은 공존할 수 있는가?

- 공정, 공평, 평등의 예
- 프리드먼의 '선택할 자유'
- 미 독립선언서에 담긴 자유와 평등
- 자유사회가 소중한 이유
- 우리 헌법에 담긴 자유와 평등

자유와 평등은 공존할 수 있나 공정 공평 평등의 예 선택할 자유 헌법과 자유 평등

자유와 평등은 공존할 수 있나?

▶ **포털에서 자유와 평등을 검색해 보면** 백이면 백, 천이면 천 모두 **자유와 평등은 조화된다 ?** 고 거짓말을 하고 있다. 평등은 주로 신분 차이를 없애려는 단어로서, <u>자유분배, 도덕분배, 법률분배</u>로 제한된다.

법률분배: A와 B가 사회에 동일하게 기여했고 동일한 죄를 졌을 때 동일한 처벌을 받아야 한다는 데만 적용되어야 한다. 법률이 적용되는 조건이 다르면 법률적 심판도 평등할 수 없다.
즉 합리적 이유 없이 차별 할 수 없다는 것이고 합리적 차이가 있으면 그에 따라 구분해야 한다.

높은 곳의 물을 가두지 않고 그냥 두면 흘러 내려 낮은 곳에 평평하게 고인다. 평등을 도모하면 물같이 하향평준화 되어 다같이 못살게 되기 때문에 **다같이 평등하게 잘 살게 하는 것이 선진국의 목표**라는 말도 **새빨간** 거짓말 이다.

▶ **우리나라 포털은 사회주의가 장악하고 있다.**

그래서 검색하는 사람들이 검색결과에 속아 사회주의자가 될 수 밖에 없도록 되어있다.

공부하지 않으면 공산사회주의자들의 글을 분별할 수 없다.

▶ **세상에는 평등한 자유와 엉터리 평등만 있다.**

사법고시에 응시할 자유, 빌 게이츠 같은 선택을 할 자유(평등한 자유)는 누구에게나 있다.

그런데 왜 그들을 질시하고 처벌하려 드나 ?

우연의 불평등(두뇌차이, 체력차이, 성품차이, 신장, 미모, 부모의 재산차이)에 의해 인생 팔자가 다른 것을 못 참으면 그것이 새로운 불공정을 만든다.   내 자식만 데리고 여행가는 것도 불평등인가?

공평, 공정, 평등의 예를 들어 보자

▶여섯 명의 달리기 선수가 있는데
  나눌 수 없는 금,은,동메달을 수여하는 경우에

공정은 힘들게 달리기 시켜 놓고
    1,2,3 등에게 금, 은, 동메달을 주는 것이다.

공평은 힘들게 달리기 시켜 놓고
    제비뽑기로 금,은, 동 메달을 주는 것이다.

평등은 힘들게 달리기 시켜 놓고
    아무에게도 메달을 주지 않는 것이다.

  그 후에 열심히 달리게 하려면 어느 기준을
택해야 하나 ?

공정과 공평까지는 능력 또는 운의 차이를 인정하는 것이다.
공정이 능력을 기준으로 한다면 공평은 운을 기준으로 한다.
하지만 **평등은 차별자체를 부정한다.**

그것은 나눌 수 없는 것이고 나눌 수 없는 것은 누구도
가져서는 안된다. 그러면 **모두 가난하게 된다. 그게 평등이다.**
양식 있는 사람들에게 **공정이나 공평은 받아들여지나**
평등은 받아 들여질 수 없다.

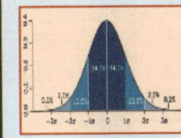 정상 분포상 부자는 소수일 수 밖에 없는 것이
세상이므로 하부층과 고르게 나눌 수 없다.
정상 분포를 깨는 것이 볼세비키 혁명이었다

자본주의는 **공정의** 틀로 돌아가고
거기에 로또같이 운에 따른 **공평**을 섞어 넣는다.
공산주의는 **평등의** 틀로 돌아간다.
평등이 목적인 세상에서는 열심히 일하는 사람이
없어 진다.
    거기선 아무도 부자가 될 수 없고
    가난한 결과만 남는다 !

프리드먼의 '선택할 자유'가 말하는 자유와 평등

밀턴 프리드먼
(1912~2006)
미국. 자유주의와 시장제도를 통한 경제활동 주장.
1976년 노벨경제학상

빈곤이 사회문제로 떠오른 이후 빈곤해결에 있어 자유시장과 시장경제보다 더 효과적인 제도는 존재하지 않았습니다

이코노미스트는 프리드먼이 사망하자 그를 "**20세기 후반의 가장 영향력 있는 경제학자**"로 평가했다.
그의 자유와 평등에 관한 사상은 그의 저서 "선택할 자유' 제5장 '빗나간 평등'에 잘 나타나 있다.

결과의 평등은 모든 사람이 동일한 수준의 생활이나 동일한 수준의 소득을 누려야 한다는 것이다.

결과의 평등은 명백히 자유와 충돌된다.
결과의 평등을 촉진하려는 노력으로 정부가 거대화되고 개인의 자유를 제한하는 주요 원천이 되어 버린다.

이러한 생각은 불평등을 정부가 시정할 수 있다고 믿는 잘못된 판단에서 비롯된 것이다.

양준모교수 강의에서

20세기 후반 역사의 새로운 흐름을 결정하는 책이라고 할 수 있다.
프리드먼을 통해 재조명 받은 자유주의는 미국과 영국에 민영화, 감세 등의 정책을 이끌어냈다.

저자인 프리드먼은 '**자유에 대한 정부의 지나친 제한**' 을 반대한다.
프리드먼은 책을 통해 **결과적 평등을 얻으려는 정부의 정책이 어떻게 개인의 자유를 침해하는지에 대해 말한다.**

**인간은 자신이 원하는 것을 추구할 권리를 가지고 있다.
그것이 바로 선택할 자유다**.

정부가 어떠한 목적을 가지고 국민의 선택권을 빼앗아 가는 것은 대부분 이익집단에 이용되거나 정부의 권력만을 키우는데 사용될 가능성이 크다.

평등을 앞세워 사회주의 정책을 좌파정권이 추진했지만 그 결과는 경제실패와 국민간 대립만 키웠다.
공무원을 대폭 증원하고 큰 정부를 지향하며 과도한 복지정책을 시행한 정권은 초라한 성적표를 들고 물러났다.

21세기를 살아가는 우리는 <선택할 자유>를 읽으며 진정한 자유의 가치에 대해 고민해야 한다.

**아직도 이 나라에는 많은 사람들이 결과적 평등을 말하며 사회주의가 답이며 물적 풍요와 인간적인 자유를 약속하는 가장 좋은 제도라고 말하고 있다.
그들의 달콤한 말에 속지 말아야 한다.**

오늘날에 와서는 공산사회주의는 일부 국가에서 실시하고 있지만 절대 다수 국가의 경제정책은 자유주의에 기반한 자본주의 경제를 도입하여 번영을 구가하고 있다.

미국의 독립선언서에 담긴 자유와 평등

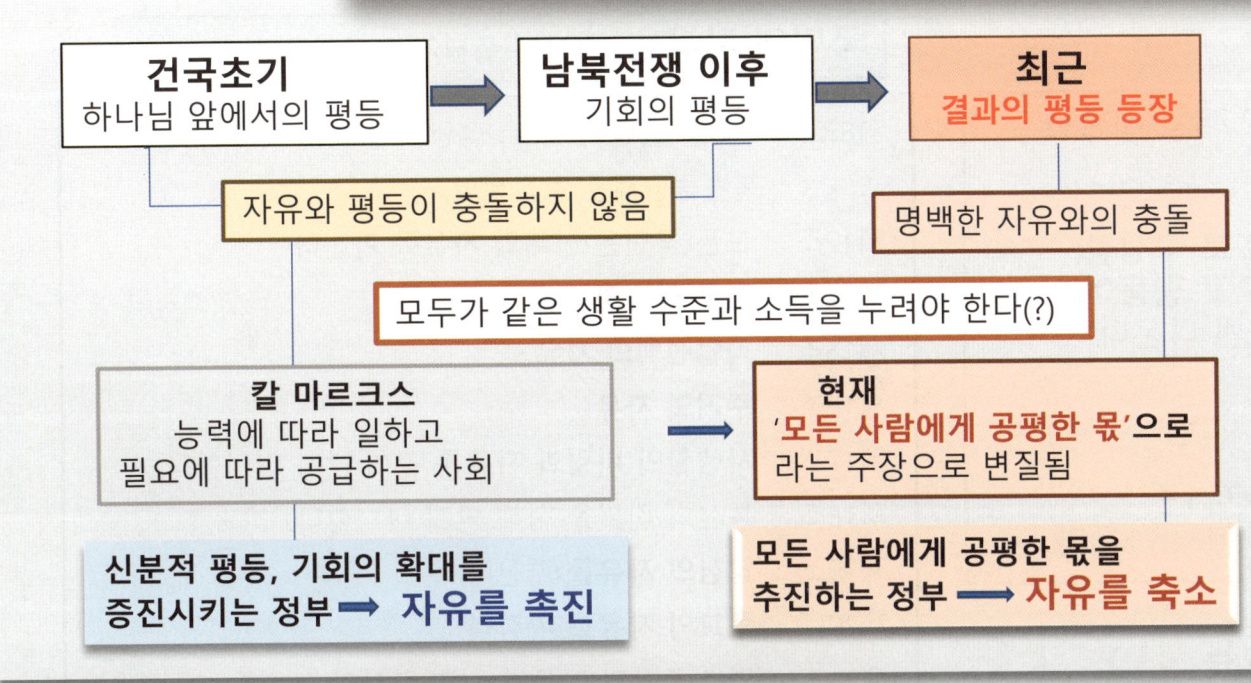

자유사회가 소중한 이유

▶ **자유사회는** 자신들의 목적을 추구할 수 있도록 사람들의 에너지와 능력을 끌어준다.

▶ **자유사회는** 특권적 지위가 제도화되지 못하게 한다.

▶ **자유사회는** 다양성 뿐 아니라 계층간 이동성도 의미한다.

▶ **자유사회는** 기회가 보장된 사회에서 사람들이 풍족한 생활을 즐길 수 있게 해준다.

▶ **자유사회는** 자유를 제일 원칙으로 삼는 **풍요한 기초사회**를 달성할 수 있게 된다.

결과적 평등이 안되는 이유

▶ 결과적 평등을 이루려면 강력한 통제와 독재권력을 지닌 정부의 거대화가 필수인 데 이에 따라 **개인의 자유 침해는 필연적이다**.

▶ 우리가 평등을 말할 때 모두 같은 수준과 소득을 누려야 한다는 의미로 오해해선 안된다.

▶ 스스로 만들어 손에 넣는 것이 아니라 평등에 의해 결정된다면 **노동과 생산의 의욕은 사라지게 된다**.

▶ 결과적 평등을 앞세우는 사회는 **자유, 공정을 달성할 수 없을 뿐만 아니라 평등마저 달성할 수 없다**.

▶ **불평등을 정부가 시정할 수 있다고 믿는 것은 잘못 생각하는 것이다**.

대한민국 헌법에 담긴 자유와 평등

현행 헌법에 대하여

현 헌법은 1987.10.29. 개정 되었고 1988.2.25일 시행된 9차 헌법 개정안이다.

전문(前文)과 본문(10장 130조) 부칙 6조로 구성됨.
전문(前文)에는 **자유**라는 용어가 **3번** 나오고 **평등**이란 말은 나오지 않고 **균등**(均等) 이란 말이 **2번** 나온다.
 '각인의 기회를 균등히 하고'
 '국민생활의 균등한 향상을 기하고'

본문에는 자유가 **13번**, 평등이 **3번**, 균등이 **1번**
 31조 '**균등하게 교육 받을 권리**'에서 나온다.

국민의 평등권 (헌법에 3번 나오는 평등)

제11조 ① 모든 국민은 법 앞에 **평등**하다.

 누구든지 성별·종교 또는 사회적 신분에 의하여 정치적·경제적·사회적·문화적 생활의 모든 영역에 있어서 차별을 받지 아니한다.

제36조 ① 혼인과 가족생활은 개인의 존엄과 양성의 **평등**을 기초로 성립되고 유지되어야 하며, 국가는 이를 보장한다.

제41조 ① 국회는 국민의 **보통·평등·직접·비밀**선거에 의하여 선출된 국회의원으로 구성한다.

국민의 자유권 (헌법에 폭넓게 보장하고 있다)

제8조 ① <**정당 설립의 자유**> 정당의 설립은 자유이며, 복수정당제는 보장된다.

제12조 모든 국민은 **신체의 자유**를 가진다.

제14조 **거주 이전의 자유**

제15조 **직업선택의 자유**

제16조 **주거의 자유**

제17조 **사생활의 비밀과 자유**를 침해 받지 아니한다.

제18조 통신의 비밀을 침해 받지 아니한다.

제19조 **양심의 자유**를 가진다.

제20조 **종교의 자유**를 가진다.

제21조 **언론·출판의 자유와 집회·결사의 자유**를 가진다.

제22조 **학문과 예술의 자유**를 가진다.

제37조 ① 국민의 자유와 권리는 헌법에 열거되지 아니한 이유로 경시되지 아니한다.

② 국민의 모든 자유와 권리는 **국가안전보장, 질서유지** 또는 **공공복리를 위하여 필요한 경우**에 한하여 법률로써 제한할 수 있으며, 제한하는 경우에도 자유와 권리의 본질적인 내용을 침해할 수 없다.

[大韓民國憲法全文] (두산백과 두피디아)

평등과 불평등

- 평등 타파! 평등사회 대전환?
- 평등의 의미와 한계
- 평등, 불평등 모식(模式)도
- 평등을 관철하려면 자유와 공정을 포기해야 한다
- 역사적으로 본 신분적 평등
- 법 앞의 평등
- 경제적 평등
- **소득 평등 상태, 불평등 상태**
- 평등사회는 가능한가?
- 평등화 시도의 결과
- 평등사회로 가기 위해 공산 사회주의 도입
- 기회의 평등은 가능한가?
- 평등 자체가 불공정하다
- 평등은 가정(假定)속에서만 가능하다
- 영국 보수당은 불평등을 어떻게 보고 있나?
- 보수주의자들이 평등주의를 적극적으로 반대하는 이유
- 불평등해질 권리

- 평등사회가 우리가 추구할 사회인가?
- 평등은 실현 가능한가?
- 평등의 문제점은?
- 불평등은 나쁜가?
- 불평등을 어떻게 해결해야 하나?

평등의 의미　평등의 종류　평등은 불공정　영국 보수당과 불평등　불평등해질 권리

불평등 타파! 평등사회로 대전환 ?

불평등은 나쁘고 평등사회는 우리가 추구하는 이상적인 사회인가?

평등에 대해 살펴보면서 어떤 점에서 평등을 인정할 수 있는지, 평등을 주장하면 어떤 문제가 발생하는지, 알아보자.

대한민국은 자유민주주의를 기반으로 민주공화국을 지향한다. 자유와 평등은 공존할 수 있는 가치인가? 이 문제를 집중 공부하고자 한다.

자유진영은 자유를 최고의 가치로 여기며 공산진영은 평등을 최고의 가치로 여긴다. 우리가 우선 해야 할 가치는 자유인가? 평등인가?

평등한 사회는 역사적으로 존재한 바 없으며 평등사회를 부르짖은 공산국가들은 망하고 실패했으며 인민들의 삶은 자유가 없고 빈곤과 고통속에 살았다.

사회 경제적 불평등을 옹호하며 지지하는 보수주의의 입장에 대해 알아보자.

평등에 대하여

권리, 의무, 자격 등이 차별없이 고르고 한결같음. 평등권의 기본정신은 약자에 대한 배려이며 합리적 이유 없이 차별을 못한다는 규범이다.

인간이 공동생존을 위해 가장 오래 추구해온 것이 평등이지만 **평등은 최종적으로 결과의 평등일 수 밖에 없다.**

▶ 평등 달성 방법

차별 금지, 사유재산권의 약화와 몰수, 소득차별 금지와 소유재산의 공유화를 해야 한다.

차별은 과정이고 차이는 결과이다. (현실적으로 불가능하다)

▶ 대한민국헌법11조 평등권

① **모든 국민은 법 앞에 평등하다.**
누구든지 성별, 종교 또는 사회적 신분에 의하여 정치적, 경제적, 사회적, 문화적 생활의 모든 영역에서 차별을 받지 아니한다.

그러나 성별 차이를 없애기 위해 화장실 목욕탕 구별을 하지 아니 할 수 없고, 무속신앙과 일반종교를 구분 아니할 수 없고, 준법인과 범법인 차이를 두지 않을 수 없다. 평등은 실제로 더욱 제한적일 수 밖에 없고, 기본권으로 표현되는 자유를 평등하게 분배 해 주는 수 밖에 없다.

그런데 민주당이 발의한 **주민자치기본법(소비에트법), 차별금지법** 등은 성별, 신념, 종교, 인종, 세대, 지역, 학력, 사회적 신분, 경제적 지위나 신체적 조건 등까지 범위를 넓혀 차별금지가 무제한 확대할 수 있게 하였다.

▶ 자유를 권리로 표현해 주면 자유가 더 적극 보장된다.

헌법에서는 **신체자유권**(숨쉬기, 먼산 바라보기, 걸음 걷기 등), **인간의 존엄권, 행복추구권, 인간답게 살 권리** 등 30여 항목에 걸쳐 기본 권리를 보장함으로써, 모두에게 **평등한 자유**를 부여하고 있다. (이 부분은 진리구역 으로서 다수결에 의한 개헌의 대상이 될 수 없게 해야 한다.)

▶ 신체적 평등, 지능적 평등, 성품적 평등, 재능적 평등, 경제적 평등이 가능한가 ?

헌법상 행복추구권, 인간 답게 살 권리 등이 보장되었다고 국가에게 돈 달 라고 할 권리까지 있는 것은 아니다. 그 권리는 **자유를 적극 표현한 권리**이기 때문에 청구권이 발생하지 않는다.

정의의 여신 디케

공정

평등, 불평등 모식(模式)도

평등을 그림으로 설명하면 아래와 같다.
같은 크기의 직사각형 이라고 해도 수많은 불평등이 발생한다.

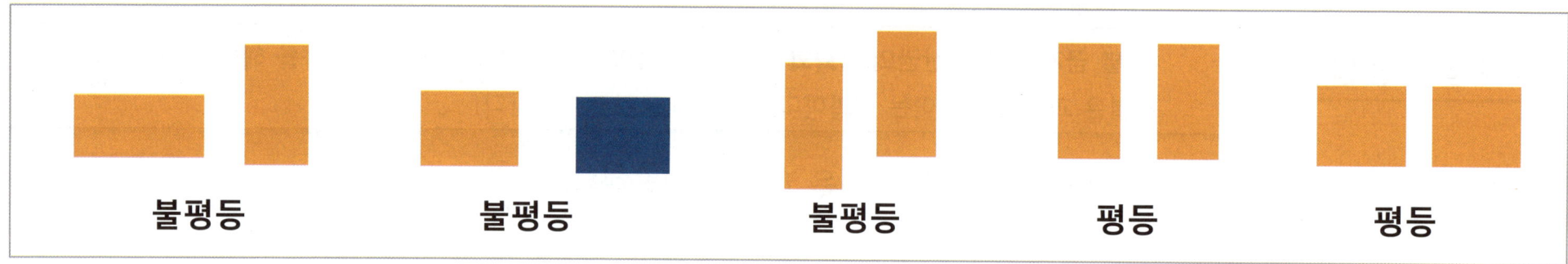

| 불평등 | 불평등 | 불평등 | 평등 | 평등 |

ε 불평등 ε   **ε 평등 ε**

등가(等價)지만 **불평등**하다   등가(等價)면서 **평등**하다

평등은 **차별금지 개념**이 들어가 크기의 동일을 의미하는 equal(=)보다 더 일치하는 개념인 경우가 많다. 크기가 동일하고 구조, 위치 까지 같아야 하기 때문이다,

단순량 보다는 방향, 위치를 갖는 량이어야 한다.

소련이 교사들에게 공급한 모스크바의 20평과 시베리아의 20평을 동일하다고 느끼지 못하였다.
　평등할 수록 작은 불평등도 못 참게 되므로
　▶ 완전히 같아질 때까지 무리하게 평등화를 시도하게 된다.

평등을 관철하려면 자유와 공정을 포기해야 한다

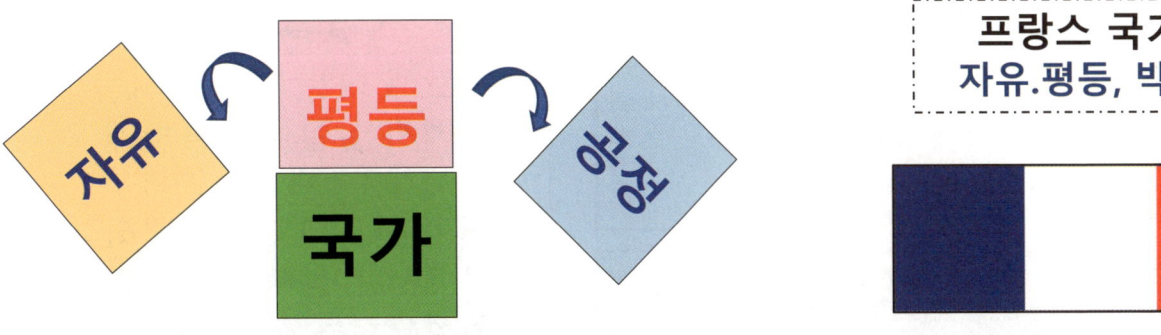

프랑스 국기
자유.평등, 박애

잔인한 프랑스혁명, 등소평의 천안문 진압, 폴포트의 킬링 필드가 평등을 자유보다 우선시한 결과다.

▶ 자유롭게 능력을 발휘하게 하고 공정하게 관리하면 결과가 차이 날 수 밖에 없으므로 평등은 자유, 공정과 함께 할 수 없다. **도덕분배, 자유분배, 법률분배 까지만 평등해야 한다.**

평등과 자유, 공정을 함께 할 수 있다는 것은 따듯한 아이스 아메리카노 같은 말이 된다.

▶ **자유와 평등은 불구대천의 영원한 원수다. 평등이 활개치면 자유는 죽어버린다.** – 윌 듀런트
　　　　　(윌 듀런트 : 미국문명사학자 저서 <역사의 교훈>으로 퓰리처 상 수여)

▶ **평등 제일주의인 사회주의**에서는 **평등을 위해 배급사회가 될 수 밖에 없고** 많은 시간을 배급주는 줄을 서며 보내게 된다. 배급 주는 자의 권한이 절대적이므로 배급 주는 자가 되려고 치열한 경쟁이 이루어 지고 **또 다른 계급투쟁이 발생해서 자본주의 사회에서의 경쟁보다 더 무서운 경쟁**이 된다.

▶ **사회주의 세상에서는 자유가 없으므로, 열심히 할 필요도 없고, 할 수도 없다.** 시키는 대로 하고 배급만 받으면 된다. 열심히 안 하니까 **생산량이 점점 줄고 배급량이 모자라** 수백만 명씩 굶어 죽게 된다.

그래서 소련 공산 사회주의가 70년 만에(1991) 망했다.

평등은 자유를 해치지 않고 자유를 신장하는 범위내로 제한되어야 한다 !!

역사적으로 본 신분적 평등

근대 이전에는

동서양 모두 날 때부터 사람이 귀하거나 천하다는 구별이 엄존했고,

이에 따라 **귀족계급, 평민계급, 노예계급** 등의 계급적 차이가 엄격하게 유지된 **계급사회**였다.

한국의 경우에도 양반과 평민(平民), 노비, 천예(賤隸:천한 중)의 계급적 차별이 매우 심했다.

조선 시대 신분제도

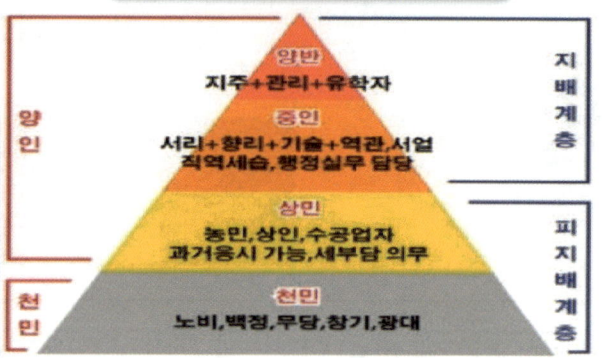

성종때에 이르러서는 노비가 50%로 늘어났고. 그렇게 내려오다가 일정기의 **갑오개혁**시에 법률상으로는 **신분차이가 붕괴되었으나** 실생활에서는 여전하였다.

산업화 시대

알지도 못하는 익명의 사람들이 직장에서 실질적인 능력에 의해 명령체계가 수립되면서 **과거의 신분제도는 완전히 사라지고** 업무에서는 상하가 있지만 개인적으로는 신분차이가 없는 평등 세상이 되었다.

모든 사람이 자유롭게 원하는 바를 힘껏 행할 수 있는 상태를 만들기 위해서 남에게 피해를 입힐 수 있는 **범죄자를 제외하고는**

자유의 평등 분배가 실행되고 있다.

조선시대

태종 때까지는 노비가 국민의 5%였으나
세종 때에는 **국민의 42%가 노비로** 되었다.

각 관가의 기생(위안부)이 300 명으로 증가되었고 모든 금광을 폐쇄하여 가난의 길로 접어들었다고 한다

해방 후

공화정이 되면서 이승만의 **토지개혁, 문맹퇴치**에 의해 **대부분 평등화** 되었고,

6.25전쟁 이 후 동서남북, 신분구분 없이 마구 뒤섞인 **도시에서는 신분제도가 더 급속히 붕괴되었으나** 시골 일부에서는 **잔류**하였다.

여성 참정권

미국은 건국 된 지 144년 만에 여성 참정권을 얻었으나

이승만 정부는 건국과 동시에 여성에게 참정권을 부여하는 헌법을 제정했다.
(실제는 1948.5.10 제헌의원 선거부터 여성도 투표권 행사함.)

법 앞의 평등

합리적인 이유 없이 입법, 사법, 행정의 모든 분야에 있어서 차별대우를 받지 않는 것을 의미함.

1. 국민의 권리와 의무부분

헌법 제2장(제10조 – 제39조)

❶ 인간은 생존권, 신체권 등의 자기소유권을 가지며 자기소유권을 서로 동등하게 지켜 주기 위해 **헌법에 기본권을 부여한 것이 법 앞의 평등**이다.

❷ 이 부분은 피와 희생의 댓가로 얻은 경험으로써 어떤 개헌이나 법률에서도 변경이나 위반하면 안된다.

2. 로마시대의 평등사상

❶ 로마의 귀족들과 평민들은 **국가에 기여한 정도에 따라 차별대우 해주는 것을 평등**이라고 생각했다.

❷ **평시(平時)에는** 전쟁을 대비한 훈련, 교육을 중시했고, 증산활동을 열심히 하고 무역을 확대하여 **납세(納稅)**를 많이 하면 우대했다.

❸ **전시(戰時)에는** 앞장서 나가 **血稅**(목숨, 부상)를 내는 것을 우대했다.

❹ 국가에 기여하는 정도에 따라 비례하는 처우를 해 주는 것을 **평등**이라고 여겼다.

3. 아테네와 로마의 경우

아테네, 로마 모두 같은 민정(공화정)인데도

로마는 피정복민에게도 로마인과 동등한 시민권을 부여하고, 포용하며 개방적인 반면

아테네는 부모 모두가 시민인 경우에만 시민권을 부여했다 (아리스토텔레스도 아테네 시민권이 없었다).

폐쇄적인 아테네는 도시국가에 머물다 쇠퇴해 갔으나,

열린 로마는 세계제국으로 성장했다.

▶ 자기 종족 정부보다 다른 나라 정부가 더 좋은 정치를 한다면 어떤 반응을 보일까?

4. 오늘의 대한민국은

세금을 많이 내는 사람에게 더 세금을 걷으려 하고

전쟁유공자보다 공권력에 대항한 자들과 사고사로 죽은 이들이 더 대접을 받고 있다.

조직의 힘을 빌어 법을 무시하는 단체도 있다.

경제적 평등

개인별 능력차이 등에 의해 아래와 같은 심한 소득 불평등이 발생하고
배 아픈 것을 못 참는 사람들이 소득 불평등에 대해 불평한다.

貧   富

> 개인의 손에서 부가 축적되는 것은
> 과도한 국가 권력을 방지하는 안전판이며
> 따라서 자유의 파수대가 된다.
> — John Rees

빌 게이츠

기회의 평등, 과정의 공정을 이뤄도 결과는 **능력과 노력에 따라 천차만별이므로 평등 상태가 될 수 없다.** 소득과 부(富)의 평등이 자유국가에서 가능하지 않다.

결국 **결과의 평등을 도모**하기 위한 **공산 사회주의 정책을 만들어 집행한다**.
평등을 강조하는 공산 사회주의자들은 돈 버는 성실성이 없을 뿐만 아니라,
어려운 사람 도와줄 때 내 것으로 도와주는 것이 아니고, 남이 열심히 노력하여 알뜰하게
모은 것을 빼앗아 도와주자는 사람들이라고 봐야 한다.

소득 평등 상태

소득을 평등하게 나눠 준다면 모두 만족할까?

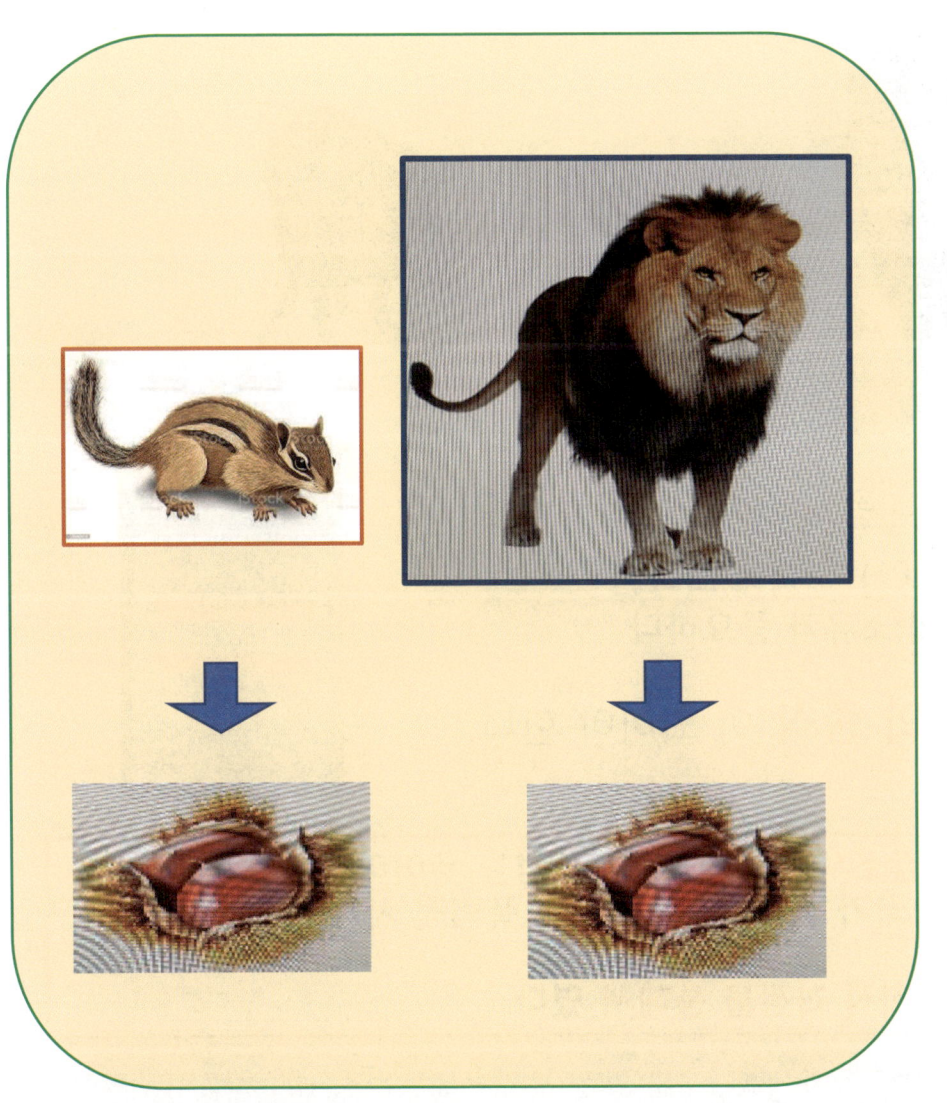

소득 불평등 상태   발전은 언제나 불평등과 동행한다.
(앵거스 디턴: 노벨경제학상 수상자)

소득을 불평등하게 하면

해리 G 프랭크 퍼트(프린스턴 대학교 교수, 세계적으로 저명한 도덕 철학가)의
"평등은 없다(문제는 불평등이 아니라 빈곤이다)" 책에 의하면
"문제는 불평등이 아니라 불편을 느끼지 않을 정도의 소유가 중요하다"

사회 정의의 목적은 **경제적 평등이 아니라 빈곤의 종식** 이 되어야 한다.
평등보다 인간적 존중을 강조했다.

불평등을 어떻게 감소시킬 것인가? 보다 '가난을 어떻게 감소시킬 것인가' 에 중점을 두어야 한다. 역사상 평등을 어느 정도 만들었던 가장 커다란 힘은 전쟁, 혁명, 국가 몰락, 유행병 같은 폭력적 사태였다면

빈곤을 추방했던 가장 커다란 힘은 **자본주의에 의한 평화적 과정을 통해서** 였다.

평등사회는 가능한가?

사람들이 평등해지면 더 행복해지는 걸까?

❶ 세상사에는 **불평등과 차별이 필연적으로 존재하게 된다**. 그래야 공정하게 되는 경우가 더 많기 때문이다.
조직이나 자연계는 불평등의 다양한 구조일 때 더 건강하다고 한다.

❷ 그래서 **자연의 불평등인 다양성을 유지하려고 환경보호도 한다**.
각자의 빈부 차이가 나는 재산을 그냥 두고는 평등한 세상이 될 수 없다.

소득과 재산의 평등이 가능한가? 평등사회를 이루려면 한번은 **개인의 재산을 국가가 모두 몰수하고 평등하게 배급하여야 한다**.

| 평등의 기본정신은 약자에 대한 배려 | 이지 부자의 재산을 빼앗아 가난한
사람들에게 분배함으로 평등사회를 만들자는 게 아니다.

❸ 그러면 얼마 지나지 않아 **다시 빈부차이가 발생한다**.
그래서 **몰수 재산을 분배하지 않고 국유화하고 생필품을 배급하게 된다**.

그래서 첫 단계로 문재인 정부가 헌법 개정을 통해 **토지공개념**을 시도하려 했다
좌파정당이 정권을 잡으면 또 다시 시도할 것이며 실현될 것이라 본다.

❹ 그러면 **배급을 주는 자 와 받는 자 사이에는 엄청난 권력의 차이가 발생한다**.

사유재산이 빼앗긴 상태에서는 배급 받는 자가 배급주는 자에게 저항하지 못함을
깨닫게 되고 그 순간부터 *자유가 없어지고 무서운 노예사회* 가 된다.

하이에크(1899-1992)
영국
신자유주의입장에서
모든 계획경제에 반대함.

정부개입에 의한
계획경제가 노예의
길이라 비판함.

1974년 화폐와
경제변동의 연구로
노벨경제학상 수상

| 평등해지면 더
행복해진다는 가정은
아무런 증거가 없다.

평등화 시도의 결과

배급 줄서기

기계화된 인간

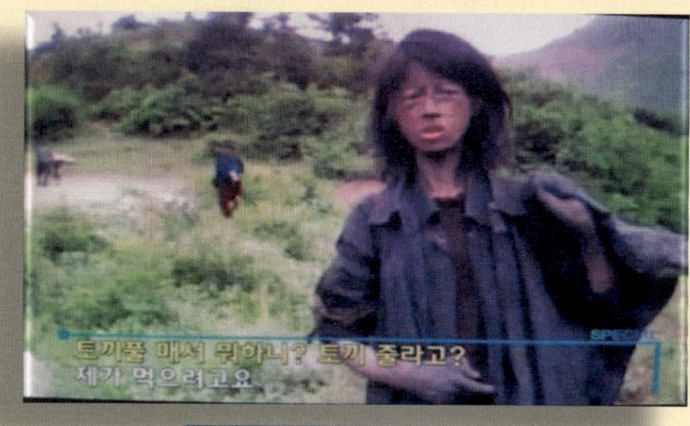

굶주림

비참한 '꽃제비'

평등사회로 가기 위해 공산 사회주의도입

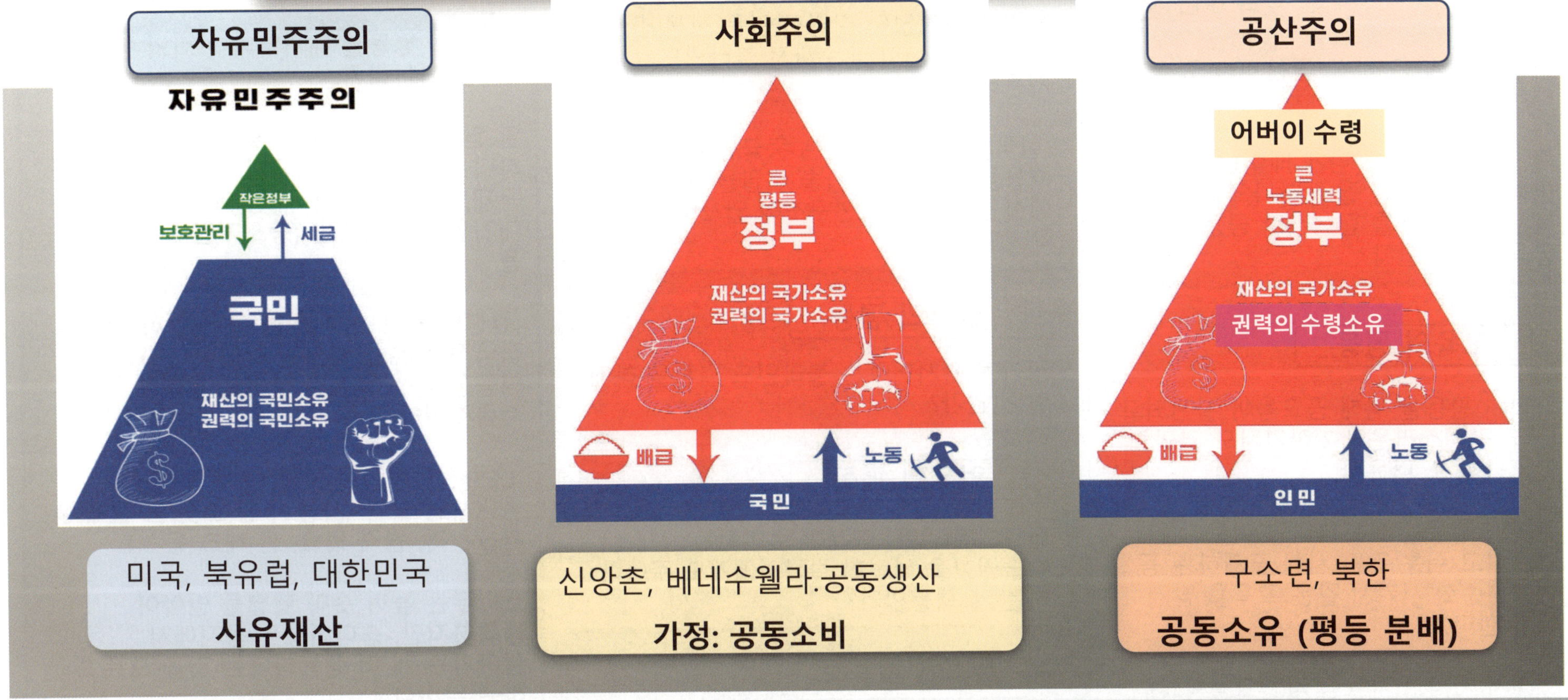

자유민주주의
자유민주주의
작은정부
보호관리
세금
국민
재산의 국민소유
권력의 국민소유
미국, 북유럽, 대한민국
사유재산
사회주의
큰
평등
정부
재산의 국가소유
권력의 국가소유
배급
노동
국민
신앙촌, 베네수웰라.공동생산
가정: 공동소비
공산주의
어버이 수령
큰
노동세력
정부
재산의 국가소유
권력의 수령소유
배급
노동
인민
구소련, 북한
공동소유 (평등 분배)

스웨덴 총선 개표 결과 (단위:%)
연립여당(중도좌파)
사민당 28.4%
좌파당 7.9
녹색당 4.3
전체 349석
스웨덴민주당 17.6%
극우정당
자유당 5.5
기독민주당 6.4
중앙당 8.6
보수당 19.8%
야권연맹(중도우파)
기타 1.4
서울경제
자료: 스웨덴 공영방송 SVT

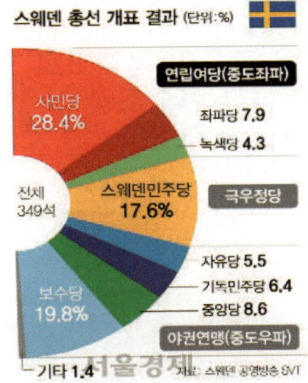

북유럽은 사유재산이 우리보다도 잘 지켜지는 굳건한 자본주의다.

기독교 사회당, 사회민주당 등 사회라는 명칭의 당이 있다고 사회주의는 아니다.

자유국가의 정부는 부자일 수가 없다. 재산은 국민소유이기 때문이다.

단지 자유와 경쟁력 있는 제도를 가진 나라가 강한 나라일 뿐이다.

기회의 평등은 가능한가?

출생의 평등

백인 아기들은 파란 눈, 노란 머리, 흰 피부로 인형같이, 흑인 아기들은 곱슬머리, 넓은 입술, 검은 피부로 태어난다.

즉 아기들은 차이 나게 태어난다. 평등하게 하려면 결국 하나의 DNA로 복제하여 아기를 탄생시켜 공동 양육시켜야 한다.

교육의 평등

기회의 평등을 위해 공교육이 실현되고 있다. 만족스러운가? 여기서도 결과의 불평등이 또 나온다.

결과의 평등을 도모하려면 쉬운 것만 가르치고 쉬운 것만 시험 출제하는 등 하향평준화 시켜서 같은 교육을 받게 해야 한다.

그래서 자사고(자율형 사립고등학교), 외고 등 특수학교를 없애고, 평준화 학교를 만들려고 하고 있다.

그러나 임종석의 딸, 조희연의 자녀들, 조국의 자녀들을 보면 거짓 위선 투성이다.
시각장애자에게 미술교육을?
언어장애자에게 노래공부를?
이런 교육이 평등인가?

취업의 평등

능력에 관계없이 취업의 평등 정책에 호응하여 KAIST 교수까지 블라인드 채용해도 되나?

한국말을 아주 잘하는 중국인이 블라인드 채용을 거쳐 특급 기술 비밀을 취급하는 대한민국 원자력 연구소에 입사하였다는데 어찌하나?

결혼의 평등

국가가 짝지어주는 블라인드 결혼을 하게 할 것인가?

업무의 평등

집도의(執刀醫)에게만 주어지는 수술권한을 생선회 칼잡이에게도 주어야 하는 게 평등인가?

저승길 평등은

같은 날 죽어야 하나?
평등을 이루기 위해 적극적 자유를 제한하려 한다. 그러면 그 나라는 망한다

적극적 자유(이기는 자유)의 강탈

기회의 평등을 얘기하며 기회의 평등을 막는 좌파정권.

탈 원전, 부동산 규제, 우버 방지, 타다 금지, 원격진료금지, 바이오 산업 규제, 핀 테크 금지. 대형 마트 격주제, 대기업 금지업종법 (중소기업 고유업종법) 등

경쟁력 있는 신 사업을 못하게 하는 것은 적극적 자유를 빼앗는 것이며 기회의 평등을 막는 길이며 국가를 망하게 하는 지름길이다.

CES(전자박람회) 대상(大賞)품목 국내사업 불가~자율 주행 로봇, 폰 결재, AI 자산관리, 원격 의료, 핀 테크 등

소나무는 높이 솟아 햇볕을 받아야 행복하지만, 송이버섯은 음지에서 살아가는 게 더 행복하다는 것을 모르고 하는 말이다.

이런 식의 기회 평등은 그들이 목적으로 하는 결과의 평등을 달성하는데 조금 기여할 뿐 국가적 불행을 초래한다

그러기에 자유의 평등속에 기회의 확대와 공정의 확대 개념을 넣어서 주장해야 한다!

평등의 본질적인 문제점은 **평등자체가 불공정** 하다는 것이다.

공정(公正): 공평하고 올바름 **공평(公平):** 어느 쪽으로도 치우치지 않고 고름

평등은 불공정하다

저자: 돈 와킨스, 야론 브룩

더 자유롭고 공정하며 번영하는 국가로 만드는 진정한 열쇠는

평등의 이름으로 성공한 사람들을 끌어 내리는 것이 아니라

성공의 결과를 보호하고 축하하는 것이다.

- ■ **예를 들면** 가장 과감하게 평등을 실천했던 과거 공산 소련에서는 대학을 졸업하고 사회에 나갈 때 직장이 배급층에 의해 결정되는데 급여가 같고 방의 크기가 같아도 모스크바에 발령받으려고 수많은 부정 청탁과 빽이 작용했다는 것이다.

  추운 시베리아 외진 곳에 발령받으면 신세 망치기 때문이다.

  거부하면 방도 배급 받지 못하고 식품, 전기, 연료도 배급 받지 못하여 바로 굶어 죽기 때문이다.

- ■ **거주이전의 자유도**, 새로운 직장 선택의 자유도 없어 발전 할 수도 없고 더 나은 희망을 꿈꿀 수도 없이 그대로 거기서 그 상태로 살다가 죽어야 하기 때문이다. 방은 배급 받는 것이기 때문에 더 좋은 곳으로 옮긴다는 희망은 있을 수가 없다.

- ■ 능력과 노력을 무시하고

  결과를 평등하게 하는 것은 그 자체가 불공정한 것이다.

  우리 사회가 평등한가? 를 묻기 전에 **우리 사회가 공정한가?** 를 물어야

평등은 가정(假定)속에서만 가능하다.

평등이 적용될 수 있는 경우가 있는가?

평등이 가장 잘 배분되는 항목은 자유일 것이다.
그러나 **자유 배분도 대상에 따라 차별이 된다.**

공평(기회의 평등)을 배분 받았으나 **면허시험에서
탈락 된 사람**은 면허분야 업무를 제한 받고, 죄를 지어
구속되어 있는 사람은 신체의 자유를 통제 받고,
집행유예 되어있는 사람은 업무를 통제 받고, 범죄를
짓고 도망 다니는 사람은 함부로 다닐 수 없고,

군인, 경찰과 같이 **위수 구역 관리를 받는 사람**에게는
거주 이동의 자유를 제한 받는다.

획일적인 통일을 요구하는 평등을 실행할 수 없다

같은 양의 비료를 뿌려도 잘 흡수하지 못하는 식물과
잘 흡수하는 식물은 배분의 효과가 다르게 되어 평등한 결과를
만들지 못한다. 사람도 천차만별이라 평등하게 되지 않는다.

**평등하게 분배해도 주어진 시간안에 개인별로 받아먹는
차이가 나면 결과적으로 불평등하게 분배된다.**
받아먹지 못하는 잉여분을 다른 사람에게 주면 또 다른
불평을 만든다.
누구에게나 잉여분이 생기지 않게 배급하면 평등한가 ?

수요가 큰 사람에게는 고통이 된다.

반대로 수요가 많은 사람 기준으로 여유있게 배급하면 수요가
적은 사람에게는 잉여가 발생한다. 잉여분을 버리면 평등하게
배분된 것인가? 평등하다고 하기 어렵다.

평등이 양심 도덕 배분에 잘 적용된다고 하지만 **개인들의 수용성
차이 때문에 평등하게 배분된다고 할 수 없다.**

신체적 평등에 대해 생각해 보자

못생긴 강아지도 귀엽게 생겨 사랑을 독차지 하는
강아지를 질투한다. 인간도 비교하여 불리한 경우는
억울하게 느끼고 평등을 희망하게 된다.

희랍이나 로마 백인 조각상을 보면 잘 생겼다.
형제 간에도 차이가 있어 못난 동생이 잘난 형에게
질투하곤 한다. 그래서 그런지 미국 흑인들 무슬림들은
"백인 남성 씨를 말리자" 고도 떠든다.

세상 어디에 똑같은 살아있는 존재가 있는가 ? **태생부터
자유로운 차이만 있고 평등이 없는 것이 자연의 조화다.**

차이가 전혀 없는 사실상의 평등은 다음과 같은 특별 가정하에서만 가능하다

▶ 평등한 세상을 만들려면 출생부터 양육까지 통일시켜야 한다.

* 결혼해도 아기를 못 낳게 해야 한다.
* 국가에서 남자 든 여자 든 한가지 성만의 같은 DNA로 복제하여 일란성 보다 더 닮은 아기만을 생산해야 한다.
* 아기는 미리 비축해 둔 동일 DNA의 세포를 배양하여 만들어야 하며
* 아기들은 동일시설에서 동일 양육사들에 의해 길러져야 한다.

▶ 지능도 재능도 천차만별이다. 그러므로 차이를 없애려면
* 교육은 동일시설에서 동일 교육과정으로 동일 로봇교사나 동일 원격교사에 의해 이루어져야 한다. 우수한 학생은 뛰어나지 않게 교육과정을 조절해야 한다.

▶ 교육을 마친 후에도 그냥 두면 자꾸 차이가 발생한다.

▶ 차이가 없고 시기와 질투가 생기지 않는 제도를 만들려면
  - 사유재산을 못 갖게 하고
  - 직업도 통일하고
  - 모든 생활품은 동일하게 배급한다.
  - 돌연변이가 생기면 제거하고
  - 식사, 의료, 죽음도 통일시킨다.

▶ 차이가 없는 세상으로 발전시키려면?
어버이 수령제도도 없애고 계급도 없앤다.
세상을 온통 똑같은 사람, 똑같은 생활인으로 통일해 나간다.

살펴 본 것과 같이 차이가 없는 세상 (**평등한 세상**)은 실제 생활에서는 존재할 수 없다.
그러므로 헌법상의 **평등**이란 용어는 **공정과 형평**으로 바꾸고 인간 존엄성에 대한 평등, 법 앞에 평등 등 제한된 범위에서 사용되어야 한다.

영국 보수당과 불평등
박지향 저 '정당의 생명력'에서

1. 영국 보수당은 불평등을 어떻게 보고 있나?

1) 보수주의자가 보는 불평등

보수주의는 사회 경제적 불평등을 변호하며 지지하는 정치철학이다.

영국 보수당은 불평등을 어떻게 보고 있나?
* **불평등이 자연스러운 것이며 평등이란 도달할 수 없는 신기루**이고 인간의 본성과 양립 불가능한 것이다.

* 불평등은 인간조건의 불가피한 부분이며 인간사회의 불평등한 속성 역시 어쩔 수 없는 역사적 산물이다.

* **법 앞의 평등, 선거권의 평등은 받아들이지만 대부분 보수주의자들은 '재능과 부의 불평등'은 확실하게 옹호한다.**

2) 평등주의에 대한 반대의 근거

● 보수주의자들이 불평등을 당연한 것으로 생각하는 이유

가. 생물학적 근거

개인들 간에는 능력, 재능, 지성, 동기 등의 자질에 있어서 선천적인 차이가 있으며 이런 서로 다른 특성들은 자연스럽게 사회 경제적 불평등으로 이어진다.

나. 역사적, 정치적 근거

불평등은 역사적으로 존재해 왔고 지금도 존재하는 불평등은 자연스러운 것이고 불가피하며 변할 수 없다.

위계질서는 자연의 질서이며 사회의 위계질서와 계층화도 인간 사회의 자연적이고 불가피한 일부이다.

불평등을 정당화하려는 논변이 아니라 모든 인간은 서로 다른 신체적, 지적 조건을 지니고 태어났다는 자명한 사실을 지적할 뿐이다.

추상적 개념인 '공정' '사회 정의'와 같은 명목 하에 **인간 사회의 불평등을 인위적으로 바꾸려고 시도해서는 안된다.**

사회적 결집과 정치적 안정을 위해 빈부의 차를 어느 정도에서 제한하는 것이 좋다는 것을 보수주의자들도 잘 알고 있다.

다. 경제적 근거

개인과 기업이 자신의 능력과 창의성을 발휘하여 부를 창출하는 것은 자연스럽고 이에 따라 빈부의 차이가 생기는 것은 당연하다.

빈부의 차를 해소하기 위해 노력하는 것은 모두의 과제이다.

보수주의자들은 그 방법에 있어 사회주의자들과는 분명히 다른 입장이다.

보수당이 복지국가와 혼합경제를 수용했지만 보수당의 입장은 사회보장제도를 통하여 일정 수준의 부를 가지지 못한 사람들에게 적절한 생활수준을 보장한다는 것이지

※ 강제적이고 임의적인 재분배를 통해 평등을 이루려는 것은 절대 아니다.

2. 보수주의자들이 평등주의를 적극적으로 반대하는 이유

1) 평등은 정서적으로 호소력을 가질지 모르지만 매우 모호한 개념이다.

▶ 평등주의자들은 '**평등하게**' 소득과 부를 재분배해야 한다고 주장하나 무엇이 평등한 것인지를 정의하기 쉽지 않으며 그런 정책은 오히려 사회적 불만을 야기하여 공동체 의식을 저해할 수 있다.

<강요된 평등이 오히려 불평등을 가져온다>

▶ 평등주의란 실제적인 기회들을 가능한 널리 개방하는 것 이상이 될 수 없다

2) 소득과 부의 불평등이 개인의 자유를 지키고 경쟁적인 경제를 유지하기 위해 반드시 필요하다.

▶ 인간의 **자익심이 사회를 움직이는 원동력이다**. 더 많은 부를 축적하고자 하는 인간의 욕심이 기업과 노동을 움직이게 한다.

▶ **소득의 차이, 즉 경제적 불평등이 있기 때문에** 사람들은 더욱 열심히 일하고 그 결과 사회 전체의 富가 증가하며 가난한 사람들도 그 혜택을 보게 된다. (봉급의 차이를 없앤다면 일할 동기가 사라질 것이다)

▶ 富의 창출에서 중심이 되는 것은 정부 간섭이 아닌 '**시장의 힘**'이다 시장을 통한 일자리 창출은 국가가 제공하는 사회보장보다 더욱 중요한 경제적 이익을 가져다 준다.

▶ 보수주의자들은 시장경제 체제만이 개인의 자유를 침범하지 않으면서 효율적으로 경제 성장을 촉진할 수 있는 제도라고 본다.
(인간 본성과 자본주의는 완벽하게 서로를 보완해준다)

"자본주의는 다른 어떤 체제보다 불평등을 완화시켰다"
--밀턴 프리드먼---

3) 불평등의 옹호가 오히려 도덕적 측면에서 바람직하다.

보수주의자들은 '위로 향하는 사다리' 즉 **노력과 능력에 기반을 둔 성취를 믿는다.**

(누군가를 끌어내림으로 불평등을 해소하는 것이 아니라 개인의 성취와 그에 대한 보상을 약속함으로 사회의 전반적인 향상을 꾀해야 한다.)

부자를 가난하게 만들어서는 가난한 사람을 부자로 만들 수 없고 모든 사람을 부자로 만듦으로 가난한 사람을 부자로 만들 수 있다.
에이브라함 링컨

4) 평등의 추구는 필연적으로 국가의 비대함을 야기하여 개인이 스스로 삶을 결정할 기회를 침해할 수 있다.

경제적 평등을 위해 국가의 권력이 커지면 민주적 시민사회에 중대한 위협이 되며 자신의 삶을 통제할 수 있는 기회를 빼앗기게 된다.

▶ 이상의 이유로 보수주의자들은 평등을 반대한다.

자유와 평등은 양립할 수 없다 !!!

영국사 전공을 한 서울대학교 박지향교수의 저서 '**정당의 생명력**'에서 '영국보수당과 불평등'요약

불평등해질 권리

"사회주의자들이 호도해도 그 누구도 다른 사람과 똑같을 수는 없습니다.

우리는 모든 사람이 불평등해질 권리(남보다 더 잘 될 수 있는 권리)를 갖는다고 믿습니다"

*(1975년 보수당대표 마가렛 대처수상이 의회에서 연설한 내용)

*1975년 보수당대표 마가렛 대처수상이 의회에서 연설한 내용)

I came to office with one deliberate intent: to change Britain from a dependent to a self-reliant society- from A give-it-to-me, to a do-it-yourself nation. A get-up-and-go, instead of a sit-back-and-wait-for-it Britain."

저는 오로지 한가지 목적을 위해 집권했습니다. **영국을 의존적 사회에서 자립적 사회로** 탈바꿈하기 위해.

'나 한테 뭐라도 주겠지' 에서 '스스로 알아서 하자' 로 바꾸기 위해.

'앉아서 콩고물 떨어지기' 를 기다리는 영국사회를 '일어나서 나가 일하자' 는 사회로 바꾸기 위해.

"Socialist government traditionally do make a financial mess.
They always run out of other people's money.
It's quite a characteristic of them."

"사회주의 정부들은 통상적으로 재정적 난장판을 만들죠.

그들은 항상 타인의 돈을 다 써버립니다.

이건 그들의 특성이라 할 수 있죠"

There can be no liberty Unless there is economic liberty

경제적 자유 없이 진정한 자유 없다.

『영국병을 치유한 대처수상의 생각이 오늘의 대한민국을 보며 새삼 위대하게 다가 옵니다.』

자유, 자유주의
liberty   liberalism

freedom   liberty

자유민의 가장 큰 영광은
그 자유를 그들의 자손들에게
물려 주는 것이다

윌리엄 하바드

마음이 상한 자를 고치며
포로 된 자에게 자유를
갇힌 자에게 놓임을   (이사야 61장1절)

자유를 지키는 것이 나라를 세우는 근본이다.

- 자유에 대해 알아보자
- 자유사상의 분류
- 개인주의와 자유주의
- 신 자유주의
- 수정자본주의와 신자유주의의 비교
- 개인주의와 자유주의
- 이기주의와 개인주의 그리고 자본주의
- 자익(자기 이익)심의 바른 이해
- 개인의 자유를 가장 앞세우는 현대 민주정치
- 개인의 자유와 집단의 자유
- 자유주의와 개인주의 차이

자유사상 분류 개인주의 자유주의 자익심 개인의 자유 집단의 자유

자유에 대해 알아보자

▶ **자유** : 남에게 피해를 주지 않는 범위에서 내 맘대로 하는 것. 외부로 부터 속박이 없는 상태.
▶ **자유주의** : 개인의 경제적, 사회적 활동의 자유를 보장하려는 정치적 사상. 자유를 최상의 정치 사회적 가치로 삼음.

자유는 영어로 두가지 단어가 있다 liberty 와 Freedom

속박(멍에) –	사회해방,이념적 자유 –	개인적 자유 –	좌익 방종
yoke	liberty	freedom	liberal
	해방적 자유	천부 인권적 자유,	자유분방, 거칠 것 없는 자유

남자 : 군복무를 마치고 제대하면서 부대 정문을 나설 때 깨닫고는 자유의 가치를 망각함.

여자 : 과거에는 무서운 시집살이를 벗어나면서 자유의 소중함을 느꼈으나 현재는 그런 굴레가 없어서 자유의 가치를 느낄 기회가 적어서인지 쉽게 평등주의에 빠지는 경향이 있다.
(가정은 공동 소비하는 사회주의 형태임을 이용하여 가정 같은 사회주의라는 단어에 속는다)

자유는 공기와 같다
잃어 버렸을 때
비로소
그 가치를 안다

-조지 오웰-

기독교는 다른 종교보다
자유를 강조한다.

진리가 너희를 자유케 하리라
　　　　　(요한복음 8장32절)

주께서 자유를 주셨으니,
자유를 굳게 지켜
다시는 속박(노예)의
멍에를 지지말라.

　　　　(갈라디아서 5장1절)

▶ **소극적 자유 (규제, 속박에서의 자유)**

남에게 피해를 주지 않는 범위에서 마음대로 하는 것,
남으로부터 피해를 받지 아니할 자유.
다른 사람의 간섭이 없는 상태.

▶ **적극적 자유 (경쟁에서 이길 자유)**

차별금지라고 하면서 경쟁에서 이길 자유를
억제하면 그 세상은 발전을 멈추고 가난하게 된다.

붉은 깃발법, 타다 금지법. 대형마트 영업 제한법,
대기업 금지업종(중소기업 고유업종)법 등이
적극적 자유를 제한하는 법이다.

경쟁에서

더 능력 있는 자가

덜 능력 있는 자에게

이기도록 자유를

주는 것이

공정이며 정의다.

자유 사상의 분류

자유 지상주의(libertarianism)

개인을 통제하는 어떤 권위도 부정하고 최소정부를 정치적 목표로 하며 자유경쟁 시장을 본질적 제도로 삼는 이념.

자유 및 자본주의를 지지하며 사유재산을 강하게 옹호한다. 사회적 약자나 강자나 그 권리는 동등하게 보장되어야 한다.
(Robert Nozick)

공화주의 : Republicanism

아테네, 로마, 미국에서 왕정을 반대하는 민초들이 화합하여 (共和하여) 세상을 유지해 나간다는 민정이 시작되었지만,

개인의 사적 이익과 소극적 자유보다 **공적이익과 공동체의 안녕**을 더 중시하는 철학이다.

공동선을 정하고 그쪽으로의 정치역량을 증가하여 **자유와 사유재산**을 키워주어야 한다는 주의이며

이상사회를 만든다고 사회정의를 강하게 추구하면 사회주의로 변할 위험도 있다.

J.S.Mill의 『자유론』 핵심요약

밀의 <자유론(1859)>은 아마 자유에 관해서 전반적인 내용을 다룬 거의 첫 번째 고전일 것이다. **국가가 개인의 자유를 제한하고 획일화 하는 것에 대한 반대 논리를 쓴 책.**

▶ **자유론의 목적**
  현대 사회에서 새로운 강자로 떠오른 **다수의 횡포**에 맞서 각 개인의 자유로운 삶을 보호할 수 있는 길을 찾는 것.

▶ **자유에 관한 매우 간단 명료한 하나의 원리**
  어떤 경우에도 사회가 개인에 대해 강제나 통제를 가하지 못하게 함으로써 **개인의 자유를 최대한 보장**해야 한다.

▶ **단 하나의 예외적인 상황**
  다른 사람에게 해(harm)를 끼칠 때이다. 다른 사람에게 영향(concern)을 주는 행위에 한해서만 사회가 간섭할 수 있다.

▶ **자유로운 사회**(자유의 기본 영역)

1. **양심의 자유, 생각과 감정의 자유 그리고 절대적인 의견과 주장의 자유를** 누려야 한다.

2. 사람들은 **자신의 기호를 즐기고 자기가 희망하는 것을 추구할 자유를** 지녀야 한다.

3. 모든 성인이 어떤 목적의 모임이든 자유롭게 결성할 수 있는 **결사(結社)의 자유를** 누려야 한다.

신자유주의 (新自由主義, Neo-Liberalism)

신자유주의

철학에도 경제에도 사용되는 용어이며
고전적 자유주의와 다른 새로운 자유주의이다.
1930년대 신자유주의 용어 등장(독일 학자 뤼스토프에 의해)

등장배경: 제1차(1973~1974),2차(1979~1981) 석유파동(공급부족, 가격폭등)으로 인한 경제위기는 각국의 **좌파정권에게는 치명타가** 되었고 신자유주의 정권에게는 **기회가** 되었다.

신자유주의는 1970년대부터 부각하기 시작한 '자본의 세계화' 흐름에 **자본주의를 기반으로 하는 경제적 자유주의** 중 하나이다.

수정자본주의(자본주의+사회주의+국가개입)를 비판하는 개념

국가의 개입을 통해 자본주의의 모순을 해결하자는 수정자본주의와 달리 국가의 개입을 최소화(최소정부, 최소국가)하여 시장의 활성화와 경제의 부흥을 추구함

19세기의 **자유 방임적인**(고전적인) 자유주의의 결함에 대하여 국가에 의한 사회 정책의 필요를 인정하면서도, **자본주의의 자유 기업의 전통을 지키고 사회주의에 대항하려는 사상.**

| 산업혁명 이후 | 1929년 세계공황 | 1970년대 석유파동 |

고전적 자본주의 ➡ 수정자본주의 ➡ 신자유주의

| 애덤 스미스 | 케인즈, 루즈벨트의 뉴딜 | 하이에크 |
| 자유시장경제 | 정부개입, 복지국가 | 레이건, 대처 |

대표적 인물과 신자유주의정책

▶**하이에크**: 국가가 시장에 개입하면 시장의 자율성과 효율성이 훼손된다.

▶**밀턴 프리드만**: 미국의 신자유주의 경제학자

▶ **레이건**: 미국 제40대 대통령(1980)신자유주의 정책채택
Let's Make America Great Again
이것은 트럼프의 구호이기도 했다.

▶ **레이거 노믹스**; 정부지출의 축소, 안정적인 금융정책, 감세와 규제 완화 공기업의 민영화, 노동시장의 유연화 (정리해고제, 비정규직 등).복지예산감축.
< 미국경제를 살렸다는 평을 받음 >

▶**영국병을 치유한 대처리즘**

영국 경제의 재생을 꾀한 **마가렛 대처수상**의 사회 경제 정책의 총칭이다.

1979년 선거에서 보수당의 승리로 집권한 대처수상은 노동당 정부가 고수해 왔던 각종 국유화와 복지정책 등을 포기하고 민간의 자율적인 경제활동을 중시하는

통화주의(monetarism)에 입각한 강력한 경제개혁을 추진했는데, 이러한 대처의 정책을 '**대처리즘** ' 이라 하며, 영국식 **신자유주의**, 보수주의, 반공주의를 옹호한다.

수정자본주의와 신자유주의 비교

정부의 개입이냐? 시장의 자유냐?

	수정자본주의 (혼합경제: 자본주의+사회주의 도입)	신자유주의 (20세기 후반 대두된 정치, 경제 사상)
발생시기	1929년 부터 1970년까지	1970년대 이후
발생원인	1929년 <미국의 대공황> 물건의 생산과잉, 주식폭락, 은행이 문을 닫고 기업도산, 대량 실업 발생-세계 경제 불황으로	1970년대 통화팽창, 중동 전쟁, 1,2차석유파동, 영국병, 스태그플레이션발생.
경제학자	**케인즈**(영국)-유효수요(구매력이 뒷받침 되는 수요)이론 불황과 불경기는 재화와 서비스를 구매할 수 있는 유효수요가 부족하기 때문이기에 정부가 금융과 재정정책을 통해 가능한 한 돈을 풀면 소비, 생산이 증가한다. **(정부의 적자 지출 제안, 인플레이션 유발 정책)**	**하이에크, 프리드먼 (10부작 '선택할 자유' 사회자)** 케인즈의 이론이 엉터리라고 맹공. 정부의 간섭과 개입,규제와 지출이 많은 나라는 결코 번영할 수 없음을 예를 들어 설명함. 자유시장경제 나라는 많은 문제가 있지만 번영하고 있음을 구체적으로 비교하며 주장함.
정치인	미 32대 대통령 **루즈벨트(뉴딜 정책)**	**대처**(대처리즘), **레이건**(레이거 노믹스), **에르하르트**(라인강의 기적)
경제위기에 대한처방	재정지출 확대,유동성 공급(돈 풀기)이 필요함 대규모 공공사업을 늘림, **정부 강력 개입, 규제 강화** (각국이 케인즈의 *유효수요이론을 도입)	**정부의 규모를 축소하고 규제를 철폐하고 재정지출을 줄여서 시장이 조절기능을 해야함.** 국영기업 민영화, 사회복지 축소
문제점	초기엔 효과적이였으나 1970년대 위기에는 정부가 돈을 풀어도 경기는 침체되고 물가만 오름. (스태그 플레이션:경기는 불황인데 물가는 오르는 현상)	평등주의자 사회주의자들이 극구 반대하여 사회문제화됨.
지금 상황	여전히 영향을 미치고 있으나 주류에서 밀려남.	현재까지 신자유주의 시장의 자율기능 강조.

인간의 이기심이 지나쳐 탐욕으로 가면 그것이 노동자이던, 자본가이던 자본주의를 파괴로 이끌게 된다.

개인주의와 자유주의

자유에는 책임이 따른다!

개인주의

개인의 존재와 가치가 국가와 사회 등의 집단보다 우선이라 생각하며, '자유로운 개인'을 중심에 두고 모든 것을 규정하고 판단하는 사상, 사고방식, 가치관, 신념, 태도, 기질을 말한다.

개인주의 ⟷ 집단주의, 전체주의

개인주의는 자유주의, 민주주의와 밀접하게 연관
개인의 권리가 국가, 사회 등의 통제나 간섭을 받는 것을 거부한다.(인간 중심적 가치관)

개인주의는 사유재산이 생기면서 자본주의가 출현하면서 나타났다.

"개인은 정부의 간섭없이 자유롭게 경제활동을 할 수 있어야 한다"   ~애덤 스미스~

그러므로 나는 세상보다 소중하다. 다른 사람은?
그 사람 자신도 세상보다 중요하다고 인정한다.

그러므로 각 개인은 타인에게 피해를 주지 않는 한 소중하고 자유로우며 간섭 받지 아니한다.

남에게 피해를 주지 않는 범위에서 자살할 권리, 마약을 복용할 권리도 갖는다.

개인주의가 가장 자유의 범위가 넓다.

자유주의

자유의 근본은 **개인적 가치의 존중**과 실현 가능성(개인주의)에 기반하고 있다.

자유를 전제하지 않는 개인주의는 있을 수 없다.
18세기는 자유의 중요성과 개인의 권리가 최대한 존중되는 **자유주의 시대**라 부른다.

기본적으로 개인주의와 같으나 마약을 복용할 권리까지 갖는 것은 아니다.

타인의 자유를 침해하지 않는 범위에서 행사하는 **제한적 자유**를 말하며, 법의 테두리 내에서 자유를 보장 받는다.
                  (법이 지나치면 독재가 되기 쉽다)

개인의 자유는 어떻게 보장 받을 수 있나?

개인으로서 존중 받으며, 자연법(시대와 민족, 사회를 초월하여 보편 타당성을 지니는 법)의 테두리 내에서 자유권을 갖는다.

집단주의

집단 전체의 이익을 우선시 함. 집단의 유지 발전을 위해선 개인의 자유와 권리가 제한 될 수 있다.

소수 개개인의 행동으로 **집단의 보호와 질서를 유지함을 중요시 하는 관점.**

개인의 자유와 집단 전체의 이익이 상충할 때 어떻게 해결해야 하나?

생존본능 때문에 자익주의가 먼저 작동한다

개인일 때 생존본능이 높다.

복인(複人)   개인(個人)

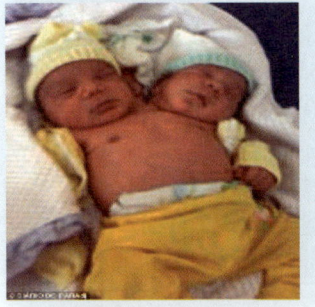 

생존성이 낮음   생존성이 높음

사람은 複人이 아닌 個人으로 태어나야 자생할 수 있고 생존성이 높다.

개인은 스스로의 삶을 위해 자익적(自益的)일 수 밖에 없고 성장하면서 생존을 위한 자유로운 노동을 하게 되며. 개인별로 타고난 능력별로 노력을 하므로 그 결과가 차이 나게 되며 그 차이를 당연하게 받아들인다.

이렇게 **'자신을 위해 열심히 일하여 잘 살자'** 는 주의가
자본주의의 근원이며 자본주의는 개인주의를 기반으로 한다.

이런 자연적으로 발생하는 차이를
받아 들일 수 없다고 하면서 **차이가
생기지 않도록 평등을 강제하는 주의가**
공산 사회주의 이며 그 정부는
두더지 방망이 같은 일만 하게 된다.

자익(自益)주의는 나쁜가 ? 아니면 당연한가 ?

창조 탄생된 생물체가 자기 생존을 위해
최우선으로 심어진 본능이 자익주의이다.

이기주의 (selfishness)는 자기**만**을 위해
자익주의 (self interest)는 자기를 위해

개인이 모든 것을 생산하여 자급 할 수 없으므로
상대방의 동의를 통하여 내 상품과 상대방의 상품을
교환하여 상호 이익을 도모하면서 사익을 축적해 나간다
자연적으로 타인의 이익도 배려해 준다
여기서 **자익주의**는 *남에게 피해를 주지 않는
범위에서 자기 이익을 추구하는 인간의 당연한
본성을 말한다.*

(자익주의와 타익주의 의 관계)

자익(自益)	타익(他益)
자해(自害)	타해(他害)

self interest(자익),   self help(자조),
self own (자주),   self power (자력),
self respect(자존),   self independence(개인의 자립)

*이기심 (selfishness: 자기 자신의 이익만을 꾀하는 마음)

이 **자익심**이 개인의 발전과
    경제력 향상의 원동력이 된다 !!!

자익심(self-interest)의 바른 이해

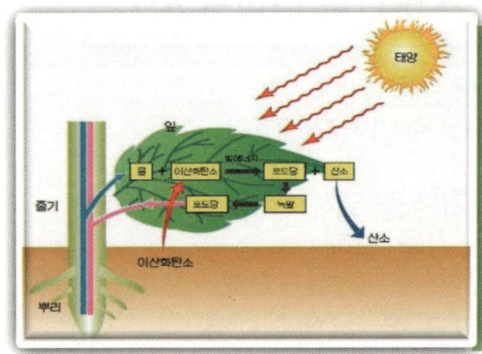 

애덤 스미스는 도덕 감정론에서 타인의 동의 하에 타인으로부터 이익을 취하는 것을 자익이라고 했는데

자연에는 이미 그 상태가 되어 있다.
자연에서는 자기가 취할 수 있는 것은 자기가 취하기 때문이다.

나무나 풀도 자기가 빨아 먹을 물이나 이산화 탄소가 부족할 때 다른 나무나 풀을 위해 일부러 남기거나 양보하지 않고 자기가 취한다. 대신, 먹다 남은 물이나 이산화 탄소는 남이 먹어도 개의치 않는다.

꼭 자기만 위한다는 의지없이, 자기를 이롭게 하는 본능으로 생명을 유지하고 성장한다. 그 것이 자익심, 자익주의다.

그 중 정상적인 동물은 행동의 자유와 높은 생존성을 위해 자익심을 본능으로 심어져 **태어난다**
(얼굴 둘에 몸이 하나인 공유인으로는 태어나지 않는다).

그렇지만 먹을 것이 남을 때는 남이 먹게 둔다.
그래서 곳간에서 인심 나게 하는 것이 자연적이며,
모두 성인군자 같이 착해지게 하여 인심 나게 하는 것은 억지이고 실현 불가능하다.

▶**국부론**의 가장 중요한 요소 중 하나인
 '**자익심(self-interest)**' 의 바른 이해

이기적인 성격을 가지고 있다는 식에 자주 쓰이는 **selfishness**는 자신의 이익만 추구하는 이기심(利己心)이 맞는 번역이지만 애덤 스미스가 사용한

self-interest 는 '이해 관계에 있어서의 개인의 이익을 추구함' 을 의미함으로 '**자기 이익**' 이라는 자익심(自益心)이 더 정확한 표현인 데

이기심이라 잘못 번역해서 **자신의 이익만** 아는 나쁜 의미로 번역되어 오해의 소지가 있다.

애덤 스미스는 **도덕 감정론**에서 그 의미를 담아 놓았다. 애덤 스미스는 독실한 기독교인으로 무한정 늘어나는 이기심이 아니라 제한 당할 수 있음을 전제로 한다.

"네 이웃을 네 몸같이 사랑하라."

즉 개인의 자익심(자기 이익 추구)이란 종교와 같은 윤리적 규범이나 법과 같은 실질적인 규칙, 또는 공감능력에 의하여 조절되며

시장은 이러한 자익심을 토대로 만들어 진다.

자연은 자기를 이롭게 하는 본능으로 생명을 유지하고 성장한다!!!

개인의 자유 개인의 중요성을 찾아가는 것이 현대 민주정치다

종교개혁과 산업혁명을 거치면서 소유, 교환, 계약의 자유 등이 정립되면서
다음과 같은 개인 자유주의가 일반화 되었다.

▶ 나는 사회계약에 의해 사회에 협조하지만 사회를 위해 태어난 것이 아니며 나 자신이 사회보다 중요하다고 생각한다.
행복을 느끼는 존재는 국가, 사회 같은 집단이 아니고 국민 각 개인이므로. 국민을 행복하게 한다는 것은 국민 각 개인이 행복하게 느끼게 하는 것이다. **자유를 잃은 개인은 행복할 수가 없다. 그러므로 국민 각자가 행복해지게 하려면 마음껏 자유를 누릴 수 있어야 함으로 현대 자유민주 정치에서는 개인의 자유를 최 우선시 한다.**

▶ 이승만은 개인의 자유를 "진정한 독립은 일본으로 부터의 독립이 아니라 **개인의 신체적, 경제적 자유와 배움이 보장되는 것이 진정한 자유**"라고 하였다. 그래서 5000년 내려오던 속박을 건국과 동시에
제거 (**토지개혁, 의무교육** 실시 등) 하여 보장해 주었다.

> ❖ 우리 헌법에서도 제2장 국민의 권리와 의무를 천명한 제10조
> 행복추구권 부터 39조 국방의 의무까지 국민 개인의 행복을 위해
> 개인의 자유와 권리를 지켜주려 하고 있다.
>
> **권리를 지켜주면 자유가 적극 보장되므로 헌법에서는 권리로 표현한다.**

국민은 자유로운 삶을 가로막는 정치권력에 맞서야하고 정치목적을 국민의 자유확대에 둬야 한다
바뤼흐 스피노자(1632~1677)

"경제보다 사람이 먼저다 (경인선 가자)" 는 현실성 없는 구호다. 경제적 자립 없이는, 교육이 없이는, 국민 각 개인의 자유와 독립을 실현 시킬 수 없기 때문이다.
　　　(사유재산이 있어야 자유가 있다.)

▶ 이승만의 토지개혁과 문맹퇴치 교육은 국민 개인의 자유를 부여하기 위함 이었다.

개인의 자유와 집단의 자유

개인의 자유 : 자유 민주주의

집단의 자유 : 인민 민주주의

집단이 시키는데 개인이 개인의 자유를 이유로 거절하면 ?

집단의 자유는 개인의 자유를 몰수해야 발휘될 수 있다.

즉, 두 가지 자유는 서로 충돌하기 때문에 공존이 안되고 일방적 일 수 밖에 없다.

자유국가의 핵심가치는 개인의 자유를 보장하는 것이며 이를 달성하는 수단이 자유, 공화다.

자유주의와 개인주의 차이

남에게 피해를 입히지 않는 범위내에서 내 맘대로 할 수 있는 것은 동일하다.
그러면 자신에게 피해를 입히는 것은 ?

예로, 장기판매, 마약섭취, 자기집 불지르기 같은 경우 자유주의에서는 처벌하는데
개인주의에서는 처벌하지 않는다.

코로나의 경우 거리 띄우기, 마스크 쓰기, 백신주사 맞기를 안 지킬 경우
타인들에게 피해를 줄 수 있다는 이유로
처벌 또는 강제하려 드는 게 자유주의다.

자유주의 속에는 공공의 법치를 내포하여 통제,독재의 잠재성이 내포 되어있다.

그러나 개인주의에서는 그런 통제나 독재를 할 수 없다. 미국 **사우스 다코타** 주에서는 마스크 착용 거리 띄기, 백신 맞기 등을 강제하지 않았다.

일시적으로는 코로나 감염이 높았다.
그러나 결과적으로는 더 문제되지 않았다.
즉 개인주의를 지켜냈다.

최대한 개인주의에 접근된 자유주의가 바람직하다.
공화주의는 자유주의보다 더 공공성을 강조하므로 자유주의보다도 이런 개인주의가 용납되기 어렵다.

민주주의

民主主義　democracy

다수의 국민이 지배하고 지배 당하기도 하는 정치형태.

국민이 국가권력을 만들고 정부형태도 선택한다.

다수가 원하면 공산주의로도 갈 수.있다.

국가는 국민의 자유와 권리를 최대한 보장해야 한다.

국민주권주의

국민의 (of the people)
국민에 의한 (by the people)
국민을 위한 (for the people)정부
~링컨~

민주주의는 가장 덜 나쁜 제도

덜 나쁜 민주주의보다 더 좋은 제도로 바꿔야 하지 않나?

영국 의사당을 바라보고 있는 처칠의 동상

- 민주주의의 목표
- 민주주의의 정신과 원리
- 토크빌이 본 미국의 민주주의
- 아테네 민주정과 로마 공화정
- 현대의 민주정과 공화정
- 민주주의는 만능인가?
- 민주주의의 문제점 (1), (2)
- 민주주의와 공화주의의 비교
- 자유민주주의 (1), (2)
- 사회민주주의 (1), (2)
- 인민민주주의 (1), (2)
- 현존하는 인민민주주의 국가들
- 자유주의 민주주의 사회주의 비교

민주주의 　민주주의 문제점 　공화주의 　자유민주주의 　사회민주주의 　인민민주주의

민주주의의 목표

| 목표 접근 계통도 | — | 잘 사는 세상 (목표) |

↑ ↑ ?

| 잘 사는 세상으로 가는 길목 | — | 자유민주주의(자유공화정) 자본주의 | 인민민주주의(사회공화정) 공산사회주의 |

↑ ↑ ↑ 혁명

| 길목 선택 | — | 다수결로 선택하자는 주의 (민주주의) |

↑

공화, 코뮌 상태

↑

 왕정 (王政)

코뮌
프랑스 중세의 주민자치제

이 개념은 1871년 파리 코뮌(무정부 상태)에서 볼 수 있다.

 잘 사는 길 고민

민주주의 정신

인간에 대한 존중

민주주의의 정신 중에서도 가장 중요한 것은 '인간에 대한 존중' 이다.

모든 인간이 태어날 때부터 가지고 있는 **인간의 존엄성**을 존중 해야 한다.
그러므로 어떠한 경우라도 인간의 존엄성이 우선적으로 존중되고 보호받을 수 있어야 한다.

우리나라 헌법에서도 '**모든 국민은 인간으로서의 존엄과 가치를 가지며, 행복을 추구할 권리를 가진다**.' 라고 명시하고 있다.

자유

'**자유**'는 소극적인 의미에서 외부로부터의 위협과 강제에서 해방되는 것이고,
적극적인 의미에서 자기 스스로 선택하고 의견을 발표할 기회가 허용되는 것이다.

그러나 **진정한 자유는** 다른 사람에게 피해를 주지 않아야 하고 자신의 행동에 책임을 질 수 있어야 한다.

평등

'**평등**'은 **개인의 재능과 능력의 차이까지 평등하다는 뜻이 아니다.**

민주주의에서 말하는 평등은
모든 사람들은 합리적인 이유가 없이는 차별을 받지 않는 것을 뜻한다.
법 앞에서 평등, 똑같이 투표할 권리, 인간의 존엄성에 대한 평등을 말한다.

민주주의의 원리

국민주권

국가의 의사를 최종적으로 결정할 수 있는 힘이 바로 국민에게 있다.(국민이 원하면 공산주의로도 갈 수 있다)
'대한민국의 주권은 국민에게 있고, 모든 권력은 국민으로부터 나온다.' (헌법 제1조 2항).

권력분립

법을 제정하는 **입법부**, 법을 집행하는 **행정부**, 법을 적용하는 **사법부**로 나누어 세 기관이 서로 견제하면서 어느 하나가 권력을 마음대로 행사하지 못하도록 하는 원리.

입헌주의

국가에서 제정한 헌법에 따라 정치를 하는 것(**법치주의**)
헌법은 국민의 존엄성을 보호하는 내용을 담고 있어야 한다.

다수결주의

다수의 판단에 따라 정책이 결정되는 것이다.
다수의 판단이 소수의 판단보다 실수할 가능성이 낮고, 더 많은 사람들이 원하는 것이 더 좋다고 보기 때문이나 많은 문제점도 있다.
진정한 민주주의를 위해서는 천부인권
(자연권:자유롭고 평등한 인격, 행복 추구)이 확보되고
반드시 **자유로운 토론**이 보장되어야 하고,**타협하고 양보하는 태도가** 필요하다.

민주주의의 성패는 선출된 공직자들의 자질과 국민들의 성숙한 의식에 달려있다.

아테네 민주정(民主政)과 로마 공화정(共和政)

아테네의 민주정

BC 460년경 헤로도투스 책에 **민중(Demos)과 지배(kratos)언급**
아테네 국가 형성 후 300년이 지나서 BC 594 **솔론** –
클레이스테네스 – 페리클레스 – 로마지배 초기까지 2세기간
(아테네 100년, 로마 100년) 민중적 통치체제를 구축한 것이
민주주의의 시원(始原)이다.. 후에 다른 그리스 도시국가에도 전파됨.

민회(民會)와 평의회(評議會)

아테네(제주의 2/3 크기)에 시민(10만)+외국인(1만)+노예계급(15만)
총 25만~30만명 중
  3만명 정도의 아테네 남성이 **민회**를 구성할 자격을 지님.
  처음에는 민회가 사법재판도 했다가 후에 분리되었다.

18세 이상 3만명의 남성에게 참정권을 주고 다수결로 6천명의
  민회원을 선출하였고 여기서도 다수결로 입법하였다.
  행정기관인 **평의회** (500인회)는 추첨으로 선발했다.
민회를 여는 일정은 구역별로 추첨에 의해 선출된 **500인회가 정하였다.** 모든 기관은 회의체로 운영됨. (위키백과)

민중법정(民衆法庭)

민회제도와 함께, 의회, 위원회, 사법기관, 정치 지도층을 통제하는
권한을 거의 무한으로 가진 **가장 중요한 국가기관**이었다.
30세 이상의 시민들이 참여한 모집단에서 **추첨으로 선출한
배심원들로 구성된다.**

모집단은 해마다 **추첨**에 의해서 선출된다. 그리고 그 기구는
아테네의 일반시민들이 **정치참여의 열망을 충족시키는 기회가
되었다.**

민중법정과 민회를 함께 일컬어 **민중**이라 했고 아테네를
지배하는 핵심 조직이었다. 그래서 **민중민주주의** 라 했다.

로마의 공화정

- **기원전 8세기경**: 이탈리아 중부의 작은 마을에서 고대 로마는 시작.
- **기원전 5세기 까지**: 왕정이 이어짐.
- **기원전 509년**: 민중의 정치체제가 그리스에 도입된 시기에 즈음하여 왕정이 무너지고, 귀족과 평민이 협동하는 **로마공동체(공화정)를 세웠다.**
- **기원전 1세기 말엽까지**: 지속된 400년간의 공화정체 시기를 통해

로마의 의회들은 도시의 중심부에 있는 작은 포럼의 형태를
취하였는데, 영토와 인구가 늘면서 복잡한 정치구조를
만들어 나갔다. **집정관. 원로원, 호민관으로** 정치체제를
형성해 **삼권분립의 기원**이 됐다.

원로원(Senate) 가장 막강한 권한을 가진 기관

1) **입법위원회**: 고대의 3개 부족 지파 중에서 참여
     귀족 중에서 **원로를 간접으로 선출**하였다.
2) **군사위원회** : 병역조직으로 구성
3) **평민위원회** : 평민계급을 대표
4) **시민위원회**

▶모든 의사결정은 개인이 아닌 **조직들의 다수결로 결정.**

현대의 민주정(民主政)과 현대의 공화정(共和政)

현대의 민주정 대한민국의 경우

국민투표

대통령은 국가안위에 관한 중요정책을 국민투표에 붙일 수 있다. 헌법개정안은 국회 재적의원 2/3 이상 찬성으로 국민투표에 회부할 수 있고 국회의원 선거권자 과반수의 투표와 과반수의 찬성으로 결정된다.(현재는 법 실효로 법 개정이 이뤄져야 가능)

2014년 7월 헌재에서 국민투표법 제14조 1항 내용 일부가 헌법에 위반된다고 헌법불일치 결정을 내렸음에도 국회가 개정작업을 하지 않아 현재는 국민투표법이 무효화됨. 국민투표가 실시되기 위해선 국민투표법이 개정되어야 함.(1987년 이후 실시되지 않음)
국민투표는 선거가 아님(국민투표법과 선거법은 별개의 법이다.)

선거

공화제인 3권 분립에서 행정수반, 의회의원, 지방자치대표 등, 적합한 대표를 뽑을 때 참석유권자 다수결로 대표를 선출한다.

전자개표기 논란

전문지식 없이는 검증할 수 없는 **전자개표기는 선거조작 가능성** 때문에 독일연방헌법재판소는 위헌 판결함.
2020/6/13(토) 한국법 체계, 독일계 체계
전자개표기는 마술상자에서 스탈린식 개표를 하기 쉬운 장치이다.

사전투표

대부분의 부정선거는 사전선거에서 발생한다 (미베인 교수)

오늘날 민주주의의 핵심인 선거의 공정성에 사전선거와 전자 투개표는 부정선거의 가능성이 있어, 충분한 논의와 실험을 거쳐 실시 여부를 결정해야 한다.

현행대로 지속되면 선거 민주주의 자체가 위협 받게 되어있다.
민중민주주의의 꽃은 사전투표다.

현대 공화정의 특징

현대의 공화정은 입법, 사법, 행정으로 상호 견제와 균형을 이루는 삼권분립을 기반으로 한다.

공화주의와 삼권분립

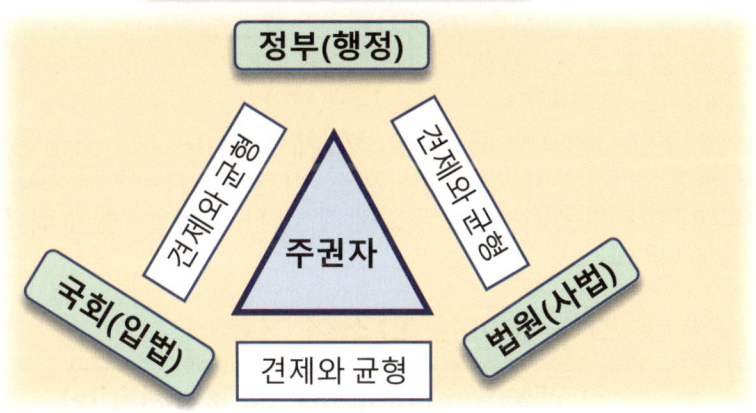

입법부는 전원 선거로 **행정부**는 정부수반만 선거로

사법부 법관은 대부분 **임명제**이나 미국의 어떤 주에서는 선거로 뽑는다. 우리 나라는 법관이 여론이나 외압에 흔들리지 않고 오직 양심과 법률에 의해 재판할 수 있도록 **임명제**를 채택하고 있다.

그러나 편향된 판결로 사법부의 신뢰가 흔들리는 점은 법치주의의 약화를 초래하고 있다.

토크빌이 본 미국의 민주주의

"민주주의 가장 큰 위험은 **평등이 자유를 잠식하는 것이다**"
'다수의 전능'이 전제정치와 포퓰리즘 부추길 가능성 경고

토크빌은 프랑스의 귀족으로 200년 전 신생국가 미국사회를 7개월간 돌아보며 미국의 민주주의가 어떤 시스템이고 어떤 장단점이 있는지 관찰한 내용을 쓴 책이 <**미국의 민주주의(1835)**>이다.

시대적 배경

자유 평등 박애를 내세우며 구(舊)체제를 무너뜨린 1789년 대혁명 이후 프랑스에서는 정치적 과잉 현상이 나타났다. 선동과 폭력이 난무했고, 진정한 민주 정치는 실현되지 않았다. 당시 판사로 일하던 **알렉시스 드 토크빌(1805~1859)**은 1831년 미국 교도소 등 행형(行刑)제도를 참관하기 위해 북미지역을 7개월간 돌아봤다.

정치 철학자이기도 했던 그에게 당시 미국의 모습은 충격이었다. 시민들이 자발적으로 결사체를 만들고 다양한 공동체 활동에 참여했기 때문이다. 토크빌에게 비친 미국은 '**풀뿌리 민주주의**' 의 모델이었다.

다수의 만능, 다수의 전제

▶**다수의 만능 (omnipotence de la majorite)**
유권자의 다수가 국민투표로 자신들이 원하는 대통령이나 국회의원을 선출하고 이들을 통해 자신들이 원하는 것을 무엇이든 할 수 있다.

▶**다수의 전제 (tyrannie de la majorite)**
다수가 만능을 가지고 자신이 원하는 것을 마음대로 하게 되는 것. 다수의 전제는 민주주의 체제를 위기에 빠뜨릴 수 있다.

"과도한 평등과 다수의 횡포에 의해 발생하는 악(惡)에 맞서기 위해서는 오직 한 가지 효과적인 방법밖에 없다. 바로 **정치적 자유**다. 특히 **언론의 자유야** 말로 **정치적 자유를 보장하는 가장 확실한 수단이다**."

민주주의의 문제점

토크빌은 미국의 민주주의를 부러워하면서도 민주주의에 가해질 수 있는 위협과 민주주의 자체에 내재된 위험도 함께 지적했다.

▶민주주의가 중시하는 **다수결 투표제도에서 다수의 횡포와** 이에 따른 **입법·행정의 불안정, 정치인의 포퓰리즘 화**라는 문제점을 간파한 것이다.

▶그는 민주주의의 주요 가치인 **자유와 평등이 충돌할 가능성도 있다고** 판단했다. 일상화된 자유는 장점이 잘 드러나지 않지만, **평등은 그 효과가 즉각적이기 때문에 사람들이 평등을 더 선호한다는 것이다.**
이는 개인을 약하게, 국가를 극단적으로 강하게 만들 것이다.

▶민주주의의 가장 큰 위험이란 **평등이 자유를 잠식**하는 데 있다. 다수의 의견이 소수에게 동일화(同一化)의 압력을 가하고, 그 결과 **개인의 자유가 희생된다**."

▶특히 사람들이 정치적 자유와 권리에는 무관심하면서 물질적 향유에만 관심을 기울일 수 있다고 우려했다.

▶"민주 정치의 문제는 다수가 절대적으로 유리하다는 것이다. 다수에게 저항할 수 있는 것은 아무것도 없다 다수의 이름으로 법률을 만들고 감독하는 절대적인 권한을 갖는다.
다수의 전능은 전제정(專制政)도 가능하게 한다."

민주주의가 발전하기 위해서는 유권자의 자질과 교육이 중요하다 - 토크빌 -

민주주의는 만능인가?

● **'국민의, 국민에 의한, 국민을 위한 정부'** 과연 민주주의 정부인가?

링컨의 게티스버그 연설문은 오늘날 민주주의를 대변하는 말로 알고 있지만, 민주주의 정부의 요체인 **제한적 정부**(limited government) 의 관념이 들어 있지 않다.

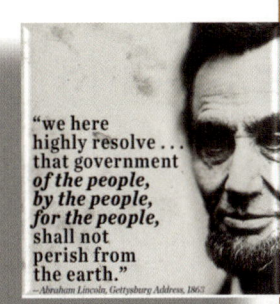

> **제한적 정부**: 자유주의 역사의 핵심개념.
> 정부의 권한은 국민이 허용한 범위내에서 행사되어야 한다. 공포되고 확립된 법률에 의해서만 통치돼야 한다. 공화정은 제한된 정부를 토대로 한다.

국가권력이 무제한적이고 자의적으로 행사되면 개인의 자유와 권리는 지켜질 수 없다.

● **국민에 의한 정부?**

모든 국민이 참여하는 정부, 즉 직접민주주의는 기술적으로 가능할 수는 있어도 바람직하지 않다, **대의민주주의가 기본**이다.
 (국민의 투표로 선출된 선출직이 국민의 의사를 대표)

● **국민을 위한 정부?**

파시스트, 나치, 북한 등 모든 전체주의 국가들은 국민을 위한다는 명분으로 독재한다.

● **민주주의는 만능인가?**

신형 독재자들이 입에 달고 사는 말이 '**국민의 뜻**'이고 민주주의다.
이들이 이런 말을 좋아하는 것은 국민이 이런 말에 잘 속아 넘어가기 때문이다.

이런 말을 앞세우면 국민이 반대하지 못하기 때문이다.

도대체 무엇이 국민의 뜻인가?

국민 한 사람 한 사람마다 생각이 다르고 천차만별인데 국민의 뜻이란 게 있을 수 있겠는가?

과연 누가 그것을 알거나 알 수 있겠는가?
알기도 어렵고 알 수도 없는 게 국민의 뜻이다
이런 뜻에서 이 말은 악용과 남용의 소지와 위험성이 커도 아주 크다.

참된 민주주의는 '국민의 뜻'이 아니라 법치를 따른다.

상황이나 유행에 따라 변하는 '**국민의 뜻**'이 아니라 이미 국민의 뜻을 물어서

굳건히 세운 헌법의 테두리안에서

국가를 운영하고, 이 헌법 체제안에서

법을 만들어 국민의 삶을 이끌어 간다.

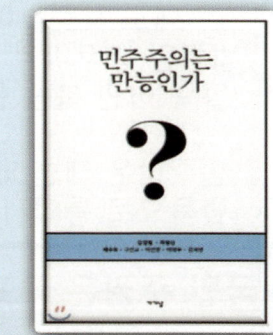

<민주주의는 만능인가>책에서

민주주의의 문제점 (1)

민주주의란?

우리는 민주주의로 번역해서 사용하지만 아테네에서 Democracy 의 의미는 민중민주주의 였으며 현대에는 자유권과 소유권을 가진 시민이 평등하게 참정권을 가지고 정치에 참여하는 제도(정당민주주의, 의회민주주의)이다. 民主는 民이 主人이란 의미가 아니다. 민주주의란 국민이 다스리고 국민이 다스림을 받는 체제이다.

국가의 국민에게는 애국심이, 민주주의 제도하의 시민에겐 시민정신이 존재해야 한다.
시민정신이란? 권력에 대한 감시, 자율과 책임이다.

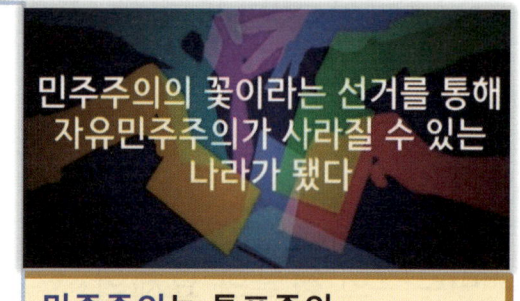

민주주의는 투표주의
이상도 이하도 아니다.
슘페터

민주주의의 문제점

민주주의는 의사결정 과정의 방법이지 목표가 될 수 없으며 민주주의는 다수결 의사 결정주의이므로 **공명선거와 공명을 담보하는 법치가 굳건해야 한다.** 법원이 의혹 투성이인 전자계표기 **관련기기의 증거 보존을 기각** 하고 있는 것을 보면 문정권 당시 선관위는 부실선거에 섞어서 부정선거를 실행한 것으로 의심할 수 밖에 없다.

부정선거 의혹에 관한 철저한 수사가 요구된다. (감추려는 자가 범인이다.) (응하지 않는 자가 범인이다.)

▶헌법에서 국가정체성과 천부인권, 자연권, 기본권 등으로 표현되는 부분은
 진리부분으로서 개헌의 대상이 될 수 없다.
 그런데도 文정부에서는 그것을 바꾸려는 개헌이 안되자 과반이 넘는 의석으로 하위
 법령만 바꾸어서 사회주의로 돌진하고 있었다, 그 결과 헌법이 무용화 되고 인간의 기본권
 (탈북 어민 북송 등)도 무시하고 독재로 가자 국민이 선거로 정권을 교체했다.

 민주당은 대선 패배 이 후에도 검수완박법(검찰수사권 완전박탈)을 과반의석을 무기로
 단독으로 통과시켰다. 다수로 모든 것을 할 수 있다고 밀어 붙이면 민주주의를 악용하는 것이다..

▶국민 주권은 투표 순간에만 유효하고, 그 후는 의회만이 입법권을 독점하는 데
 국민이 주권자라는 말을 할 수 있나 ?

민주주의의 문제점 (2) 방어적 민주주의

다수의 횡포

▶ 민주주의의 최대 약점은 다수의 횡포에 의해 소수의 정의를 빼앗을 자유까지 보장된다는 것이다.

(논리상 51명이 49명의 목숨을 합법적으로 빼앗을 수도 있다는 것이 민주주의라고 한다.)

공산주의도 민주주의?

▶ 공산주의도 프롤레타리아(無産서민)들의 다수결로 세운 정권이므로 당당한 민주주의라고 해도 반론할 수가 없다. (예, 조선민주주의 인민공화국)

▶ '사회주의가 답이다' 라고 사회주의를 공동선(善) 이라고 정하면 사회주의 공화국이 되는 위험도 있다.

인민 민주주의는 있어도 인민 자유주의는 없다 !!

의원 주권인가?

▶ 의원 한명이 국민 수백만 보다 결정권이 있을 때 그것은 국민주권주의인가 ? 의원주권주의 인가 ? 미치고 정신나간 소수의 의회가 국민을 죽음으로 몰고갈 가능성이 높아질 때도

(잘못에 대항할 총이 없으니까 죽어주는 것으로 결정되면 별 수 없이 그냥 죽어 주어야 하나 ?)

국가 정체성 훼손은?

▶ 국가정체성을 훼손하는 법안이 상정되면 국가정체성 지킴 특별위원회(가칭)를 두어 심사 과정을 거쳐 법안을 부결시키는 방안을 강구해야 한다.

문제 해결방안 모색 ⇒ 방어적 민주주의

민주주의의 이름으로 민주주의 그 자체를 파괴하거나 자유의 이름으로 자유 그 자체를 말살하려는 민주적 헌법질서의 적에 대하여 자신을 수호하기 위한 자기방어적 민주주의로 독일에서 유래했다.

다수결의 원리에서 소수를 보호하는 기능을 수행한다.
▶ 민주적 기본질서를 부정하는 정당을 해산한다.
　　(위헌정당 해산제도: 헌법 제8조 4항))
▶ 자유민주적 기본질서를 침해하는 단체 및 개인의 기본권
　　(기본권 상실제도:헌법 37조 2항))도 실효 시킴.

▶방어적 민주주의의 한계

법치국가원리, 사회국가의 원리, 평화국가원리 등을 침해해서는 안되고, 소극적·방어적으로 행사되어야 하고, 행사되는 경우에도 과잉금지 원칙에 따라 필요 최소한으로 행사 되어야 한다.

민주주의와 공화주의의 비교

민주주의의 필수요건

1. **국민 1인 1표 선거권**
2. 2개 이상의 정당들이 선거에서 정치강령과 후보를 냄.
3. 국가는 국민의 민권(民權)을 보장. 출판, 결사, 언론자유 포함. 적법 절차 없이 국민을 체포, 구금 할 수 없다.
4. **정부의 시책은 국민의 복리증진을 위한 것이어야 한다.**
5. 국가는 효율적인 지도력과 책임있는 비판을 보장. 국민은 사법제도의 보호를 받아야
6. **정권교체는 평화적 방법으로 이뤄져야 함.**

공화주의

개인의 사적 이익과 소극적 자유보다 공적이익과 공동체의 안녕을 더 중시함.(**법치주의**)

공동선을 위해 정치역량을 기울이며 자유와 사유재산을 보호함.(**삼권분립**)

사회주의를 공동선으로 하면 개인의 희생을 요구하며 독재화 할 위험이 있음.

	민주주의	(형식상)공통	공화주의
지배	국민 중 다수가 지배	국민을 위한 국민에 의한 국민의 정부	왕이 아닌 국민과 법이 지배
인권	다수가 원하면 법치무시, 소수인권 무시		대통령제 선호 소수집단 및 개인의 권리보호
기원	그리스		로마
목적	자유 **평등** 달성	국민을 위함	**자유** 덕성 달성
의결	다수에 의한 직접통치 선호 루소 영향	1인 1표제 투표에 의한 다수결로 의사 결정	3권 분립과 법에 의한 통치 선호 존 로크 영향
경향	대중정치 폭민정치		대의정치 전문가 정치
권력 소유	국민		법(법치)
통치자금 확보	불법 과다한 세금 수수료, 벌금, 면허세		합법적인 세금 수수료

네이버 블로그 http://m.blog.naver.com › evilstyle 민주주의와 공화국의 차이점 - 생명 - 2022 – strephonsays 발췌 요약 정리함

대한민국(Republic of Korea)은 민주공화국이다 (대한민국 헌법 제1조 1항)

1919년 4월 11일 상해임시정부의 입법기관인 **임시의정원**은 밤샘회의 끝에 10개조의 임시헌장을 확정한다.

제1조 대한민국은 민주공화제로 함.

그 후 대한민국 헌법이 제정(1948.7.17)되며 '**민주공화국**'으로 헌법에 명시되게 된다.

공화국이란?

국가의 틀(**국체**)은 공화제
정치 체제(**정체**)는 민주제

우리 헌법은 공화제를 기반으로 한 자유민주적 기본질서에 입각한 **공화국**

1. 군주제의 반대개념
2. 세습군주가 없는 나라로 자유와 법을 수반한 권력체제
3. 통치권을 입법권에서 분리하는 국가원리(삼권분립)
4. 행정,입법,사법권이 견제와 균형을 통해 절대권력을 통제하는 시스템
5. 국가원수가 일정한 임기 후 교체되는 국가

민주공화국은?

1. 주권자인 국민이 직접 또는 간접선거를 통해 임기를 가진 국가원수를 뽑는 나라
2. 선출된 대표자가 정무를 맡고 또 스스로가 대표자가 될 수 있는 나라
3. 삼권이 견제와 균형을 통해 절대권력을 통제하며 자유와 국민의 행복을 추구하는 나라

▶ **최초의 민주공화국을 선언한 나라는?**

미국은 1776년 독립선언서에서 '**민주공화국**'임을 선언했고 프랑스는 프랑스혁명 후 헌법(1793, 1848년 헌법)에 이를 명시했다.

▶ **누구도 지배당할 수 없는 공화제**

공화제 안에선 누구도 지배당할 수 없는 비지배가 핵심!!!
권력은 반드시 법에 근거하에 행사되야 한다.
법치가 이뤄져야 공화제가 작동되고 견제와 균형이 이루어진다.
그 안에서 법이 부여한 권력만 행사할 수 있다.

▶ **공화제와 민주주의의 관계**

국민이 자유를 누리고 주권자가 되는 민주주의가 실현되려면 어느 누가 권력을 독점하면 안된다. 그래서 권력을 나누어서 균형을 이루고 서로 견제하게 하는 **공화제가 기본**이 되어야 한다.

민주주의가 물고기라면 공화제는 물이다. 공화제가 기반이 된 민주주의가 진정한 민주주의다.

김정은의 권력을 견제할 수 없는 북한은 절대 공화국이 될 수 없음.

\<Republic of Korea\>에서 Republic의 어원

공화국을 뜻하는 영어 **republic**은 라틴어 **res publica**(레스 퍼블리카)에서 왔다. 직역하면 '**공적인**(publica) **일**(res)'의 뜻이다.

res publica는 로마공화정을 일컫는 표현으로 사용되었지만 키케로(Cicero) 등의 저술에서 '나라' '국가' 라는 의미의 보통 명사로 많이 사용된 용어이다. 현재는 공화제를 채택한 나라(공화국)를 뜻한다.

이정훈 교수의 강의에서 발췌하여 정리함

자유민주주의(1)

법을 어기지 않는다면 누구나 마음껏 자유를 누릴 수 있는 게 자유민주주의

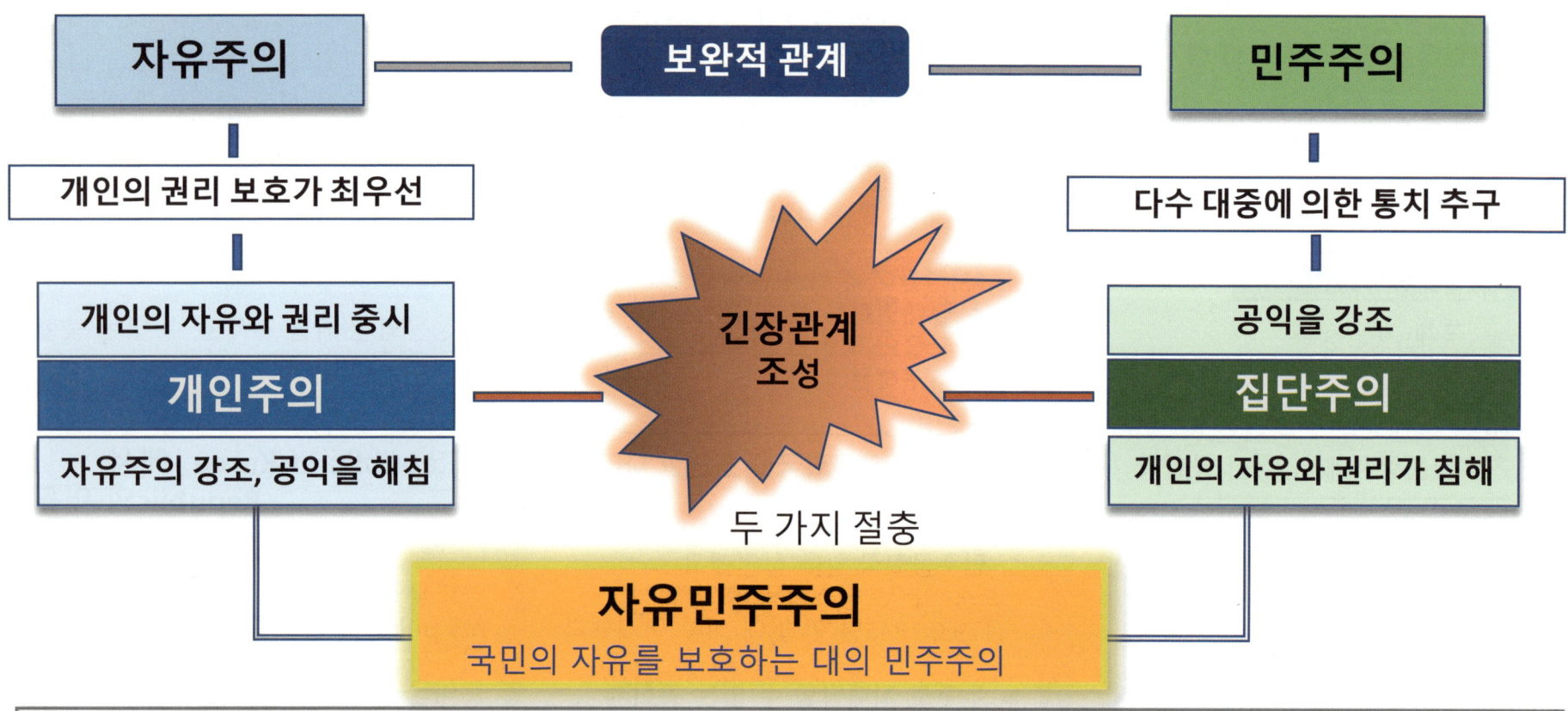

1. **민주적 방식**(선거를 통한 다수결 결정)으로 모든 국민이 동등하게 참여하는 정부 구성.
   (국민이 **선거를 통해 정권을** 만들지 못하면 자유민주주의가 아니다)
2. 다수의 뜻을 중시하여 **자유 토론과 다수결**로 통치.
3. 개인의 자유, 생명, 권리, 개인의 사생활을 보호하기 위해 정부가 최선을 다하고 (매우 중요!)
4. **자유 시장경제**를 존중하는 정치 원리.

자유민주주의(2)

자유민주주의 국가에 꼭 있어야 할 3가지

1. **자유주의**: 개인의 자유와 권리 중시
2. **공화주의**: 삼권 분립을 통한 견제와 균형
3. **입헌주의**: 모든 권력은 헌법에 있는 권한 하에서 집행(**법치주의**)

공화주의와 삼권분립

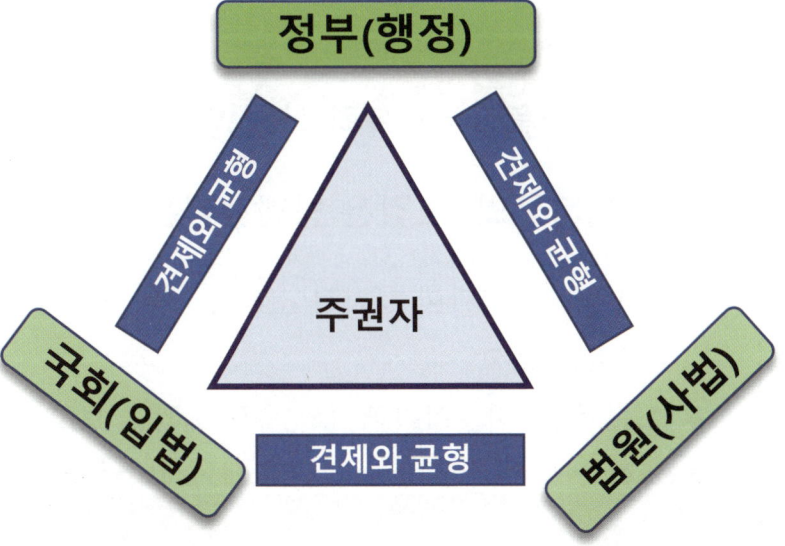

■ 자유민주주의는 헌법에 있는가?

대한민국 헌법전문과 제 4조에는 '자유 민주적 기본질서'라는 용어는 있지만 '자유민주주의'란 용어는 없다.

그렇다면 **대한민국의 정체성은 자유민주주의가 아니란 말인가?** 이에 대해 헌재 결정문(**2000헌마 238**)은 다음과 같이 말하고 있다.

> (2) 먼저 우리 헌법은 전문에 "자율과 조화를 바탕으로 자유민주적 기본질서를 더욱 확고히 하여……"라고 선언하고, 제4조에 "자유민주적 기본질서에 입각한 평화적 통일정책을 수립하고 이를 추진한다."라고 규정함으로써 자유민주주의 실현을 헌법의 지향이념으로 삼고 있다. 즉 국가권력의 간섭을 배제하고, 개인의 자유와 창의를 존중하며 다양성을 포용하는 자유주의와 국가권력이 국민에게 귀속되고, 국민에 의한 지배가 이루어지는 것을 내용적 특징으로 하는 민주주의가 결합된 개념인 자유민주주의를 헌법질서의 최고 기본가치로 파악하고, 이러한 헌법질서의 근간을 이루는 기본적 가치를 '기본질서'로 선언한 것이다.
>
> 헌재, 2000헌마238

자유민주주의의 실현이 헌법의 지향이념이다.

자유민주주의를 헌법질서의 최고 기본가치로 파악한다.

헌재도 시류에 따라 해석을 바꿀 수 있으므로 헌법에 자유민주주의라는 국가 정체성을 반영해 두어야 한다.

사회민주주의 1 (Social Democracy) 약칭: 사민주의

사회민주주의 란?

마르크스주의를 이론적 배경으로 하고 자본주의 경제체제를 혁명 등으로 급격하게 무너뜨리지 않고 **점진적으로 사회주의를 추구하는 수정주의적 마르크스주의이다.**

1. 마르크스 주의 바탕
2. 혁명적 사회주의 배격
3. 간접민주제(의회주의) 정치체제 바탕

생산수단의 **사회적 소유**와 **사회적 관리** 방법에 의한 **사회 개조**를 민주주의적 방법을 통해 실현하고자 하는 주의이다.

▶ 서유럽의 사회민주당은 1항을 포기하여서 자본주의 체제로 돌아온 형태임.

사회민주주의의 목표

▶ 초기)19세기 말~20세기 초
생산수단의 사회적 소유가 목표

▶ 현재)20세기 후반

자본주의를 → 더 뛰어난 민주주의적 / 평등주의적 / 연대주의적 → 결과로 이끌어 내는 것

사민주의는 근본적으로 마르크스주의와 평등주의를 포기하지 않는 한 공산사회주의 국가의 실패의 전철을 밟을 것이다.

사회민주주의의 발생

<19세기 사회주의 사상가들의 생각>

1. 자본주의적 민주주의가 자유·평등을 실현시키지 못하는 원인이 자본주의의 '개인주의'에 있다고 생각한다.

자본주의란? 개인의 이윤을 목적으로 개인 소유를 기반으로 운영되는 **경제적 '개인주의'** 이다.

2. '개인주의'를 '사회주의'로 바꿔야 (매우 중요!)

자본주의적 민주주의가 자유, 평등을 실현시키지 못하는 **원인이 자본주의의 <개인주의>에 있다고 생각**하고 자유, 평등의 민주주의 사회를 실현하려면 **자본주의의 개인주의를 반대의 원리 <사회주의>로 바꿔야** 한다고 생각한다.

3. 마르크스 주의자들 ⟶ 폭력 혁명을
   사민주의자들 ⟶ 폭력 아닌 민주적 방법을

사민주의자들의 이 같은 방향전환은

▶ 소련의 생산수단의 사회적 소유가 사회개조에 실패함을 보고
▶ 소련, 독일, 이탈리아에서의 독재 해악을 보고
▶ 또한 민주주의에 대한 재평가, 재인식이 원인이 됐다.

사회민주주의 2(Social Democracy) 약칭: 사민주의

사회주의의 발생과 진행

1. key word(중심단어)

▶ 生産手段 : 무엇인가를 제조할 수 있는 토지, 공장, 기계, 재료, 전력 등 에너지, 운영자금 등을 통틀어 일컫는 말이며, 보통 자본, 또는 밑천이라 불린다. 초기에는 제조업에 국한된 단어였다.
현대 용어로는 돈 버는 수단에 해당한다.

▶ 부르주아(지) : 생산수단을 가진 자, 예) 포장마차 사장

▶ 프롤레타리아 : 생산수단을 가지지 못한 사람,
(無 生産手段 者 : 무산자)
예) 대기업 종업원

▶ **볼셰비키** : '다수파'라는 뜻

플라톤의 공산주의에 이은 루소의 공산주의 후에 영국에서 산업혁명이 발생하여 자본주의가 시작되었으나

초기에 극심한 빈부차이, 미성년자 과(過)노동 등 많은 문제가 발생하여 이 문제들을 해결하고자 바뵈프, 생시몽, 푸리에, 오언 등이 해결책으로 여러 사회주의적 제안들(유럽전통의 사회주의, 공상적 사회주의)를 들고 나왔고,

이 제안 등을 종합 분석하여 소위 '과학적 사회주의'라는 공산주의 내용인 "자본론"을 써서 배포하면서 열광적인 붐을 일으켰으며, 이 책이 러시아어로 번역되어 전파되었다.

이 책을 읽은 러시아의 **프롤레타리아**들도 **생산수단의 사유화**가 극심한 빈부차이와 사회적 문제를 일으킨다고 동감하여 생산수단의 사유화를 공유화로 바꾸는 <사회주의>로 바꿔야 한다고 생각하고

볼셰비키(다수파) 프롤레타리아들이 과격한 혁명을 일으켜 왕정을 타도하고 **사회주의 공화국**을 수립하였다.

그러나 공산화혁명 진행 과정은 너무 과격하여 모든 것을 파괴하여 무정부 상태인 **코뮌상태**를 만드는 것부터 시작했고 그 이후 전파과정도 무자비함 그대로였다.

이 사회에서는 제조수단만 다루어, 자본주의에서 돈 버는 다른 수단인 제조 외 수단(판매, 부동산 중개업, 서비스업 등)이 비어 있어, 제조수단에 영양을 공급해 주지 못하여 제조업도 한계에 부딪쳤다.

사회민주주의의 시작과 결과

인간세상은 소수가 부자이고 다수가 상대적으로 가난할 수 밖에 없다. 서유럽에서도 당연히 프롤레타리아들이 움직였으나 그 때쯤은 다수가 이미 어느정도 생활수준이 향상되어 있었다.

그러나 불평등이 전통사회주의에 흡수되었으나 이때는 이미 하부층의 생활수준이 어느정도 향상되어 있어서 과격한 사회혁명을 지양하고 기왕에 자리 잡아가고 있는 자유민주주의와 소통하여 폭력이 아닌 민주적 방법을 찾기로 한 사회주의가 탄생한 것이 사회민주주의 이다.

자유민주주의 바탕에 접목된 사회주의 이므로 **전통사회주의 체제로 교체한다는 목표를 폐기하였으며**, 사회 경제학을 토대로 **국가개입주의, 복지 과잉주의로 진행되었고**,
노인, 아동보호, 건강관리, 의료, 근로 부상 등의 공공서비스 지원, 노동운동, 노조와의 긴밀한 연계(**노동이사제**)하는 수준으로 변경되었다.

사회민주주의 3 (Social Democracy) 사민주의 역사

● 사민주의 역사

●서유럽 초기 사민당

소련의 레닌주의 정치, 경제모델을 거부. 자본주의와 사회주의간의 타협을 약속하고 **사유재산의 인정**을 토대로 하는 **혼합경제를 받아들임**.

● 현재의 사회민주주의

케인즈의 경제학을 토대로 **국가개입주의, 복지국가**와 연계. **자본주의 체제를 질적으로 다른 사회주의 체제로 교체한다는 목표를 폐기함.**

● 현대 사민주의의 목표

노인, 아동보호, 교육, 건강관리, 의료, 근로 부상 등의 공공서비스 지원, 불평등을 억제하는 데 전념.
노동운동, 노조와의 긴밀한 연계.

● 민주사회주의의 출현

1951.6월 서독에서 30개국 사민당 대표 회동
민주사회주의 선언(프랑크푸르트 선언).

사회주의가 **생산수단의 사회적 소유를 만능시**하지만 **민주사회주의는 이것을 부정**.

민주주의 체제를 유지하면서 점진적 사회주의로 전환하기로 함.

● 공산주의, 사회주의, 사민주의의 차이

● 공산주의
프롤레타리아 공산혁명을 이루고 공동생산과 공동분배
 (능력껏 일하고 필요한대로 가져가는)를 통해
모두가 평등한 사회(저들이 생각하는 이상적인 사회)를
만들자는 이념.

● 사회주의
법과 제도로 생산수단의 공유화를 달성하여 개인소유의 확대를 방지하고' 모두 공유화 된 생산수단에서 공동으로 일하고 공동으로 분배 받는 것을 주장
그러나 기존의 개인사유재산, 은행적금 등 자본주의 때 가지고 있던 재산은 인정하는 세상이다.

● 사회민주주의
폭력혁명과 프롤레타리아 독재를 반대하며
의회민주주의에 입각하여 사회주의를 실현하고자 함.

사회주의의 핵심가치를 구현하기 위해
자유민주주의 기본 시스템을 인정하고 온건한 방법을 택함.

생산수단의 사회적(공적)소유와 사회적 관리에 의한 민주주의적 방법을 통해 실현하려는 주장,또는 운동의 총칭.

박지향교수는 좌파정부의 정체성을 사민주의라 평가했지만 공산사회주의, 수령주의인 북한의 영향을 강하게 받는 종북 사회주의자들은 사회주의 혁명을 통한 인민민주주의를 추구하는 것으로 보인다.

인민민주주의 1 人民民主主義 / People's Democracy

인민민주주의 란 ?

제2차 세계 대전 후(1945년 후) 자본주의가 덜 발달하거나 반봉건사회인 동구권이나 아시아의 여러 나라에서 프롤레타리아 (노동자)들만이 아닌 각계 각층의 인민 참여를 유도해 인민 혁명을 통해 성립하였던 새로운 형태(**프롤레타리아 일당 독재가 아닌**)의 정치체제이며 소련의 지도를 받는 프롤레타리아 독재의 한 형태이다.

인민민주주의 국가, 사회주의국가 호칭의 다른 점

▶ 레닌시대에 공산화된 소련위성국가들을 위시한 17개국은 **사회주의** 국호로 시작했고, 스탈린이 산업화 경험이 없거나 반봉건국가의 경우 **인민민주주의** 국호를 사용하게 하여 18개 국가가 따랐고, 조건이 다른 국가는 **공화국**이라고 국호를 정했고(8개국), 스탈린의 명령에도 불구하고 **사회주의** 국호를 지은 나라(베트남,체코) 도 있다. 국호는 나라별 공산화 진행과정의 반영이라고 본다.
▶ 혁명 후 곧바로 사회주의를 할 수 있는 나라는 **사회주의**국가 호칭을 사용하고 혁명정권 수립 후 곧바로 프롤레타리아 독재를 실시하기 곤란한 국가에서는 의회제도와 복수정당을 인정하여 연합독재(연립정권)를 시행하는 과도기적 단계를 두는 국가를 **인민민주주의**라 하였다. 그러나 북한, 중공, 라오스 같은 경우는 70년이 지난 지금까지도 인민민주주의라는 국호를 유지하고 있는 것을 보면 일관된 이론이 아니다.

인민민주주의 발생

1920년대 이후 사회주의 진영에서는 노동자들 만을 혁명의 주체로 인정했던 것과 달리 **2차 대전 종전 후** 농민들과 농민 외의 많은 부류의 사람들이 참여하므로 **인민(people)**이라는 말을 사용하게 되었고, 인민민주주의는 이러한 상황에서 소련 사회과학원에서 만든 개념이다. 목적은 수월하게 공산사회주의로 가기 위함이며 스탈린이 주도했다.
프롤레타리아 독재와는 달리 노동자가 아닌 다른 세력이 독립적으로 (즉 노동계급과의 동맹 없이도) 사회주의 정치에 참여하는 것을 정당화했다.

인민민주주의 = 민중민주주의

인민민주주의 또는 민중민주주의(민중폭동에 의한 혁명달성)는 참여 범위가 넓으므로 노동자 중심의 프롤레타리아 독재와 완전히 같은 개념이라고 할 수 없으나, 노조와 소작농이 함께 참여하여 지도하는 혁명적 당이 정치 권력을 독점하는 양상을 보인다는 점에서 사실상 차별성이 없다고 할 수 있다.

'인민' 의 의미

마르크스-레닌주의에선 사람은 인민과 군중으로 나누인다.

▶ **군중**이란 계급 의식이 없거나 희미한 개체를 뜻하는 말로,
▶ **인민(人民)**은 어디에 예속되지 않은 자연인(사람), 또는 자연인의 집단을 말하지만
▶ 사회주의자들이 의미하는 **인민**은 사회주의 계급의식과 혁명의식을 갖고 자본주의 모순을 파악하고 있는 사람이다. **의식화된 사람**을 의미한다.

북한의 인민민주주의는 '사람 중심민주주의'

북한에서는 **인민민주주의**(People's democracy; PD)란 용어를 **사람중심민주주의**로 즐겨 사용된다.
북한의 주체사상 체제 확립에 큰 공을 세운 황장엽비서가 People's democracy를 **인민민주주의**와 **사람중심 민주주의**로 번역하였다고 알려져 있으며,

특히 김일성이 People's democracy 를 '**사람중심**'으로 번역한 용어에 대해 매우 좋아했다고 알려져 있으며 북한헌법에도 '**사람중심**' 이 들어 있다.
우리나라에도 이 말을 많이 쓰는 정권이 있었다.

인민민주주의 2 발단과 인민정부의 정책

마르크스의 역사발전론의 5단계
인민민주주의는 5단계에 없음

❶ 원시 공산사회 → ❷ 고대 노예사회 → ❸ 중세 봉건사회 → ❹ 근대 자본주의 사회

실제 진행 → 현대 자본주의 → 미래 자본주의로 성장 발전

사회주의 혁명 (계급투쟁, 폭력혁명) → 인민민주주의 낮은 단계 (과도기적 정치체제) → ❺ 공산주의 높은 단계

국호를 기준으로 할 때 인민민주주의는 공산 혁명 후를 말하고 국호가 아닌 사회상태를 말할 때는 친 공산 **꼬뭔** 상태를 말하는 학자도 있다.

사회주의 단계 ; 생산수단의 공유화 후 공유화된 생산수단에서 공동 노동하여 노동의 대가를 분배 받는 단계, **사유재산 허용**.
인민민주주의 단계 ; 사회주의 혁명 후 이상향인 공산주의로 향하는 단계.
공산주의 단계 : 공유화된 생산 수단에서 능력에 따라 노동하고, 필요에 따라 분배 받는 단계, **사유재산 불허**.

한국의 인민민주주의 세력

1980년~1990년대 대학가를 중심으로 성장한 한국의 운동권에서는 스탈린의 사상을 **마르크스-레닌주의** 라고 부르고 받아들여 김일성의 주체사상을 추종하는 **NL (민족해방파: 주사파)**와 스탈린의 **인민민주주의**를 추종하는 세력으로 **PD(민중민주파)**가 있다.

People's Democracy의 영어 약자에서 따와서 **PD**라고 한다. 거부감이 있는 인민민주주의라는 말 대신에 **민중민주주의라는 용어를 사용했다.**

2000년대 들어 대학의 운동권은 쇠퇴했지만 운동권 출신들은 좌파정치권의 중심세력으로 활동하고 있다.

운동권은 **NLPDR**(민족해방민중민주주의혁명)에서 **NL**(임종석 등)과 **PD**(조국 등)로 갈라진다.

운동권의 주류는 **NL** (National Liberation) 민족해방계(주사파)이다.

자본주의 전단계인 왕정이나 호족 등을 반대하는 반봉건사회는 프롤레타리아 독재를 반대하므로 프롤레타리아 독재를 통하여 공산주의 사회로 발전하기 어렵다.
따라서 계급투쟁과 폭력혁명을 통하여 부르주아계급과 반동분자를 제거한 후 **프롤레타리아 이외의 계급에 정치참여를** 겉으로 나마 일부 허용하는 연합 독재체제인 '**인민민주주의**'를 **과도기적 중간 단계**로 실행하여, 공산당이 안정적으로 세력을 확보한 후 완전한 프롤레타리아 독재로 나아가는 과도기적 정치체제가 **인민민주주의**이다.
이 개념을 주도적으로 밀어붙인 인물이 **스탈린**이다.

인민민주주의 정책

* 권력분립과 선거를 통한 권력 창출을 부정
* 법률보다 인민의 의지(여론)중시-인민재판, 공산당이 법보다 우위.형식적인 다당제. 자유민주주의는 타도의 대상
* 혁명의 반대 세력에겐 무자비한 탄압
* 대부분 제한된 **시장경제 도입** (자본주의를 비판하면서 도입)
* 전면적인 국유화 아닌 국유화(**혼합소유**).
* 국가주도의 복지. 복지시설의 대대적인 국유화 이후 무상분배, 무상교육, 무상의료. 노동권은 직장배정제로
* 삼권분립은 사라지거나 존재해도 사실상의 폐지 상태
* 징세제도는 단계적 폐지

인민민주주의(공산주의국가) 국가는? (2022년 현재)

공산국가 확산 과정

마르크스의 자본론이 출간(1867년)된 지 156년이 지난 지금(2023년) 사회주의,공산주의 국가수는 어떤 변화를 했나?
세계 최초의 공산주의 국가는 레닌에 의해서다.
소련은 볼셰비키혁명으로 권력을 장악한 레닌에 의해 공산당 일당 독재가 시작된다.

그 후 주변국들이 공산주의를 채택하고 소련공산당의 지시에 의해 세워진 중국공산당이 만들어 지고 마오쩌둥(모택동)이 이끄는 공산당이 장제스(장개석)가 이끄는 중국국민당에 승리함으로서 **최대의 인구를 보유한 중국이 공산국가가 된다.**

이에 따라 두 강대국의 영향권에 있는 나라들이 잇따라 공산주의국가가 된다.

공산국가 붕괴

1979 년 ~ 1983년

아시아(7), 유럽(16), 아프리카(7)
남아메리카(1)-----<총 31개국>

1917년~ 2022년까지 총 45개국이 공산주의를 거쳤다.

1990 년 ~ 2022년

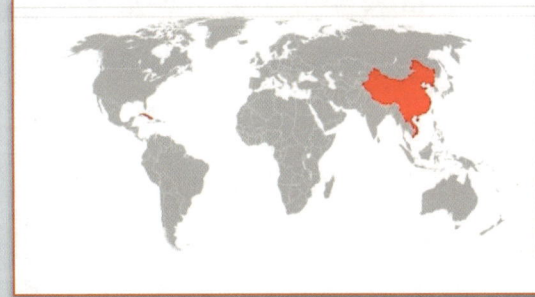

(아시아) **북한** (조선민주주의인민공화국)
중국(중화인민공화국)
베트남(베트남사회주의공화국)
라오스(라오인민민주주의공화국)

(북아메리카) **쿠바**(쿠바공화국)

소련의 붕괴(1991) 후 공산주의 실패를 경험한 많은 인민민주주의국가들이 자본주의로 돌아서고
전세계 203개국(유엔 가입국은 193개국)중 단 다섯 나라가 공산당
일당독재국가이나 중국이 포함된 것이 문제의 심각성을 내포하고 있다.

소련을 종주국으로 했던 공산주의는 명백히 붕괴되었다(1991년).

인간의 본성과 경제의 기본원리를 무시한 공산주의는 결국 환상에 불과하고 역사는

자유민주주의와 자유시장경제의 손을 들어 주었다.

평등을 외치며 유토피아를 꿈꿨지만 인권과 자유의 심각한 훼손을 초래하고 새로운 지배계급의 등장과 절대권력을 지닌 독재자들의 전횡에 인민(?)들은 압제와 경제적 궁핍속에 고통스러워 했다.

소련의 붕괴와 함께 사라질 것 같던 공산주의는 **사회주의**란 간판으로
네오-막시즘(New Left)이란 이름으로
위장하여 다시 전 세계로 번져가고 있다.

자유주의·민주주의·사회주의 비교

자유주의

다수가 달려들어 사유재산권과 개인의 자유(개인의 기본권, 천부인권, 자연권)를 해칠 수 있는 가능성을 제한하여 헌법에서 자유의 가치를 확보하게 제도화 한 이념이다.

이런 환경에서는 아무리 선동해도 사회주의나 인민 민주주의나 공산주의로 갈 수 없는 세상이 된다.

자유체제 보안법 (자유이념을 해치는 표현의 자유, 출판의 자유를 제한 한다) 으로 국가보안법과 병행 할 수 있다.

- 우(右)는 자유의 가치를 평등보다 우선하면서 자유를 지키려는 경향이고
- 극우(極右)는 자유를 지키기 위해서는 **폭력**행동도 배제하지 않는 경향을 갖는다.

민주주의

공명선거가 보장된다는 가정하에 국민이 마음에 안 드는 정권을 교체할 수 있다는 장점과 태생적으로 내재하고 있는 무소불위(無所不爲)의 권력을 다수결을 이용하여 **중우정치**로 쉽게 변질되는 단점이 있다.

민주주의는, 올바른 국민이 안정된 다수를 점할 때는 개인의 자유와 경제적 번영이 꽃피지만, '**빼앗아 주면 고맙다**'는 국민이 더 많을 때는 사회주의 정권이 집권하여 50년, 100년 장기집권을 꾀하게 된다.

결국 민주주의는 사회주의로 빨려 들어가는 지옥문이 되기 십상이다.

민주주의의 장점은 소멸되어 가고 있고 단점이 부각되는 세상이 되어, 이제는 민주주의를 자유주의로 대체해야 한다.

대한민국(이미 민국이라고 언급되어 있으므로 공화국을 재차 천명할 필요는 없고)은 '**대한민국은 자유 법치국가이다**' 로 바꾸는 것도 생각해 봐야 한다.

사회주의

자본주의가 정착되지 않은 국가에서 사회주의를 지향하는 자들에 의해 국민들이 속아 반자본주의를 지향하는 정권을 선택하면 노동자를 중심세력으로 하는 사회주의 참여자들이 노동자 범위를 벗어나 전 인민으로 확대되어 **인민민주주의** 국가가 되고

체제가 정비되면 낮은 단계의 공산주의인 **사회주의** 국가가 되고 더 나아가 발전하면 사회주의의 이상향이라는 높은 단계의 **공산주의**로 발전하게 된다는 게 그들의 이론이다.

그러나 실제로 그렇게 경영해 보면 사유재산과 개인의 자유를 빼앗기는 끔찍한 세상이 되면서 사유재산을 일구어 나갈 때 같이 성실하게 일하는 인민이 없어져 굶주리는 세상이 된다.

- 좌(左)는 '부자 재산 빼앗아 나누어 주면 고맙다' 는 경향이고
- 극좌(極左)는 빼앗아 주는 나라로 만들려고 **폭력**행동 경향을 갖는다.

정의란 무엇인가?

정의의 여신 디케

디케는 로마신화의 Justitia 다. 영어 justice(공정,정의)의 어원이 된다.

정의론의 대표적인 철학자인 롤스, 노직, 샌델의 '정의란 무엇인가'에 대한 주장을 간략히 살펴본다.

정의로운 사회를 구현하고자 하는 것은 우리 모두의 갈망이다.
우리는 어떤 정의로운 사회를 만들어 가야 할까?

존 롤스의 정의론 1 공정성으로서의 정의

존 롤스의 정의론 2   (정의의 원칙)

로버트 노직의 정의론 1 (인권, 소유권)

로버트 노직의 정의론 2 (최소국가론)

롤스의 정의론에 대한 노직의 비판

마이클 샌델의 정의론 (1), (2)

존 롤스의 정의론   로버트 노직의 정의론   마이클 샌델의 정의론

존 롤스(John Rawls)의 정의(正義)론 (1)

> 사회제도에 관한 최고의 덕은 공정(公正)이다. 불공정한 법과 제도는 그것이 아무리 효율적이고 잘 정리되었다 할지라도 개정되거나 폐기되어야 한다",

Righteousness : 도덕적 올바름 : 정의　　　　**Justice : 공정(정의) : 사회, 법제도상의 올바름**

정의 (주로 한정된 재화를 어떻게 공정하게 배분할 수 있나? 라는 **분배정의**)논제에 대해 깊이 연구한 사람은 아리스토텔레스(고대), **존 롤스, 로버트 노직, 마이클 샌델** 등이 있다.

　　롤스는 **평등적 자유주의 입장에서** 공정성으로의 정의, 절차의 정의, 정의 추구를 위한
　　　　합의 방법을 제시한다
　　노직은 **경제적 자유주의 입장에서** 1. 인권, 2.소유권, 3. 최소국가론을 연구했다

　　샌델은 **공동체의 가치를 중시하는** 정의론을 주장한다.

존 롤스
미국의 철학자
(1921~2002)

A. 공정성(fairness)으로서의 정의　　　　공정한 사회로서 갖추어야 할 두 가지 기본 원칙

자유의 배분에 관한 것[정의의 제1원칙]

'모든 사람들에게 기본적인 자유를 완벽하게 누릴 수 있도록 해야 한다' 즉, 양심의 자유나 언론의 자유와 같은 기본적인 자유는 모든 사람이 평등하게 그리고 가능하면 최대한으로 누릴 수 있도록 해야 한다.

사회적·경제적 가치 배분에 관한 것[정의의 제2원칙]

'가장 빈곤한 사람들의 복지(福祉)에 대해 우선적으로 배려해야 한다' 즉, 사회적·경제적 불평등 문제는 가장 불리한 처지에 있는 사람들에게 우선적으로 최대의 이익을 가져올 수 있도록 해야 한다.

정의(正義)의 두 원칙에 부합될 때 비로소 그 사회는 공정한 사회라 할 수 있으며, 또 정의의 원칙에 따라 추구하고자 하는 지향점은 **공익**(公益)이다.

존 롤스(John Rawls)의 정의(正義)론 (2)

B. 절차적 정의

1. **순수 절차적 정의** : 게임의 법칙이 공정하다면 불평등한 결과라도 공정하다.
   절차가 공정하다면 그 결과도 정의롭다.
2. **완전 절차적 정의** : 케이크 분할, 분배 시 자른 사람보다 타인들이 먼저 집어가게 하고 자른 사람은 맨 나중에 가져가게 한다는 것을 알려주고 자르게 하는 절차적 정의.
3. **불완전한 절차적 정의** 심판규칙을 벗어나는 우연한 여건들이 결합되어 오판하게 되는 형사재판 같이 올바른 결과에 대한 기준은 있으나 그것을 보장할 만한 공정한 절차가 없는 경우.

C. 정의 추구 합의 원칙

1. **베일의 원칙** : 무아무타(無我無他)의 경지에서 지극히 객관적인 마음으로 논의 합의하라.
2. **불확실성 하에서의 의사결정 원칙** : 최악의 경우에 발생 가능한 손실을 최소화 하는 방향으로 결정하게 된다.

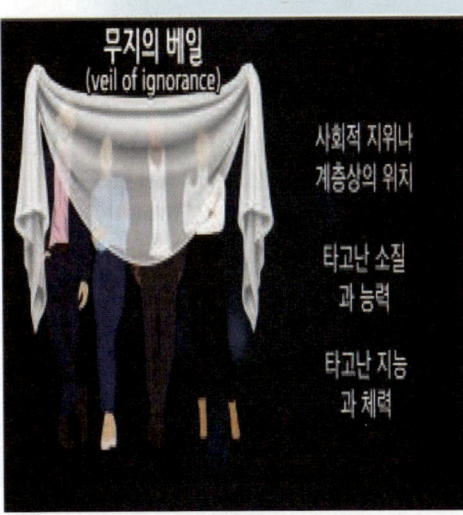

롤스는 **무지의 베일**(합리적 행위자가 사회 내에서의 자기 지위가 무엇이 될 것인지 알지 못하게 하는 장치)이라는 원칙하에서 사람들은 사회의 빈곤층을 소외시키지 않는 분배원칙을 선택한다는 **공정으로서의 정의**를 주장하지만 **통제사회에서나 가능하다.**

존 롤스의 분배방법

사람들은 자기가 기여한 것 보다 더 받으려고 하므로 공정하게 분배를 해주어야 하며 **분배대상은**

1. 너무 많아서 분배의 의미가 없는 경우와
2. 너무 부족해서 나눌 수 없는 경우는 대상에서 제외되며
3. 분배는 미리 합의된 방법으로 하면 된다.
4. 분배방법을 정하는 것은 완전 무아지경의 상태인 조건에서 정해야 하며 타당한 범위내에서 약자를 배려해야 한다.

요약

사회의 모든 가치, 즉 자유와 기회, **소득과 부(富)**, 인간적 존엄성 등은 기본적으로 평등하게 배분되어야 하며, 가치의 불평등한 배분은 그것이 **사회의 최소수혜자에게 유리한 경우에만 정의(正義)롭다고 본다**(평등주의적 입장).

노직(Robert Nozick)의 권리론과 최소국가론

인권

1. 인간은 존엄한 존재다.
2. 인간은 자기소유권을 가진다.(개인은 신체, 능력, 재주, 노동에 대해 자유소유권을 가진다)
3. 사유재산권, 생명, 자유, 사유재산은 자유주의의 삼위일체다.

소유권

사유재산권은 다음의 원리로 정당화 된다.

1. **취득의 원리** : 소유물을 획득한 사람은 그 소유물에 대해 소유할 권리가 있다. (예: 특허권)
2. **이전의 원리** : 어떤 소유물을 소유할 권리가 있는 사람으로부터 그 소유물을 취득한 사람은 그 소유물에 대해 소유할 권리가 있다.
3. **교정의 원리** : 어느 누구도 취득과 이전의 원리의 적용에 의하지 않고는 그 소유물을 소유할 권리가 없다.

취득의 원리와 이전의 원리를 충족하지 않는 경우(절도, 사기, 노예화, 수탈 등)에는 취득의 원리와 이전의 원리에 맞도록 바로잡아 소유를 정당화 시킨다.

최소국가론

폭력과 사기, 기만으로부터 시민들을 보호하고 계약을 집행하는 최소 국가만이 세금에 의한 사유재산 강탈이 적으므로 도덕적으로 정당하다. 反 시장적 정부가 모든 것을 다하려고 세금을 과다하게 징수하는 것은 낭비적이며 부도덕 하다.

Robert Nozick(1938 – 2002)

미국의 자유주의 철학자.
존 롤스의 '평등적 자유주의'에 대항해서 '경제자유주의'를 주장함.

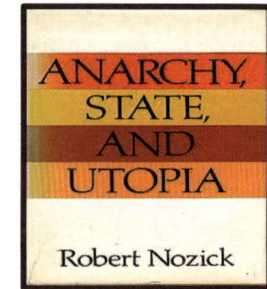

존 롤스의 정의론(1971)에 반대하면서 노직이 쓴 책.

<무정부,국가,유토피아(1974)>
노직은 "강제, 절도, 사기, 범죄에 대한 보호의 좁은 기능으로 제한되는" 최소국가에 찬성한다고 주장하며

" 국가가 이들보다 더 많은 책임을 맡으면 국민의 권리가 침해될 것" 이라고 주장한다.

노직의 최소국가론

1. 시장경제와 작은 정부일때 자유, 재산, 생명권의 침해를 덜 받는다.

정부가 커지고 공무원이 많아지면서 전문가 아니면 행정에 응할 수 없게 되어있다.

예) 부동산 등기, 개발이익 환수, 취득세, 시장에서 자생적으로 형성되는 소득과 재산은 누가 강제적으로 시킨 것이 아니므로 옳고 그름을 따질 대상이 아니다. 그것을 강제로 바꾸려 들면 사유재산권에 대한 침해다.

2. 조세부담을 늘리면 사유재산권이 침해되고 추가적인 강제노동이 된다.

일을 더 해서 번 것을 세금으로 빼앗아 가면 그 시간 만큼 강제노동을 한 것이 된다.

3. 복지국가는 비효율적, 낭비적 뿐만 아니라. 시민들을 국가 목적을 위한 수단으로 취급, 국가의 노예로 만든다.

정부가 교육, 사회보험, 복지를 실행하면 시민들의 자유권과 재산권의 침해만을 초래하므로 **교육과 사회보험은 자유시장에, 복지는 종교단체에 맡기는 게 타당하다.**

국가가 국민권을 덜 침해하고 도덕적으로 정당 하려면 개인의 생명, 자유, 재산을 지키는 정도로 역할을 줄여야

대신 사회주의나 평등원칙에 따라서 살기를 원하는 사람들은 자유로이 공동체를 구성해 공동생활 할 수 있다.

착하니즘을 앞세우는 사회주의자들은 남에게 착함을 요구하거나 자선금을 요구 할 것이 아니라 자신들만의 자선단체를 만들어 십시일반 돈을 모아, 남을 도와주는 욕구도 충족할 수 있다.

■ **최소국가는 경제적 번영은 물론이요, 다양한 가치도 마찰 없이 추구할 수 있기에 사회적 평화도 가능하다.**
 노직이 최소국가론을 제시하여, 잃어버린 개인의 권리를 되찾는데 결정적인 역할을 했다.

레이거 노믹스나 대처리즘이 노직으로부터 왔다.

롤스의 정의론에 대한 노직의 찬반론 (贊反論)

롤스

1. 평등한 자유의 원칙 평등한 자유 권리 하에서는 사유재산을 취득하고 보유할 권리는 정의롭다. 소수가 다수에 대항할 때 소수도 다수와 같은 평등한 자유를 갖는다.

2. 기회균등의 원칙
타고 날 때부터 우수하게 태어나거나 재산상속을 많이 받으면 기회가 공정하게 주어진 것이 아니므로 그로 인해 평균이상의 소득을 올리면 그 소득분은 약자들에게 돌려주어야 한다고 주장한다. 그로 인한 차별적 소득은 차별당한 이들에게 보상하여 기회균등을 이루는 사회가 정의롭다.

3. 차등의 원칙
차별금지를 하면 안 되지만, 그 차별금지가 최약자에게 최대 이익을 주는 경우에는 차별금지가 허용되는 것이 정의라는 것이다. 즉, 사회적 약자의 불리한 환경을 향상시킨다면 사회적 강자가 더 큰 이익을 취하는 것은 정의롭다는 것이다.

4. 복지국가 주장
롤스의 정의관은 자유속에 사회주의적인 요소를 가미하여 이율 배반적인 자유와 평등의 조화를 모색하려고 논리를 개발하였다.
즉, 복지국가론을 강조하였다. 정부의 적극 개입을 옹호함.

노직

인간은 존엄하므로 자기소유권(신체, 생각 소유권)을 가지며, 사유재산권을 가져야 한다. 또한 소유권을 확고히 하는 취득의 원리, 이전의원리, 교정의 원리로 롤스의 평등한 자유의 원칙을 보충해 주었다. **(찬성)**

국가가 분배적 정의를 위해 관여한다고 하면서 그들의 사유재산을 빼앗아 재분배하는 것은 **반대**한다. 재화가 한정되어 있다고 생각하는 시대에는 롤스의 의견이 일견 타당하나, 기술 혁신이나 제도 개선 등에 의해 재화가 팽창하는 현시대 이후에는 분배보다는 사회 전체적인 부를 늘리도록 먼저 팽창하는 것이 결국 최하층의 복지에도 유리하다. **(반대)**

노직도 자유경쟁의 원리가 포함되기 때문에 이 부분을 찬성한다. 사회적 약자의 불리한 환경을 향상시킨다면 사회적 강자가 더 큰 이익을 얻는 것은 정의롭다는 것이다. 삼성이 국민 경제에 기여한다면 더 크게 성장하도록 도와주는 것이 정의롭다는 것이다. **(찬성)**

복지국가는 개인의 책임감은 사라지고 나태함만 길러주어 경제 쇠퇴의 길을 걷게 되었다. (예,스웨덴), 결국 복지주의를 거의 폐기하고 더 자유적인 자유경제인 시장 경제로 국가 진로를 바꾸게 되었다. 세계화 시대에서는 경쟁력을 상실하면서 까지 복지를 강화하면 도태 될 수 밖에 없기 때문이다. **노직은 과잉 복지 반대**

샌델 (Michael Joseph Sandel) 의 정의론 (1)

정의를 판단하는 세가지 기준으로는: 행복 / 자유 / 미덕

1. 사회 구성원의 행복에 도움을 줄 수 있는지 (공리주의: 최대 다수의 최대행복)
2. 사회 구성원 각각의 자유로움을 보장할 수 있는지, (개인의 자유주의)
3. 사회에 좋은 영향을 끼치는가를 기준으로 정의로움을 결정할 수 있다. (공동체주의)

"사회가 정의로운지 묻는 것은, 우리가 소중히 여기는 것들, 이를테면, 소득과 부, 의무와 권리, 권력과 기회, 공직과 영광 등을 어떻게 분배하는지 묻는 것이다." (샌델의 분배정의)

샌델은 공리(다수의 행복), 선택의 자유(자유주의)만으로는 정의로운 사회가 될 수 없으며 공정한 세상을 위해 도덕적 가치를 기반으로 **공동선을 추구하는 것이 정의**이며 이견을 상호 존중해주는 환경을 만드는 것이 중요하다고 말한다. (공동체주의: 미덕추구))

샌델의 '능력주의' 비판에 대한 반박

정의는 **능력주의**(지능+노력)로 공직자나 회사원을 공정하게 선발하는 데서 시작되었고, 그 결과 풍요롭고 정의로운 세상이 되었다.
그렇지 아니하면 배경과 매관,매직 등의 빽이 모든 기회를 차지하여 불공정 사회가 된다.

마이클 조셉 샌델
Michael Joseph Sandel

(1953-)
미 하버드대학의 정치학교수로 정의론 분야의 세계적 석학.

'정의란 무엇인가' 저술로 **'정의(JUSTICE)'** 열풍을 일으킴.

노직 롤스 샌델 **이념성향**	자유지상주의	평등주의적 자유주의	공동체주의
	로버트 노직	존 롤스	샌델, 매킨타이어,왈처
	← 개인의 자유 우선시		공동체 가치 중시 →

샌델 (Michael Joseph Sandel) 의 정의론 (2)

샌델의 3가지 정의론

마이클 샌델의 책 「정의란 무엇인가」에 다음과 같은 세 가지 정의론이 등장한다.

(1) **공리주의의 정의** 사람들의 **행복을 극대화하는 것**이 정의.

(2) **자유주의의 정의** **개인의 자유를 보장하는 것**이 정의.

(3) **공동체주의의 정의** 정의를 행복의 합계나 자유보장으로 단순히 설명할 수 없으며, 오히려 다양한 도덕적, 종교적 가치에 대한 논의로부터 **공동체 구성원의 좋은 삶과 공동선에 대한 답을 천천히 찾아보자는 입장.**

> 공리주의자들은 사회구성원에게 최대 다수의 최대 행복을 가져오는 행위나 결정이 정의로운 일이라고 주장.
> 그래서 **경제적 풍요와 경제성장을 가져오는 정책을 지지.**

샌델의 방법론

마이클 샌델의 정의론은 세 번째 공동체주의, 미덕 추구의 입장에 서 있다.

정의에 대한 답을 찾기 위해, 가장 **구체적인 사례**를 통해서, 가장 **근본적인 철학적 논의를 하는 과정을 통해서만**
다양한 도덕적, 종교적 가치들을 반영할 수 있는 진정 공정한 정의(justice)의 정의(definition)를 내릴 수 있을 것이다.

샌델의 정의론 비판

어떤 경우이든지 **개인의 생명, 자유, 사유재산을** 보호하지 못하는 정의 원리는 도덕적이지도 정의롭지도 못하다. (김정래교수)

우리 사회에 필요한 것은 샌델의 공동체주의, 시민적 공화주의, 평등주의적 자유주의가 아니라 자유주의의 철학이다.

개인의 자유와 권리를 최대한 지켜주는 결정이 정의로운 결정이다.

정의(正義)의 사전적 의미

정의(正義)란 윤리, 합리성, 법률, 자연법, 종교, 공정함, 혹은 균등함, 그리고 선포된 윤리적 위배에 따른 처벌 등에 바탕을 두고 내리는 **도덕적인 "옳음"의 개념이다.**

보수와 진보의 지향점

보수, 진보는 일하는 관점, 태도, 노선, 성향에 관한 것

보수

양심 등 창조질서가 결함이 많은 인간을 지배한다고 인식하며 인간존엄과 자유를 해치는 획일주의를 반대하며, 자유를 지켜주는 사유재산을 중시하며, 사랑과 선에 기반한 단체(교회 등)가 필요하며, 감사와 겸손과 책임지는 마음을 가지며, 영원한 진리를 추구하는 자세를 갖는다는 기반위에서

> 과거로 부터 얻은 지혜와 경험을 바탕으로 주어진 조건을 살펴가며 파괴나 피해를 최소화 하는 길을 찾아 효율적으로 적용함으로써 사회적 경제적 **자유, 안정, 질서, 풍요**를 증진시키려고 한다.

좋은 것을 지키면서 발전하자는 주의로서

변화나 개혁을 두려워 하지 않고 신중한 자세로 점진적인 변화를 통해 문제를 해결하고자 한다. 돈 벌어 오는 기업을 키워 국가경제에 혜택을 주기를 기대한다.

진보

과거로 부터 얻은 경험적 세상을 **유토피아 대비** 구조적 문제가 있는 세상이라고 진단하고 현 세상구조를 과단(果斷)하게 타파하고 **사회적 경제적 평등을 중시하여 결과적 평등**을 달성하려고 한다.

돈 벌은 기업이나 개인에게 부자 증세를 통해 다수의 가난한 국민들에게 나눠주기를 기대한다. 기업보다 노조를 중시한다.

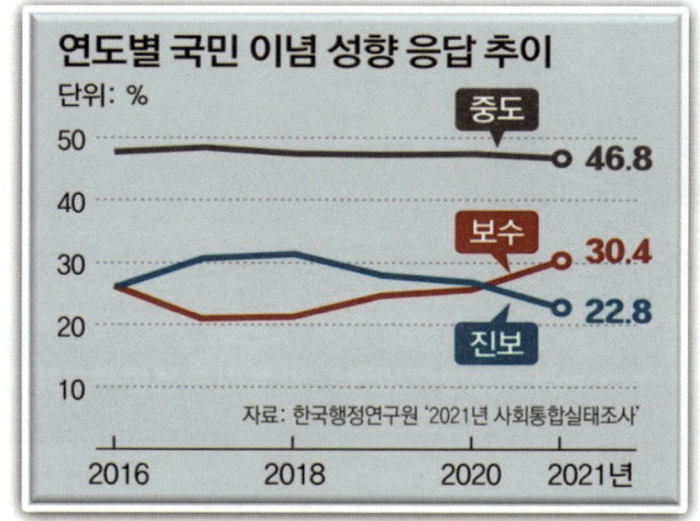

(동아일보 2022.04.11)

87년도 이후 진보 측의 집요한 노력으로 국민 중 좌나 중도 좌가 더 많아졌으나 좌파정권의 국가파괴적 종북 성향으로 위험과 분노를 느낀 국민들이 늘어남에 따라 보수가 진보보다 조금 앞서는 상태가 되었으나 24년 총선 결과는 진보층이 확장 되었음을 보여 준다.

이념에 무관심한 중도층의 마음이 선동에 의해 흔들리면 아무 때라도 진보정권이 들어설 수 있어 중도층에 대한 자유이념 교육이 절실하다.

우파(右派)와 좌파(左派)

우파와 좌파의 유래

좌파와 우파의 기원은 프랑스 혁명(1789~1794)으로 거슬러 올라간다. 당시 프랑스의 국회였던 국민공회에서 **의장석을 기준으로, 급진파(왕정폐지, 민주혁명파)는 왼쪽, 온건파(헌법에 의한 왕정유지, 점진적 변화)는 오른쪽**에 앉았다.

좌석 위치에 따라 급진파는 좌파, 온건파를 우파로 부르게 된 것이 좌·우파라는 용어의 시작이다. (누가 좌파고, 누가 우파인지는 시대에 따라 의미가 조금씩 달라져 왔다.)

.right wing(우익:오른쪽날개), left wing(좌익:왼쪽날개) 이라고도 불린다.

변화에 대한 태도

진보좌파	보수우파
급진적 변화 추구	점진적 변화 추구
착하니즘 주의	전통과 경험, 축적된 지혜와 현실을 중시
급격한 기존질서 개혁 추구	신중한 검토 후 실행
정책 실패율이 높음	정책 실패율이 낮음

경제적 가치에 따른 입장

진보좌파

경제적 평등

성장보다 분배.
국가 주도 경제

노동자 입장 대변
공동체 이익 중시.

보수우파

경제적 자유

분배보다 성장.
시장 주도의 경제
시장·기업 입장
개인의 이익중시
모세관 현상에 의해 전체 생활 향상.
(250쪽 참조)

우파는 보수라는 말을 기피하고 좌파는 좌파라는 말을 기피한다. 왜 그럴까?

▶**우파가 '보수'란 말을 기피하는 이유?**
보수는 '지킨다'는 의미라 생각하고 변화를 주저한다는 '수구꼴통'이란 이미지가 부정적이라 보수조차 보수라는 말을 기피하는 이들이 있지만 보수의 가치를 안다면 보수를 자랑스럽게 여길 것이다.

우파라는 용어는 성경에 긍정적으로 기록되어 있다.
(양은 오른쪽(右派)으로 천당, 염소는 왼쪽(左派)으로 지옥행이었다.(마25장)
또 실패한 공산주의를 뜻하는 좌파가 달가울 리가 없다.

▶**좌파는 좌파 대신 '진보'로 불리길 원하는 이유는?**
진보가 '앞으로 나아가는 걸음'이란 의미가 보수보다 상대적으로 좋은 이미지라고 생각해서 인 것 같다.
그렇지만 진보란 맑스에 의하면 사회주의로 나간다는 의미이고 H.G.Wells 등 영국 문명 비평가 등이 모여 Socialism을 어감이 좋은 Progress(진보)로 바꿔 사용하기 시작했다. 진보란 사회주의와 같은 의미이다.

보수 진보 단순 비교표

	이념	이념전개	정치,경제	연구개발
보수	자유	지식(知識) 지혜(智慧) / 경험(經驗) / 혁신(革新) → 발전	경쟁력, 차별촉진 상품, 기술, 경영 혁신 번영추구 자연질서 순응.개선	번영기술 R&D 광속발전
진보	평등	권력(權力) / 통제(統制) / 평등(平等) → 하향 평등화	포괄적 차별금지 규제확대 자연질서 재구성	전쟁무기 *R&D 퇴보 Research and Development (연구개발)

파시즘과 나치즘은 극우(極右)인가?

사회주의는 필연적으로 파시즘과 나치즘으로 이어진다 (하이에크)

파시즘 (Fascism)

파시즘의 상징
속간(결속된 힘)

▶ 파시스트들은 "**자본주의와 자유민주주의가 계급 투쟁을 만들었으며, 공산주의자 들이 이 개념을 이용한다**" 며 양자 모두를 비판하였다.

민족주의, 전체주의, 권위주의, 국수주의, 반공주의적 성격을 띠었으며, 자연과 인간의 능력은 본질적으로 불평등하며, 평등은 국가의 쇠락을 가져온다고 하였다.

그래서 공산세력의 성장을 두려워한 계층이 파시즘을 지지하였다.

결속된 힘을 통해 급진공산주의를 막기위해 국가로 결속하자는 이념이다.
그러나 투쟁방식은 공산주의적 혁명적 방법을 취하였고, 그런 행동을 뒷받침하는 이론을 정립시킨 것도 **조르주 소렐** 같은 사회주의자들이었다.

경제는 **전체주의와 조합주의를 혼합한 경제를** 바탕으로 했다. **전체적으로는 사회주의로 보아야 한다.**

▶ 박정희 정권이 "잘 살아 보세" 라며 국민적 단결을 요구했다고 해서 북한과 좌파들이 파쇼(결속)정권이라고 공격했다. 박정희 정권은 잘 따르는 곳에 인센티브를 주어서 시행한 것이지 강제로 집행한 것이 아니었으므로 파쇼와는 거리가 멀다. (예: 새마을운동)

나치즘 (Nazism)

나치의 상징 문양
하켄크로이츠

▶ 1차대전의 패배 배상금이 너무 가혹한 것에 반발하여 파시즘을 도입하고 게르만족 우수성을 강조하는 인종주의를 조합한 사상이 탄생한 것이며, **국가사회주의 독일노동자당** (**Na**tional **So**zia**li**stische Deu**tsch**e Arbeiterpartei : 약어 Natsch)이 만들었다.

하켄크로이츠(갈고리 십자가: 유대인 배척을 의미)

위키백과에서의 우익,우파

▶사회계급과 경제적 불평등을 자연법, 경제원리, 전통 등에 따른 불가피하거나 자연스러운 결과로서 바라보며

작은 정부와 시장에 의한 경제적인 자유를 추구하고, 강한 안보와 전통 및 소유권 보호를 통해 사회가 안정적으로 유지되기를 원한다.

현대에는 특히 자유시장과 사유재산을 옹호하고 보수주의 성향을 가지는 정파로 압축된다.

자유지상주의가 가장 우측에 자리잡은 우파다.

즉 지나치게 자유를 중시하는데 반해 **파시즘. 나치즘은** 통제를 중시하므로 사회주의라고 보아야 한다 (하이에크).

자유 우파를 통제체제를 옹호하는 파시즘적 극우로 말하는 것은 상식에 맞지 않는다.

■**파시즘, 나치즘은** 국가사회주의이며 국수적 인종주의 이므로 평등화를 추구하는 공산주의와 충돌했고 전체주의적 통제 사상이므로 자유 우파 세계와 충돌했다.

극우(極右), 극좌(極左)

극좌정당: 상대방의 존재를 불용하는 마음을 가지고 법치에 의하지 않고 과격한 수단을 동원하여 목적을 달성하려는 정당

극우, 극좌의 極은 폭력동반을 의미한다

우파는 보수주의를 말하며 나의 자유와 함께 남의 자유도 존중하게 하는 법치를 중시하므로 폭력과는 거리가 멀다. 무솔리니의 파시즘 (fascism) 같은 국가결속주의나 히틀러의 나치즘(national socialism) 같은 **국가주의를 극우로 말하는 것은 틀린 말이다.**

이들은 공산주의를 매우 싫어하고 공산주의와 싸운 것은 사실이다. 그렇지만 공산주의와 싸웠다고 해서 극우라고 말하는 것은 잘못 말하는 것이다. 이들은 자유를 중시하는 극우와 반대쪽으로서 **극좌 사회주의에 가깝다.** 나치당 명의 full 명칭인 (국가사회주의 독일 노동자 당 Nationalsozialistische Deutsche Arbeiterpartei)을 보아도 금방 알 수 있다.

▶ 우리나라에서는 전시나 국가 위급시에 국군에 지원해서라도 자유, 민주, 법치, 시장경제 라는 국가정체성을 지키려고 하는 애국 자유세력을 보수라고 한다.

■ 보수는 '좋은 것을 보호하고 지킨다'는 정신이므로 나라가 위급할 때 나라를 지키려고 한다. 즉, 외교나 종교나 교육으로 나라를 지키려는 세력을 우파라고 한다.

예를 들면, **이승만대통령**이나, 나라를 위해 단식하다 순국한 강남수(베드로)같은 분이 진정 우파다. 더 나아가 무력으로 라도 나라를 지키려는 **이순신, 안중근** 같은 분들이 극우로 분류된다.

▶ 법질서가 잡힌 평화시에는 극우가 있을 필요가 없어서 "현재의 대한민국에 극우(極右)는 없다."(일요서울 2021.5.31 우종철 논설주간) 그나마 미약한 극우는 文과 면담하려고 청와대 진입을 시도했던 탈북자들과 국회에서 구두를 던진 신발열사 정도이다.

대신 좌파는 무수히 많다. 고정간첩과 그에 준하는 세력, 민주당, 정의당, 민노총, 전교조, 참여연대, 우리 법 연구회, 민변, 민주라는 명칭을 자주 사용하는 세력 등이 있다.

▶ 네이버 등 포털에서 극우정당을 검색해보면 순한 우파정당 모두가 극우정당으로 나타난다. 포털에서의 극우를 보수로 바꿔 놓아야 한다. **활동하는 우파를 다 극우로 보면 조용한 우파만 진짜 우파인가?**

▶ 나무위키(포털)에서 검색되는
 극우 정당 : 태극기를 들고 거리로 나와 탄핵의 부당함과 종북 척결, 공명선거 등을 주장한 정당은 극우정당인가?
(우리공화당, 자유통일당, 자유민주당, 가가호호공명선거대한당 등)
 보수정당 : 국민의 힘(?)   진보정당 : 녹색정의당, 진보당
 더불어 민주당 : 포털에서는 보수정당에서도 찾을 수 없고 진보정당에서도 찾을 수 없다. 강령에서만 공정과 포용, 평화를 강조하고 있다

■ 현재 포탈은 극우정당만 나열해 놓고, 극좌정당은 찾을 수 없게 되어 있다. **결과적 평등을 주장하며 친북이고 폭력적 조직을 옹호하는 사회주의로 가는 정당을 극좌정당으로 봐야 한다.**

漢字로 본 進步와 保守

진보(나아갈進 걸음步) progression

파도나 물결같이 낮은 곳으로 퍼져 나가는 현상.
백과사전 대표적 표현 : **정도나 수준이 나아지거나 높아짐.**

보수(보호할保 지킬守) conservation

보존, 보호하고 지킴. 백과사전 대표적 표현 :
묵은 그대로 지킴 ?

이 세상에 묵은 그대로 머물고 싶어, 더 좋아지기를 싫어하는 생명체가 있는가 ? 더군다나 인간이 ?
(예, 조선시대식으로 살고 싶어 냉장고나 핸드폰을 싫어하는 사람이 있나 ?)

모든 생명체는 본능 상 더 나아지기를 희망할 수 밖에 없다. 사전상의 단어 대로 하면 살아 있는 생명체는 모두 진보이고, 흙덩어리나 돌맹이 같은 무생명체는 보수가 된다. 그러므로

한자적(漢子的) 의미는 실제의 의미를 나타내지 못한다. (처음 번역한 일본인들의 실수다)

보수와 진보를 사자성어에 대비하면 보수는 온고지신(溫故知新), 진보는 제구포신(除舊布新)일까?

◆그러므로 보수 진보는 진행과정에서 나타난 경험적 사실로 구분해야 한다.

진보주의 : 평등을 위해 나가는(進) 걸음(步)

평등한 세상을 만들기 위해, 관습 풍습, 전통, 관례, 선입견, 추정, 규범(법), 지식 등의 경험칙, 원칙 등의 **기존질서를 과단하게 철폐한 후, 결과적 평등을 이루기 위해, 자유로운 개별 발전, 私企業的 발전을 억제하고, 재산의 공유화와 몰수를 향해 진행한다.**

보수주의 : 권력과 진보가 행하는 과도한 세금과 몰수로 부터 개인의 자유와 재산을 保호하고 守호한다.

기존 질서를 유지하면서 개혁을 위해 이웃의 억울함이나 부당한 피해가 생기지 않게 다수에 의한 강제적인 평등을 배척한다.
좋은 것을 지키면서 발전하자는 것이 보수주의.

漢字에 의한 보수(保守), 진보(進步) 구분

조선을 保호하고 守호하는

保 守

→ 보수 (右) 이율곡, 유성룡, 등

→ 극보수(극우) 이순신, 안중근, 등
(무력을 통한 국가수호)

자유대한민국을 保호하고 守호하는

保 守

→ 保守 (右) 국민의힘(?) 우리공화당, 자유민주당, 자유통일당, 가가호호공명선거대한당 등
(강남수:나라와 천주교 좌경화를 저지하기 위해 항의 단식 24일만에 순국함.)

→ 極保守 (극우) 백선엽장군, 김종오장군 등
(무력을 통한 국가수호)

국민의 자유와 재산을 保호하고 守호하는

保 守

→ 자유 애국 국민

평등을 향해 **나아가는 걸음** →

進 步
진보

국가 정체성 없이 정부의 명령만 따르고, 교회를 집중 탄압하는 세력이라면 이들이 아이히만 의 후예들이며 극진보라 할 것이다.

극 진보 (극좌) : 반 대한민국세력

보수에는 위장 보수가 많이 있는 데 (대통령 탄핵 때 드러남)

진보에는 위장 진보를 보기가 어렵다. 진보는 이념으로 뭉쳐 있는데 반해

보수는 이념에 대한 공부와 조직화에 소홀해 진보에 비해 상대적으로 결집력(강한 연대감) 투쟁력에서 밀린다.

탄핵 이 후 보수는 새롭게 깨어나고 있다.

시대적 환경에 진보, 보수를 대입해 보면

수렵시대

뾰족한 돌 도끼나 돌 칼로 다듬은 막대기 창을 사용했다.
부족전체가 야생동물 몰이를 해야 하므로 수렵 동물을 평등하게 분배할 수밖에 없는
비교적 평등한 진보사회 였다.

이 기간이 너무 길어 평등을 우선시하는 사회주의가 인간의 DNA 로 자리잡았다.
그러나 집단이 커지면서 계급이 자연 발생으로 만들어 지고 분배도 평등하게 이뤄지지 않았다.
인류에게 평등은 애초부터 존재하지 않았다.

농경, 양식, 자유소득, 사유재산시대는

수량이 풍부한 강변에서 장기 저장이 쉬운 쌀, 보리, 밀 등 주곡농사를 짓는 농경이 시작되었다.
주거지가 일정해 지고, 농사경험이 축적되면서 부분적으로 잉여 식량이 생산되어, 사유재산이 생기고
여유가 생기면서 거래가 이루어져 자유시장이 생기고 , 더 여유로운 집안의 가장은 여유를 즐기면서
문화가 생기고, 글자와 그림이 생기고, 광장에 나가 반복되는 토론의 결과를 다수가 합의하는 과정인
민주주의가 생기는 곳도 있고, 부족장이 다스리는 부족국가도 생겼다.
가족과 사유재산이 생기며 주거지가 일정하게 되면서 좋은 것을 지키고 발전시키고자 하는
보수 사회가 형성되었다.

조선시대는 어떤 사회였나?

조선시대는

▶ 남송, 원, 명의 앞선 문물과 예절을 수입하여 이상적인 세상(**대동세계**: 동양 유토피아 세상)을 만들려고 새 나라를 건국하고 새 이념을 도입하였다.

- 그 후 **유교와 성리학 극단주의가 지배하는 사회**였다. ▶ **과다 강탈시대**(가렴주구)로 변하였다.
- **국민의 ½ 이 피지배계급의 노예 사회였다.** 천민(賤民)은 부자로 살 수 없었다.
- 불만을 가진 하층 국민들이 일본 등 **적국의 편을 들어 자국 정권을 전복**하려 했다.
- 불교나 서양종교를 부정하는 등 **神을 부정하는 국가**였다.
- 부패, 부정, 독재, 거짓, **규제 천국**이었다.
- 거래를 상것들의 행위라고 금지시켜 **시장경제를 말살한 시대**였다.

인체 해부 금지, 원양항해 금지, 광산폐지, 하층민의 토지제한, 고급주택 소유 제한, 임진왜란으로 인한 **대일 폐쇄, 明 → 淸 대륙 권력변동에 의한 정신적 붕괴와 대청폐쇄**(對淸閉鎖)로 모든 대외 창구가 닫혔다.

● 전반적으로 **위정척사**(성리학을 수호하고 서양사상을 배척한다)의 <u>**폐쇄적 진보사회**</u>였다.

■ **폐쇄적 진보사회**가 진행되면 다음과 같은 **공산전체주의 사회**가 된다(조선 → 북한)

1. 모든 인간생활을 규제하는 공식 이념 존재
2. 1인 지배의 유일 대중정당
3. 당과 비밀경찰에 의한 테러체제
4. 대중매체의 독점
5. 무장력의 독점
6. 전체 경제의 중앙통제

그림으로 보는 진보, 사회주의

보수주의, 진보주의는 국가경영보다는 일하는 관점 태도에 관한 것이다.

세상살이에서 **자유를 신장하는 목표로** 일할 때 **신중하게 피해를 최소화 하면서 점진적으로** 나아가자는 것이 보수의 자세라면

평등을 위해 필요한 일이라고 생각되면 **확 해치우자는 것이** 진보라 할 수 있을 것이다.

휴전선을 마주하고 대치 중인 남북의 현 상황도

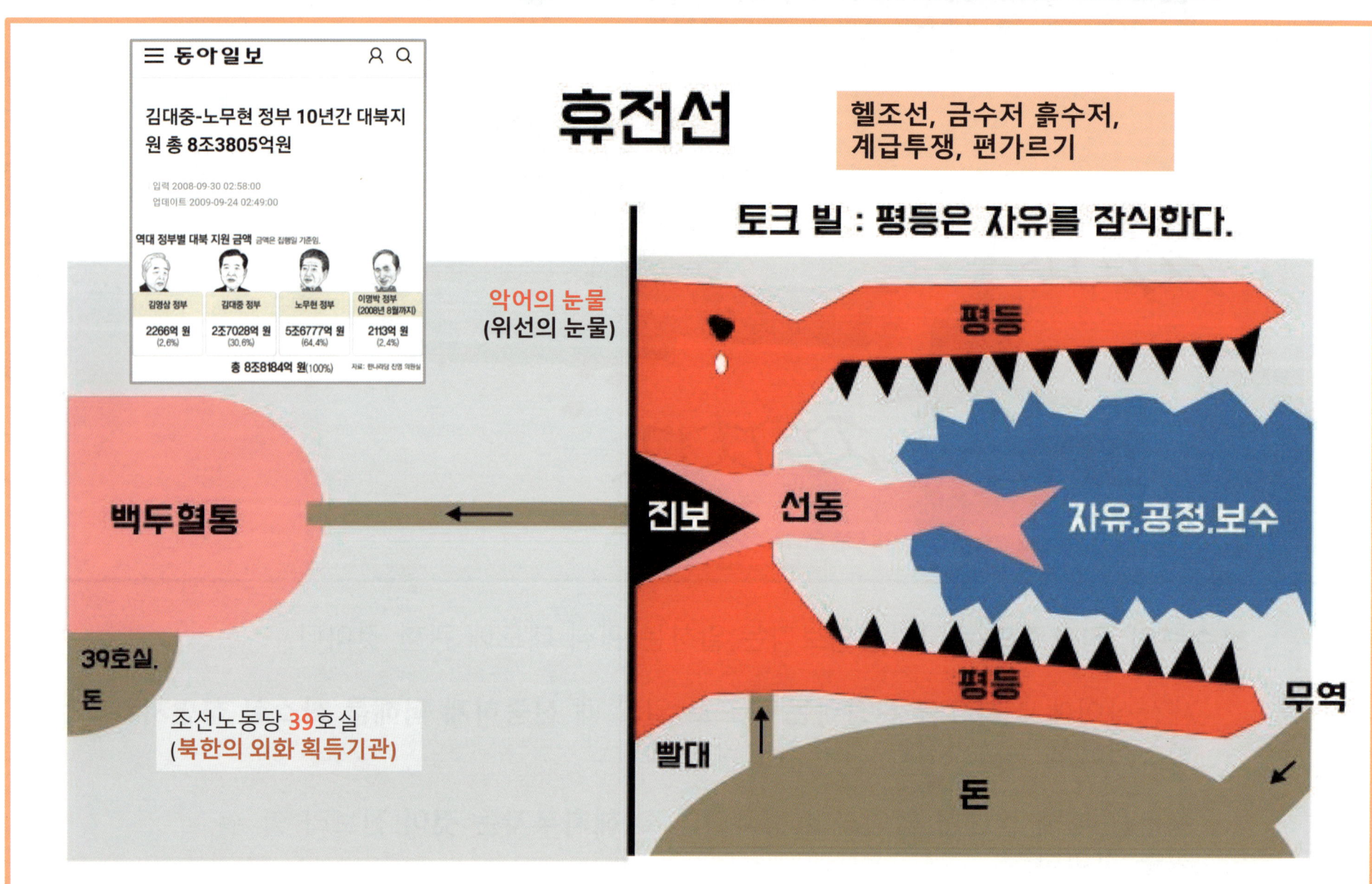

反 대한민국 세력 설명도

대한민국 체제 줄다리기, 누가 당기나?

심판석(구경)
지식인들(중립성의 함정)
종교인(정교분리 프레임)

국민 (나는 몰라)

← 각성 우익 | 좌익 →

보수 — 중도 — 진보

자유대한민국세력 ↔ 반 대한민국 세력

자유민주주의
자유시장경제

공산사회주의
종북주의
반 자본주의

- 좌파당 주도 국회
- 좌파정치권
- 북한
- 중국
- 좌파노동단체, 좌파교원단체 등
- 좌파 시민단체
- 좌파언론

체제전쟁에서 대한민국세력이 반 대한민국세력을 상대로 어떻게 투쟁해야 하는지를 제시하고 있다.

이희천 지음

국민 심리속에서는 '아는 것이 힘이다' 와 '모르는 게 약이다' 의 전쟁이 진행되고 있나?

한반도의 1.2.3차 이념전쟁

대한민국은 오늘도 여전히 이념전쟁 중이다

1차 이념전쟁(40년대~50년대, 건국 초기, 6.25전쟁)

미,소 분할 통치로 한반도에 **공산주의와 자본주의의 이념구도** 형성.
북한: 공산사회주의 정부 수립, 남한: 자유민주주의, 자본주의 정부 수립.
남한 내 좌익 세력의 준동(10.1 대구폭동, 제주 4.3사건, 여순반란사건 등)
남북이 각각 정부를 수립함. **대한민국 건국(1948.8.15)**

북이 소련과 중국의 지원 하에 6.25 전쟁(1950년)을 일으킴.
이념전쟁(기동전).자유진영과 UN 참전으로 승리함. 반공사상이 강화됨.

절대적으로 불리한 여건에서 **이승만 대통령이** 다수의 좌익세력, 즉 김일성 공산세력, 박헌영 남로당 세력, 여운형, 김규식, 건준위(建準委) 등에 대해 승리함. 대한민국내에 좌익이 쇠퇴하고 우익이 득세함.

고성국박사의 이념전쟁에서 일부 발췌함.

2차 이념전쟁(60년대~70년대)

박정희대통령은 5.16혁명 후 반공을 국시로 하여 공산세력과의 이념전쟁을 본격화하였다. 한 때 좌익에 몸담아 사형직전까지 갔었던 박정희대통령은 좌익의 전술을 잘 아는 지도자로 반공이 국가 안보와 경제발전의 요체로 보았다.

60년대 북한에 경제력(**북한 GDP 세계 60위, 대한민국 세계 101위**)과 외교력,국방력에서 열세였던 대한민국을 부국강병을 목표로 체제경쟁에 나서 70년대 부터 확실한 우위를 점하고 격차를 벌려갔다.

대한민국은 북한의 체제전쟁에서 확실한 승리를 했다.
    (자유주의 대 전체주의, 자본주의 대 공산주의)

그러나 마르크스와 김일성주의를 추종하는 국내 종북 좌파세력
(운동권 대학생들, 좌파 노동자 그룹, 좌파 정치인들과 지식인 그룹)은 그들의 이상세계인 평등한 세상과 연방제 통일을 앞세워 그들의 힘을 키워 나갔다.

3차 이념전쟁(80년대~현재)

좌우파정권이 교대로 집권하는 시대가 오므로 권력을 두고 좌우대립은 더 격화되고 이념전쟁도 더 치열해졌다.

동구권이 무너지고 공산주의 종주국인 소련이 망하며 마르크스주의는 종언을 고하는 듯했지만 신좌파(네오막시즘)의 등장으로 세계는 새로운 이념전쟁의 시대로 접어 들었다.

폭력혁명을 통한 **평등사회를 목표로** 한 공산사회주의는 실현가능성이 희박하자 **안토니오 그람시**의 진지전과 헤게모니론을 토대로 각계각층의 대중속으로 특히 법조계, 문화계로 파고 들어가 공산사회주의와 김일성주의(주체사상)를 심고 있다.

이 전략은 이념적 무장이 안된 이들에게 효과적으로 전달되어 신좌파가 확장되고 있다.
(유럽에서는 지금도 신좌파가 승리하고 있다)

안일했던 우파국민들도 탄핵사태를 계기로 깨어나고 있고 **올바른 이념공부의 필요성을 절감하고 있다.**

3차 이념전쟁의 결과는 자유민주주의와 자유시장경제의 존폐를 결정할 것이다

이념전쟁은 사실 세계 여러 나라에서 이미 자유우파의 승리로 끝난 것이다. 따라서 역사의 퇴보를 막을 수 있는 **최선의 방법은 자유 우파가 이념전쟁에 승리하고 법치주의에 기초한 자유민주주의와 자유시장경제를 더욱 견고히 하는 것이다.**

진보주의
進步主義 Progressivism

많은 이들은 진보라는 용어에 호감을 보인다. '앞을 향해 나아가는 걸음'이란 뜻을 싫어할 이유가 없다.

문제는 어디를 향해 앞으로 나아가는가? 이다.

진보주의의 이념을 정확히 알기 위해 여러 내용을 담았다.

평등사회를 지향하는 진보주의의 뿌리는 사회주의이고 종착역은 공산주의이다.

이곳에 진보좌파의 이념들을 소개하고 현재 세계에 강한 영향을 주고 있는 네오 막시즘, 신좌파 (NEW LEFT)사상을 살펴 보고자 한다.

진보주의는 자유대한민국에 어떤 기여를 할 수 있을까?

- 진보주의 역사1 (진보주의 시작)
- 진보주의 역사2 (막스의 자본론)
- 맑스와 엥겔스의 **공산당 선언**
- 공산주의는 이상(理想)도 나쁘다
- 좌파이념의 이론적 변천과정
- 좌파이념의 실천적 변천과정
- 현대의 진보주의
- 한국의 진보주의
- 네오 막시즘 (신 마르크스주의)
- 신좌파사상의 확산 1,2
- 해방과 사회정의
- 네오막시즘의 형성 과정도
- 그람시의 **헤게모니, 진지전, 기동전**
- 68혁명과 보수진영의 비판

진보주의의 역사 공산당선언 좌파이념 현대, 한국 진보주의 네오 막시즘

진보주의 역사 (1) (진보주의의 시작)

▶ **수렵시대**는 최대한 많은 인원이 동물을 포위하여 몰이를 해야 하므로 **공동사냥 공동분배**의 진보일수 밖에 없어서 자연적으로 **진보시대** 였고, 수렵시대에서 **농경사회**로 진행하면서 **토지 등 사유재산 시대가 시작**되고 부족집단이나 왕국이 형성되었으나 특이하게도 **그리스 아테네**에서는 왕정이 아닌 **민정**(공화정)으로 **보수주의**가 일시적으로 탄생하였다. 그러다가 **플라톤**은 스승 **소크라테스**가 중우 다수결에 의해 사형선고를 받고 독배를 마시고 숨지자 중우 다수결식 민정의 문제점을 배제하려고 **사회주의적 진보 세상**을 꿈꿨다고 한다,

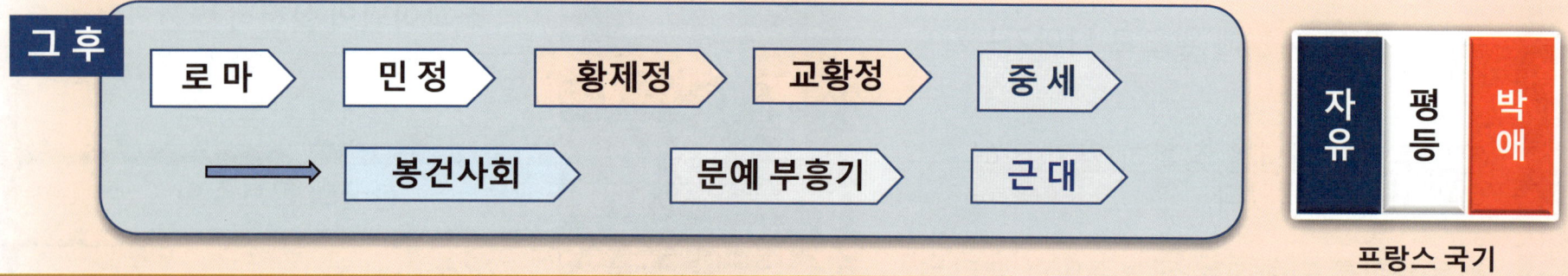

프랑스 국기

▶ **근대 진보 철학**은 **영국명예혁명** 후 **장 자크 루소**로 부터 시작되었고, **클로드 생시몽** (대지주. 자본가 노동자 농민이 협력하여 계획 생산해야), **샤를 푸리에**(적성에 맞게 일하게) **로버트 오웬**(노조 주장)을 거쳐 **사회주의**로 정리되어 갔다. 나중에 *칼 맑스는 이들 이론을 종합하고 추가하여 **과학적사회주의**라 하였고, 앞선 이들의 사회주의를 **공상적사회주의**라고 했다.

▶ **루소의 사회계약론**은 인간은 본래 선하며 이타적이나, 사유재산, 사회제도, 문화에 의해 불평등, 불행하게 된다. 그런 상태로부터 해방되기 위해 **"자연으로 돌아가라"** 고 하였으며 자연으로 돌아가지 못하면 인민들의 전체 의지(사적 의지+공적 의지)로 만들어진 법에 의해 **의회나 정부에 권력을 양도하지 말고 직접 통치해야 한다고 하여 프랑스 혁명을 유도했다.** 이 사상이 프랑스 깃발에 반영됨 (자유 평등, 박애)

* **맑스**='마르크스' 의 미국식 발음. 표기법은 '마르크스'가 맞으나 둘 다 통용되고 있다.

진보주의 역사 (2) (칼 맑스의 자본론)

진보주의의 태동

왕정 시대에는 진보가 자유를 옹호하였지만, 산업혁명 이후에는 경제적 평등을 추구하는 공산 사회주의를 추구하면서, 경제적 자유주의를 추구하는 보수와 대립하는 방향으로 전개되었다.
그러므로 공산사회주의가 진행한 과정을 추적하여 실질적인 진보를 설명하여야 한다.

칼 맑스의 사회주의적 유토피아 경제

경영자의 사업목적은 계약된 노동자의 인건비를 포함한 모든 비용인 생산원가에 이익을 얹어서 팔아 이익을 남겨서 다음의 연구개발비나 생산설비의 개선, 인건비 상승에 투자하는 것을 당연시하였다.

이렇게 남기는 이익을 **잉여가치** 라고 하는데, 칼 맑스는 잉여가치를 자본가가 노동자를 착취하는 것으로 간주하고, 그런 착취를 타파하기 위해 과학적 경제라는 그럴듯한 명칭으로 **자본론**을 들고 나왔으며

공동 생산한 소비품을 **공동소유 + 공동소비** 한다는 이론으로서 모든 생산품을 사회가 보관하고, 각자 필요한 만큼 가져가 소비한다는 **사회주의적 유토피아 경제**를 발표하였다.

공산당 선언

산업혁명의 결과 빈부 차이가 심한 서유럽에서 사회주의가 전개될 것으로 예상했으나, 근면, 검소의 진정한 자본주의가 확산되면서 이미 산업혁명으로 잘 살기 시작한 서유럽에서는 받아들여지지 않았다.

이에 절치부심한 맑스와 엥겔스는 강제로(혁명) 실행 시켜야 한다는 **공산당 선언**을 하였다.
이를 받아들인 곳은 낙후된 러시아 노동세력이었다.

볼셰비키 혁명과 공산정권 수립

러시아 왕정 말기 공산주의자들은 노동세력과 학생들에게 **자본론을 비밀리에 가르쳤다.** (1874년부터 시작하여 1910년 경부터 급속히 퍼짐 : 브나로드 운동).
상황이 충분히 무르익자 급진공산주의 혁명인 *볼셰비키 혁명을 성공시켜 공산정권을 수립하는 데 성공하였다.(1917)
*볼셰비키: 레닌 중심의 '다수파'를 말함.

브나로드('국민속으로')운동

러시아 말기에 막시즘을 중심으로 공산 이상사회를 건설하려면 민중을 깨우쳐야 한다는 운동으로 1874년에 러시아 지식인들, 학생들이 농민을 대상으로 급진적 공산 혁명의 사상과 선전활동을 하였다..

구한말 (1930년대) 동아일보는 농촌 계몽운동을 하며 러시아의 '**브나로드**' 명칭을 사용하였다.

칼 맑스와 엥겔스의 공산당 선언

▶루소의 영향을 받은 **칼 맑스**는 **사회주의**라는 용어를 세상에 널리 알리고 **평등을 제1의 덕목으로 하는 공산주의**를 창설하였다.

그는 **자본론**이라는 저서에서 기업가가 **금리+자재비+인건비** 등 제반금액을 합친 원가에 이익을 붙이는 것을 **잉여가치**라고 하고, **잉여가치를 기업가가 독점하면 안되며 모두가 공유해야 한다**고 하였다.

이런 사회를 이루려면 **기존사회를 전복하고 과단(果斷)하게 혁명해야 한다는 *공산당선언**을 하면서 **공산주의** (내용은 사유재산을 인정하지 않는 공유주의 또는 과도한 세금으로 사유재산의 의미를 퇴색시키는 공유주의)가 탄생되었고, **러시아(볼셰비키) 혁명**으로 나타났다.

"유럽에 유령이 출몰하였다. 공산주의라는 유령이"(시작)

"모든 계급투쟁은 정치투쟁이다"

"프롤레타리아는 잃을 것이 라고는 쇠사슬밖에 없으며 얻을 것은 온 세상이다.

전세계 노동자여, 단결하라!"(끝)

마르크스와 엥겔스
공산주의 강령
1848년 2월

카를 마르크스·프리드리히 엥겔스
공산당선언

■ 공산당선언(요약)

1장: 부르주아와 프롤레타리아 (계급투쟁과 프롤레타리아의 승리)
"이제까지 모든 사회의 역사는 계급투쟁의 역사이다"
노동자에 대한 착취가 심해지면 노동자의 투쟁이 시작된다.
결국 프롤레타리아는 혁명을 일으키고 부르주아를 폭력적으로 타도하여 지배권을 장악하게 된다.

2장: 프롤레타리아와 공산주의자 (공산주의자의 목적과 임무)
공산주의자의 목적과 임무는 프롤레타리아를 계급으로 형성하여 부르주아를 타도하고 프롤레타리아가 일시적으로 정치적 지배권을 획득한 후, 부르주아적 소유관계를 폐지하고 생산수단을 사회화 하여 **계급차별을 소멸시키는 것이다.**

-토지의 국유화,-강도 높은 누진세,-상속권 폐지,-망명자와 반역자의 재산 몰수,-국가자본에 의한 국립은행 설립,-운수기관의 국유화, -농촌과 도시의 대립 제거,아동의 공장노동 폐지 등이다

3장: 사회주의적 그리고 공산주의적 문헌에 대한 비판
당시 사회주의의 조류는 크게 나누면 기독교 사회주의, 봉건적 사회주의, 부르주아 사회주의 또는 보수적 사회주의, 사변적 사회주의이다. 칼맑스와 엥겔스는 이런 사회주의를 **사이비 사회주의**로 규정하고 일일이 비판하고 있다.

4장: 여러 반정부 정당에 대한 공산주의자의 입장

공산주의자들 전략 전술의 제 원칙.
공산주의자는 현 사회, 정치제도에 반대하는 모든 혁명운동을 지지할 것, 봉건제도에 대한 부르주아와의 공동투쟁도 지지할 것'
노동자에게 프롤레타리아와 부르주아 사이의 적대적 모순에 기초한 **계급의식을 양성해야 한다.**

노동자 계급의 목적은 현 자본주의 제도에 대한 폭력적 타도에 의해서만 달성한다는 것을 공언하고 있다.

공산주의는 실패했지만 이상(理想)만큼은 좋다 ?

이승만은 "공산주의의 이상은 좋으나 현실적으로 부당하다."고 하였다.
1. 재산을 나누어 가지면, 게으른 가난뱅이가 늘어난다.
2. 자본가를 없애면, 지혜와 상공업 발달이 정지된다.
3. 지식 계급을, 없애면 모든 이들이 우매해진다.
4. 종교를 혁파하면, 덕과 의가 타락한다.
5. 정부와 군사와 국가사상을 다 없애고 소련만 믿으면, 결국 배반당한다.

~태평양잡지 1923년 3월호(제31호)<공산당의 당부당> 글에서

공산주의는 이상도 나쁘다

첫째, 모든 물자를 수요에 따라 무한정 공급 하는 일은 불가능하다.
인간의 필요에 따라 '**모든 재화를 나누어 갖는 사회**'가 되기 위해서는 물량이 무제한으로 비축되어 있어야 한다.
이것이 과연 가능한 일인가?
'사회주의 계획 경제하에서는 물자를 대량 생산 할 수 있다고? 그러나 아무리 물자를 대량 생산 할지라도 인간의 변덕에 따르는 그 어마어마한 수요를 어떻게 다 맞출 수 있겠는가?
공산주의의 첫번째 이상은 실현 불가능하다.

둘째, 모든 인간이 자기가 좋아하는 일만 하면서 먹고 사는 세상은 불가능하다.
공산주의 이상은 강제분업이 없이 자기가 원하는 노동을 해서 먹고 사는 세상이다. 이 얼마나 듣기 좋은 말인가? 그런데 이렇게 되면 쓰레기는 누가 치우고 화장실 청소는 누가 하나? 각자 **자기가 좋아하는 일만 하면 당연히 사회가 운영이 안 된다.**

강제 분업도 없고 자기가 좋아하는 일만 하면서 먹고 사는 **공산주의의 이상적 세상은 현실적으로 실현 불가능하다. 달콤한 거짓말이다.**

셋째, 프롤레타리아 독재를 스스로 해체할 수 있는 방법이 없다.
자유민주주의사회에서 권력은 오르막길이 있고 내리막길이 있다. 선거에 의해 권력에 오르고 다시 선거에 의해 권력에서 내려온다.

자유민주주의 사회에서는 선거에 의한 평화적 정권교체가 가능하다. 공산주의 사회의 물질적 요건이 가능해지더라도 거기까지 끌고 갔던 프롤레타리아 독재는 해체될 수 없기 때문에 독재는 계속된다.

독재가 계속되면 국가가 사라진 자주관리는 불가능해진다.
따라서 **공산주의의 이상은 실현이 불가능하다.**

넷째, 공산주의 이상이 도덕적으로 정당한가?
어느 사회나 불평등이 심화 되는 것은 좋지 않다.

그러나 인간사회에서
능력 있고 현명하고 근면한 사람이 많이 가지고 능력 없고 우둔하고 게으른 사람이 적게 갖는 것은 당연한 일이다.

필요에 따라 분배가 되면 즉 능력 있고 부지런한 사람이 우둔하고 게으른 사람을 먹여 살리는 것이다.
능력 있고 부지런한 사람이 우둔하고 게으른 사람보다 더 적게 가지게 되는 것이다. 이처럼 결과상 실질적 불평등, 부조리가 발생하는 것은 도덕적으로도 마땅하지 않다.

공산주의의 이상은 얼핏 들으면 환상적이고 아름답지만 실질적으로 부도덕하고 정의롭지 못하다. 공산주의는 실천만 나쁜 것만 아니라 이상도 나쁘다. 실천이 나쁜 것은 그 이상이 잘못됐기 때문이다. 공산주의자들은 실현 불가능한 이상을 내세워 인간을 기만한다. 많은 사람들이 마음에 중심이 없기 때문에 그들의 거짓말에 넘어간다.

~양동안교수의 글에서

좌파 이념의 변천 과정

이론적 변천 과정

공상적 사회주의	과학적 사회주의	플라톤의 공산주의	마르크스 - 레닌 공산주의
토마스 무어(영) : '유토피아' 저자 프랑수아 노엘 바뵈프(프) 토지의 사유화 반대 생산물의 국가 관리 주장 생시몽(프): 불로소득 계급 배제주의 주장 샤를 푸리에(프) : 협동조합 주장 로버트 오언(영) : 노동조합 운동주장 공상적 이상향 추구	루소의 민중민주주의, 反사유재산주의 反자본주의, 평등주의와 헤겔의 영향을 받은 마르크스, 엥겔스는 과학적 사회주의라는 사회를 설계하였다 생산 수단의 사회적 소유와 공동운영, 계획 경제 제도를 수단으로 하는 주의로서 모든 사람이 공유화된 일터에서 공동으로 일하고 노동의 대가로 평등하게 분배받는 사회를 설계했다. 사유재산을 완전히 부정하지는 아니하여 상품, 화폐가 있고, 도시와 농촌의 노동차이가 존재한다	'국가론'에서 철인(哲人)이 통치하고 1. 통치자 수호자 계급이 자기이익을 위해 통치하는 것을 방지하기 위해 이들의 사유재산 엄격부정 2. 통치, 수호자 계층은 처, 자식을 공동 소유하여 우수한 자녀 양산 3. 대신 생산자 계급의 사유재산 인정	사회주의를 성공적으로 졸업하여 풍요해지면 이루어지는 능력에 따라 자유롭게 일하고 필요한 만큼 가져가는 유토피아적 사회주의 사유재산제 폐지, 생산수단의 공적 소유와 생산의 계획화, 집단주의적 생활방식에 입각한 분배와 소비의 규제, 계급과 국가가 없는 사회 등을 계급투쟁에 의해 실현할 것을 추구하는 사상이다. 국가와 프롤레타리아 독재는 사라진다. 공동체의 관리는 완전히 평등한 사람들의 자치에 의해 이루어진다. 화폐가 사라지고, 자본주의 잔존물이 모두 청산되며, 도시와 농촌의 차이나 정신노동과 육체노동의 차이도 사라진다. 연대적 번영을 추구하는 사회주의가 완성된 상태의 사회주의.

사회주의 | **공산주의 * 현대의 진보주의**

좌파 이념의 변천 과정

실천적 변천 과정

수렵시대	민주사회주의	사회민주주의	인민민주주의(PD) 혁명적 사회주의	민족해방(NL) 민중민주주의(PD)	네오막시즘 (NEW LEFT)
수렵시대는 모두 협력하여 동물을 포위하여 사냥하여야 했으므로 자연적으로 공동사냥 공동분배의 사회주의적 생활이었다고 한다.	의회를 경유하여 자본주의 체제를 사회주의 체제로 전환하는 것을 추구하며 사회운영을 철저히 민주적으로 하려는 유형이다. 기업의 노동자 자주 경영 주장 대표적 사례는 민주화 이후 동구국가들의 잔류 공산당이 표방하는 노선을 들 수 있다.	마르크스주의를 이론적 배경으로 하고 자본주의 경제체제를 혁명 등으로 급격하게 무너뜨리지 않고 점진적으로 사회주의를 추구하는 수정주의적 마르크스주의이다. 자본주의 근간을 유지한 채 노동이사제를 도입하여 反노동자적 폐해를 시정하려는 유형이다.	공산주의에 위성 정당을 추가하여 자유민주주의 같이 보이려고 다른 말로 속이는 **스탈린식 사회주의다.** 실제로는 계급 갈등과 폭력적/혁명적 방법으로 사회주의로 체제를 변혁하고 과도적 독재를 긍정적으로 실천한다. 제2차 대전 후 동유럽 및 아시아에서 사회주의를 지향하는 국가들이 소련의 지도 아래 인민민주주의 국가를 형성했다.	1980년대 초부터 형성된 대한민국 학생운동권의 혁명이론이다. 대한민국을 미제국주의의 식민지로 보면서 반봉건사회로 본다. 모택동사상과 김일성 주체사상의 영향을 받았다. 수령을 신격화하고 모든 소유와 권력이 수령에게 집중된다. 1980년대 중반 NL(민족해방파)과 PD(민중민주파) 노선으로 분화되었다. 민중민주주의는 인민민주주의와 유사한 개념이다.	**안토니오 그람시와 샤르트르 등이 정립한 실천방법론** 1. 공산주의를 이루려면 가정, 교회, 국가라는 **사회구조를 붕괴**시켜야 한다. 2. 이중 가장 중요한 것이 **가정파괴**다. 가정이 파괴되면 사유재산이 붕괴되고, 교회, 국가 모두 파괴되기 때문이다. 3. 가정을 파괴하려면 여성을 가정으로부터 분리시키는 것이며 효과적인 방법은 **여성해방**과 **동성애**를 확산하는 것이다. 4. 각국에 **ESG**를 강요하여 **자본주의 산업을 붕괴** 시킨다.

역사적으로 실패한 공산주의는 다양한 양태로 자본주의와 자유민주주의 파괴를 시도하고 있다.

현대의 진보주의

진보주의자들의 주장

▶ 기존까지 쌓은 문명은 적폐이므로 싹 갈아엎고, 한번도 경험하지 못한 새 나라를 만들어야 한다. 보수 정신인 知,賢,革(지식, 현명,혁신)의 축적 속도에 맞추어 발전하게 두면 결과적 평등 달성이 더 어려워지므로 **기업을 더욱 옥죈다.**

(국회는 法공장 : 21대 국회 13개월만에 **1만307건** 법안발의 (한국경제 17:38 A1면), 발의된 법안 **통과율 19.3%** (배병우 칼럼 2021.1.20).
神도 별개 아니며 인간이 이성을 집중하여 이치적으로 따져서 옳으면 확 바꾸어 버려야 한다.

▶ 양심, 인본주의(humanism), 기존질서, 사유재산, 새로운 정책의 부작용 따위가 걱정되어 **결과적 평등화를 머뭇거릴 수 없다.**

어떤 방법을 이용해서라도 최대다수가 동의하면 그것이 정의이므로 강력하게 밀고 나가야 한다.

진보주의자는 역사적 사실을 진보에 유리하게 왜곡하고, 그것을 **미래에 반사 시켜 미래까지 장악하려 한다.**

ESG를 통한 자본주의와 기업공격

현재 진보는 **자유경제인 자본주의를 환경지킴, 사회공헌, 지배구조 양보** 라는 ESG (Environmental, Social, Governence)라는 단어를 개발하여 공격하고 있다.
이들이 강조하는 **탄소중립 주장**은 지구과학자들에 의해 거부되고 있고 **사회공헌**은 경제 이론가 들에 의해 저항을 받고있다.

반론) 사회공헌은 정부나 자선단체에 의해 자발적으로 이루어져야 하며 기업은 본연의 의무에 충실해야 한다. 기업 **지배구조에 노동세력(노동이사제)을 포함시키면 기업의 의욕적인 투자가 소멸되어 경제 전체가 무너진다고** 진단하고 있다.

좌파의 매스컴 장악과 SNS를 통한 우파의 소통

정의감으로 충만하여 이치로만 따져 기존의 모든 제도를 갈아치우려고 진행한 프랑스 혁명이 진보 혁명 이었다.

안토니오 그람시의 진지전에 의거 한국사회 각 분야에 침투한 공산주의가 이 나라를 점령하였다. 매스컴까지 점령하면서 개인의 의사 소통로가 막히면서 희망이 없었는데
미국에서부터 you tube, twitter, face book 같은 SNS가 소통의 옆길을 열어주어 다시 소통되는 공화정의 가능성이 높아지고 있다.

대한민국의 진보주의

● 대한민국 진보주의의 역사

<조선시대>

유학의 5경중 하나인 <예기> 예운(禮運)편에는 이상세계를 가르치는 유교교리가 있는 데 좌익적 세계관을 담은 《大同사상》이 있다.

● 대동사회

큰 도가 행해지고 모두가 하나되는 사회 (동양의 유토피아 사상)

● 대동사상

만민의 신분적 평등과 재화의 공평한 분배, 인륜의 구현을 목적 삼는 사상

1. 천하를 사유화 하지 않고 공공의 공유물로 한다.

2. 사람들은 모두 전체의 이익을 위해 노동하며 노동산물의 재화는 모든 사람이 공동 향유한다.

1,2항이 공산사회주의 사상을 담고 있다.

■ '진보'란 용어의 도입

1. 해방직후

공산당: 진보적 민주주의(인민민주주의) 6.25 전쟁 후 '**진보**'라는 **말이 사라짐.**

2. 1950년대 중반

진보당창당: 민주주의적 사회주의 실현목적 조봉암과 간부들이 간첩사건으로 체포됨. '**진보**'라는 단어가 한국사회에서 모습을 감춤.

3. 1980년대 중반

혁명운동권이 자신들을 '진보세력(양심적 지식인)'이라 부름.

'양심적 지식인(인태리)' 이라는 용어는 북한이 원조.

4. 2000년대

통합진보당이 2011년 창당하나 2014년 헌재의 '위헌정당'판단으로 해산 됨.

2020.4.15 **총선 당시** 등록정당은 51개 그 중 41개 정당이 지역구, 비례대표선거에 참여 했는 데 '**보수**' '**진보**'의 명칭을 사용한 정당은 없었음.

● '진보'의 의미

세상을 보다 좋은 상태로 변화시키는 세력이나 노력?

실상 진보란 단어는 뿌리가 없고 내용이 없는 공허한 수사(修辭)에 불과하다.

'진보'란 개념은 칼 마르크스가 처음 사용.

저급한 생산양식에서 고급한 생산양식으로 옮겨지는 것을 <진보>라 주장.

```
노예제 생산양식
    ↓
봉건제생산양식
    ↓
자본주의생산양식
    ↓
사회주의 생산양식
```

진보란?

평등화를 위해 **사회주의에 근접해 가는 과정이다.**

즉 **평등을 향한 진보**이다.

자신이 진보라는 이들은 이 사실을 알까?

네오 막시즘 1 (신 마르크스주의)

네오막시즘이란?

칼 마르크스의 혁명이론을 변형하여 만든 새로운 공산주의
혁명이론. **문화막시즘**(성혁명, 동성애, 젠더 철폐, 급진적 페미니즘, 다문화주의 등), 이라고도 한다.

출현 배경(사상적)

시작 : 안토니오 그람시의 **진지전** : 사회의 상부, 지식, 문화층을 점령하라.

네오막시즘을 후원한 철학자들 : 칸트, 헤겔식 비판이론을 응용한 **프랑크푸르트 좌파 교수들**
마르쿠제(Marcuse), 빌헬름 라이히(Wilhelm Reich), 호크하이머(Horkheimer), 아도르노(Adorno), 에리히 프롬(Erich Fromm), 하버마스(Habermas), 신약기반의 십자군에 대항했던 유태교에 뿌리를 둔 학자들이다.

마르쿠제 !
모택동 !
마르크스 !

모든 억압으로 부터 해방을 !

여성해방, 성해방

여성해방 : 여성들을 출산과 가사노동으로 부터 해방시켜 준다고 하자 일부 여성들이 환영했다.

一夫一妻制를 부정하고, 이혼을 촉진하고, 낙태를 쉽게 하고, 간통,근친상간, 동성애 등 **자유로운 성생활을 추구**하고, **아기들을 탁아소로 보내고, 사회로 나가서 명예를 날리게 하여, 가정을 파괴해 나간다.**
여자들이 공산주의를 더 환영하는 이유이다.

네오막시즘에 가장 큰 영향을 미친 인물은 **마르쿠제**와 **모택동**이며 마르크스와 합쳐서 **3M 혁명**이라고도 한다. 그 이전 공산혁명을 **1M(마르크스)혁명**이라고 한다.

이들의 전략

1. 공산주의가 성공하기 위해서는 가정, 교회, 국가 라는 **사회구조를 붕괴**시켜야 한다.

2. 이중 가장 중요한 것이 **가정파괴**다. 가정이 파괴 되면 **사유재산이 붕괴**되고, 교회, 국가 모두 파괴되기 때문이다

3. 가정을 파괴하려면 **여성을 가정으로 부터 분리**시키는 것이며 효과적인 방법은 **여성해방과 동성애를 확산**하는 것이다. (**급진적 페미니즘**)

4. 소수자 보호. **약자편**에 서서 우군으로 끌어들이기 전술이다. **PC (Political Correctness)**영어 단어의 의미는 '**정치적 올바름**'이지만 실제는 상대방이 거부하기 힘든 불합리성을 주장한다.

세월호 속의 승객은 이미 죽었지만 비용이 많이 들어도 이양해야 한다. 그 걸 누가 반대할 수 있나?
진주만 전투에서 승조원들과 함께 침몰한 전함은 비용이 많이 들어 인양하지 않았다.

네오 막시즘 2 (신좌파사상의 확산 1)

영국
사상의 자유가 풍성했던 영국이 근원역할을 했다

Adrian Russel Kim Philby : 소련간첩 역할
Raymond Williams : **'참여민주주의로 문화침투 하자'**를 강조
Perry Anderson : New Left 편집장
Eric Hobsbawm : **자본의 시대, 제국의 시대, 혁명의 시대** 라는 사회주의적 저술 등 많은 <사회주의>저술

프랑스
식민지 독립으로 경제적 어려움이 커진 데다가 네오 막시즘이 이전되었고 드골 대통령의 권위적 정치에 반발하여 1968년 3월 여자대학(現파리 10대학인 낭테르 대학)기숙사 개방을 요구하는 시위로 시작하여 노조가 합세하여 **남녀 평등**과 **여성해방, 학교와 직장에서의 평등**, 반전(월남전)·반핵. **권위주의에 항거하라. 금지하는 것을 금지하라. 내 욕망이 진실이다.** 환경보호 등의 구호로 확대 되었다. **드골정권 붕괴 → 퐁피두 정권 등장**

Jean Pole Charles Aymas **Sartre** (샤르트르): 변증법적 이성 비판, **구토, 벽** 등을 저술하면서 공산주의 활동을 했고 6.25 때는 북한을 방문하여 친북활동을 했다.

Thomas Piketty(피케티) : 21세기 자본론
Michel Foucault (미셀 푸코) : 페미니즘에 큰 영향을 끼쳤고, **'사회주의를 유지하려면 국가가 강력해야 하고 필요한 모든 통제법을 만들어 인민을 지배해야 한다'** 라고 했다.

사르트르의 전체사회화 이론

부르주아를 완전 파멸하고 프롤레타리아가 완전 달성되고, **해방도 되고, 사회정의도 찾고**, 국가를 장악하면 다음과 같은 **전체사회**가 된다고 하였다.

1. 일사불란한 사회체제
2. 시장이 없는 사회 (배급사회)
3. 관료가 없는 사회
4. 당과 이데올로기가 법 위에 군림하는 사회

캄보디아의 폴 포트 등이 프랑스 유학시절 **사르트르**로 부터 교육받고 실행한 것이 **킬링필드** 였다.

자본주의는 개인주의를 바탕으로 하는 반면 신좌파는 강력한 국가주의를 신봉하므로 킬링필드 결과를 낳는다.

네오 막시즘 2 (신좌파사상의 확산 2)

독일

노동자의 지지를 얻지 못한 독일의 학생운동은 《긴급조치법》으로 지하 세력화되었고 **적군파**로 나타나게 된다. 이후 68세대들이 녹색당을 통해 환경운동에 참여하고 이후 사민당이 집권하면서 각종 개혁을 진행해 기존 학생운동이 요구했던 목표들을 이뤄내면서 많은 영향을 줬다.

학문을 박살내자! 히징어의 뺨을 때리자! 합법과 불법의 경계를 넘나들자! FREE SEX 하자! 등이 난무했다.

▶ 칸트 헤겔식 비판이론을 응용한 프랑크 푸르트 좌파교수들
　마르쿠제(Marcuse), **빌헬름 라이히** (Wilhelm Reich), **호크 하이머**(Horkheimer), **아도르노**(Adorno), **에리히 프롬**(Erich Fromm), **하버마스** (Jurgen-Habermas), 신약기반의 십자군에 대항했던 유태교에 뿌리를 둔 학자들이다. 그 외에 항가리의 **게오르그 루카치**는 자본주의를 분석 비판하였다.

미국

버클리 대학을 중심으로 월남전 반대등으로 북한의 주체사상이 도입되는 정도였다.
나는 반역한다 고로나는 존재한다. 전쟁대신 섹스하자. 권위는 비웃음으로 무너뜨리자.
돼지를 자기들 대통령으로 선출하기도 하였다. **히피족의 출현**

자본주의 노동은 괴롭고, 공산주의 노동은 즐겁다.(그것을 실천한 쿠바에서 밭에 잡초만 남게 되었다)

촘스키(Noam Chomsky) : 미디어 비평을 통해 **미국의 제국주의 정책을 비판했다. 미국식 시장경제는 실패했다.**

롤스 John Rolls : 정의론에 집착하면서 **평등 이상의 재능을 약자와 나누기 위해 더 일하여 희생해야 한다**고 강조하였다.

조셉 스티글리츠 (Josep Stiglitz) : '**불평등의 대가**' 라는 저서로 유명하며 좌파활동을 해왔다.

마이클 샌델 (Micheal Sandel) : **<돈으로 살 수 없는 것>** 이란 책과 **<JUSTICE(정의론)>**를 저술하면서 좌파적 사상을 주입시켰다.

한국

68운동이 한국에 영향을 끼친 것은 1991년 소련 붕괴이후 마르크스-레닌주의를 대체하려 했던 1990년대 중반 학생 운동 내 PD의 후신 분파들이 그 이론을 수입하고 슬로건과 이미지를 차용하기 시작하면서부터 인데 결과는 성공적이지 못했다.

그 후 효순이 미순이 사건, 광우병 소동. 대통령 탄핵 등 촛불집회 형태로 나타났다.

착하니즘을 이용하여 신 좌파(New Left)가 달성하려는 목표

해방과 사회정의

해방(LIBERATION)

노력하면 잘사는 사회에 적응하여 잘살게 된 층이 생활하는 **가족, 학교, 교회, 국가, 법률제도**, 같은 제반요소를 없애고 빈곤층에 맞는 새로운 생활 문화를 만드는 문화혁명을 이루어 **차이 없는 세상으로** 만드는 것.(노동자해방, 성 해방 등)

즉 부르주아지 문화를 타파하고 빈곤층 문화로 만드는 것을 말한다.

그렇게 하려면 통제를 해야 되기 때문에
강력한 권력의 국가주의와 철저한 관료주의 사회가 되어야 한다.

우리 사회에는 **해방**이니 **정의 사회**니 이런 용어를 쓰는 단체가 유난히 많다. 다 좋은 말이지만 좌파들이 이 용어를 사용하는 것은 우리가 일반적으로 알고 있는 의미와 다름을 알아야 한다.

사회정의 (社會正義)

계급, 특권, 소비품과 교육기회 **불평등 배분을 완전히 없애 버려** 모든 이에게 같은 기회와 결과를 나눠줄 수 있을 때 정의가 이루어진다고 생각한다.

노동자의 이익이 자본가의 이익보다 더 중요하다고 생각한다. **참여 민주주의**(군중 민주주의)하여 고통도, 희망도 함께할 때,

특히 어린 사람들을 참여시켜야 자본주의 특권, 계급을 모두 때려 부술 수 있기 때문에 **만인이 평등해 지는** 참된 민주주의가 된다고 주장한다..

<그들의 역사관>

고전시대 : 후기 르네상스 – **프랑스 혁명**
계몽시대 : 루이 14세 – 프랑스 혁명
부르주아 시대 : 프랑스 혁명 – 현재

프랑스혁명이 역사의 중심이며 혁명을 통한 사회정의 실현을 추구한다.

세계관 : **지구 전체를 평등하게** 라고 하면서도, 반 세계관, 反 신자유주의를 표방한다

사회정의를 심하게 추구하면 사회주의가 된다.

풍요한 불평등사회의 하층도 가난한 평등사회에서 살기를 원하지 않는다.

네오 막시즘(신마르크스주의)의 형성 과정도

플라톤(고대 그리스 철학자, BC427-BC347)
이데아론, 사유재산 금지, 공유제, 가족제도 폐지, 남녀평등, 철인정치

루소(1712~1778), 성선설, 주민재권, 자연으로 돌아가라
헤겔(1770~1831) 변증법
포이어 바흐(1804~1872) 인간중심의 유물론적 철학

막시즘 (칼 마르크스, 1818~1883)
주요개념을 플라톤, 루소, 헤겔, 성경 일부에서 가져옴.
소유권 주장으로 빈부차가 발생하여 인류가 타락했기 때문에 소유권을 주장하지 않은 원시적 공동사회가 이상사회라고 주장함.

해결방안) 개인의 소유권 박탈, 균등한 분배가 가능한 공산사회가 답이다. 프롤레타리아가 단결하여 혁명을 통해 분배균등, 계급투쟁이 없는 원시적공산사회(유토피아) 건설이 목표임.

프랑크푸르트학파(1930년대)
마르크스주의 연구소(1923년 설립)
정통공산주의 이론+부르주아자유주의
새로운 마르크스주의 길 추구
→ 신좌파운동의 사상적 배경이 됨
마르쿠제(Marcuse), **빌헬름 라이히(성해방)** (Wilhelm Reich), 호크하이(Horkheimer), 아도르노(Adorno), 하버마스(Habermas),
신약기반의 십자군에 대항했던 유태교에 속한 유대인이 대다수이다.

네오 막시즘(neo-Marxism)
(문화막시즘)
공산주의의 쇠퇴에 따라 새로 생겨난 막시즘의 변종.
무신론적 사상. 휴머니즘과 결합.
1960대 중반부터 전세계에 강한 영향을 줌.

게오르그 루카치
(헝가리, 1885~1971)
마르크스주의 철학자.
문화막시즘 이론가

안토니오 그람시(1891~1937)
헤게모니론, 진지론(사회의 상부, 지식, 문화층을 점령하라)유럽의 신좌익(new left)사상에 영향

모택동(1893~1976)의 영구혁명론
집권세력은 부패한다. 그러므로 일정기간 집권후에는 이들을 청소하는 혁명이 지속적으로 반복되어야 한다.

~문화대혁명(문화대숙청. 1966-1976)
옛 것은 모조리 숙청하자! 문화, 교육, 정치, 가족 등 모든 것을!

김일성(1912~1994)
주체사상

프랑스의 68혁명
프랑스에서는 1968년 드골정권의 실패로 "모든 압제로 부터 벗어나자" 고 하며 양성평등, 차별금지, 성 해방, 인권, 공동체 주의, 생태주의(자연보호) 등을 주장했다. 그들은 **마르크스, 모택동, 마르쿠제**를 외쳤다. 이것을 **68 혁명(폭동)** 이라고 한다.
기존 정치체제와 도덕 관습에 대한 전면적인 반란이었다. 때문에 종교적이고 경건한 삶을 혐오하였으며, 반 기독교적인 성향을 보였다. (신좌파운동)

→ **급진 페미니즘의 등장** 한국은 2010년대 중반에 등장

그람시의 시민사회, 헤게모니(Hegemony), 진지전론 (1)

<옥중수고> 헤겔과 마르크스를 넘어서는 시민사회론을 주창했다고 공산주의자들로 부터 평가를 받는 책.

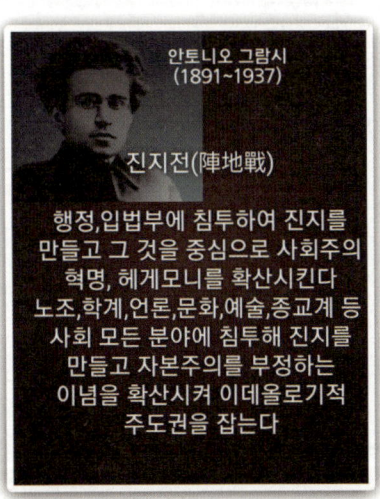

1.시민사회론

서구 유럽에서 마르크스의 **공산혁명**(프롤레타리아 혁명)이 **성공하지 못하는 이유가 무엇인가?** 에 대해 담론을 펼치게 된다.

견고한 자본주의를 넘어서기 위한 실천적 대안과 공산주의 사상의 전파를 위한 전략적 방안으로 **시민사회를 중심으로 하는 대중문화의 헤게모니론과 진지전(陣地戰)개념을 제안했다.**

<자본주의 사회에서 지배가 어떤 방식으로 이뤄지고 있는가?>를 독창적으로 규명했다.

우리나라에도 1980년대 맑스주의, 레닌주의의 계급사회론이 주도했지만 90년대 들어 그람시의 탈계급적 사회운동으로 전환하게 되고 기존의 맑스주의의 이론적 틀을 넘어 **정치이론으로 발전시키게** 된다.

● 그람시의 이중지배방식

국가(정치권력): 물리적, 강제력의 집행기구

시민사회(문화권력): 국가의 강제력이 작동하지 않고 의사소통이 이뤄지는 자율적이고 중립적인 영역.

시민사회안에서 지배, 피지배 계급 간 또는 여러 계급 간에 이데올로기 경쟁이 이뤄지며 이 속에서 지배계급은 **지적·도덕적 지도력**(헤게모니: 정치적 지배, 착하니즘)을 행사하여 **인민을 속이고** 피지배계급들로 부터 **동의**를 얻어낸다.

2. 헤게모니론

*그람시는 선진 자본주의내의 혁명에 집중하여 **이념적 투쟁의 중요성을 크게 강조했다.**

***지식인의 주된 기능은** 공산주의 이념의 정당화작업을 통해 그들 계급이 전체 사회의'헤게모니'를 장악하고 유지하도록 유도하는 일이다.

*부르주아 민주주의속에 **자본주의가 계속 살아 남는 것은** <힘(강제)과 동의>가 적절히 조화를 이루어 자연스럽게 자본주의적 헤게모니가 유지되기 때문이다.

*부르주아가 여론기관인 신문이나 결사체를 통하여 문화적 헤게모니를 계속 행사하는 한 프롤레타리아 혁명은 불가능하다. 문화권력을 장악해야 공산혁명이 가능해 진다.

국가가 흔들리면 시민사회의 단단한 구조가 모습을 드러낸다. 국가는 단단한 성채의 외곽을 지키는 해자(垓子)에 불과하며 해자 뒤 안쪽으로 여러 방어용 성탑들과 흙벽들이 빼곡한 하나의 난공불락의 거성이 우뚝 서 있다."
진짜 권력은 "이 시민사회라는 이름의 **성채 구조**"에 담겨 있다.

*이런 관점에서 공산당은 국가권력을 장악하려고 하기 전에 스스로 주된 교육기관 역할을 하고 **교육을 통해** 시민사회의 여러 영역에 反자본주의를 확산시켜 헤게모니를 장악해야 한다.

그들은 틈만 나면 자유주의 지도자들을 헐뜯는다. 그러면 계속 듣는 자들이 세뇌된다.

그람시의 시민사회, 헤게모니, 진지전론 (2)

> 그람시는 가장 강력한 사회권력이 문화를 만드는 계급과 제도에 있다는 점을 잘 이해했다

3. 기동전(機動戰)·진지전(陣地戰)

동서양의 상이한 혁명 전략에 따라 **기동전**과 **진지전**을 적절히 구사해야 한다.

발전된 자본주의체제에 적용할 수 있는 혁명 전략은 <**진지전**>이며 **기동전**(혁명을 통한 권력 장악)은 그것이 절대적으로 필요한 때에 사용될 수 있어야 한다.

이런 그람시의 **공산화 전략**은 네오 마르크스 주의자들에게 공감을 불러 일으켰고 이탈리아 공산당의 사상적 기반이 되었다.

진지전은 사상 투쟁이고 이 투쟁에서 사회주의자들은 언론에서, 노동조합 같은 노동계급 대중 조직에서, 학교와 대학에서 자유경제 체제인 자본주의 체제의 단점을 확대 선전하고 반자본주의를 부추긴다.

사회주의자들이 독자적인 출판물을 내고 노동조합에서 조직하고 학생 단체를 운영하고 대규모 토론회를 열고 혁명정당을 건설하는 것이 바로 **진지전**을 구사하는 것이다.

사회주의자들은 모든 진보적 투쟁 단체와 굳건하게 연대해야 하고 시장경제체제에 대해 의문을 품기 시작한 사람들과 대화해야 하고, 우리가 자본주의의 본질을 이해하고 스스로 조직한다면 이길 수 있다고 주장해야 한다.

'노동자들이 지배계급의 헤게모니를 분쇄하기 시작할 때 비로소 수많은 사람들이 들고 일어나서 자본가 계급의 지배에 직접 도전할 것이다' 라고 사회주의자들은 주장한다.

출처 영국 반자본주의 주간지 〈소셜리스트 워커〉 2150호에서 발췌

4. 자유대한민국에 침투한 그람시의 공산화 전략

1) 각 분야에 침투하여 주도권을 장악하라.

  예) 참여연대, 아름다운 재단, 우리 법 연구회, 국제인권법 연구회 등

2) 도덕적 및 지식적으로 우위인 것같이 선전하라.

  (지적으로 우위인 것 같이 보이기 위해
  넓고 얕은 지식을 갖춰라)

3) 대중문화를 이용하여 반 자본주의(반일, 반미)를 심어라.

  (영화 괴물, 광해, JSA, 화려한 휴가, 동막골, 기생충, 태백산맥 등)

4) 공산주의 이론이나 정책이 상식이 되게 하라.

(좌파 집단에 속해 일 안하고 먹고 사는 것을 당연시 하게 하라)

● 문화주의와 마르크스주의의 융합을 가능하게 만든 그람시의 진지전(陣地戰) 개념이 오늘날 PC liberty 라는 사상으로 변하여 세상조직을 파괴하고 있다.

PC liberty 관련영상   ● https://youtu.be/dJEBJUOr-kc

68혁명과 보수진영의 비판

"'프랑스는 베트남을 해방해야 한다' '우리 의식 속의 경찰을 없애자' '모든 상상력을 해방하자' '불가능한 것을 요구하자'. 68년 5월 프랑스 전역을 뒤흔든 68 혁명의 구호들이다.

프랑스뿐 아니라 유럽 역사를 뒤바꾼 이 혁명은 우습게도 **성(性) 문제가 발단이었다.** 68년 1월8일 낭테르 대학 수영장 개장식. '붉은 머리 다니'라고 불린 68 혁명의 학생 지도자 다니엘 콘 방디는 행사장을 방문한 체육청소년부 장관에게 "체육청소년부의 올해 백서를 읽어 보았다. 6백 쪽이나 되지만 청소년의 성 문제는 어느 구석에도 나와 있지 않았다" 라고 제기했다.

일개 대학생이 처음 만난 최고위층 관료에게 무례한 질문을 했다고 생각한 장관은 이를 무시하고 딴청을 피웠다. 그러자 학생들은 "만약 성 문제가 해결되지 않으면 여기 풀 안에나 들어 가시지" 라며 장관을 행사장에서 쫓아냈다. 이 사건 이후에 학생들은 여학생 기숙사에 남학생이 출입할 수 있게 해 달라고 요구하며 시위를 계속하다 3월22일 대학을 점거했다.
청소년의 성 문제 해결과 프리 섹스를 주장하던 낭테르 대학생들의 주장은 곧 학내 민주화 요구로 이어지고, 마침내 반제국주의 흐름으로 바뀌었다.

출처 : 시사저널(http://www.sisajournal.com)

비판론자들 "좌파 학생들이 프랑스 후퇴시켰다"

비판론자들은, 현실 감각이 없는 좌파 학생들 때문에 사회가 오히려 퇴보했다고 주장한다. 실제로 68년 이후부터 프랑스는 기성 세대가 보기에는 완전히 버릇 없는 사회가 되어 버렸다. 존칭이 완전히 사라졌다. 결혼보다는 동거가 광범위하게 퍼지고 식당이나 거리에서도 마음 놓고 담배를 피울 수 있게 되었다.

거리에서 담배 꽁초를 버리더라도 나무라지 않는다. 지하철에서 무임 승차하는 젊은이를 보아도 비난하는 사람이 없다. 벌금을 내면 그만이라는 식이다. 68년 초까지 파리 대학에서 교편을 잡았던 사회학자 **레이몽 아롱**은 훗날, 파리 대학 사건을 '**일부 장난꾸러기들의 바보 같은 소동**' 이라고 지적했다.

이들은 **68 혁명 때문에 프랑스의 경제도 크게 후퇴했다**고 지적한다. **무차별 평등을 주장한 학생들과, 임금 인상·근무 시간 단축을 주장한 노동자의 요구를 수용했기 때문에 경제 발전이 힘들었다는 것이다.**

출처 : 시사저널(http://www.sisajournal.com)

<언론인 제무르의 68혁명비판>   "지금 프랑스의 몰락은 '68혁명'에서 시작했다."

한 보수 논객의 도발적 문제 제기가 연말 프랑스 사회를 논쟁으로 몰아넣고 있다. 프랑스 일간지 르 피가로 논설위원 출신의 언론인 **에릭 제무르**(Zemmour·56)는 지난 10월 출간한 책 '**프랑스의 자살**(Le Suicide Francais)'에서 "**이민자·동성애 등의 문제로 프랑스는 자살의 길을 걷고 있다**"며 "**그 시작은 '68혁명' 이다**"라고 주장했다. 이민·동성애에 대한 보수 진영의 비판은 새삼스러운 것이 아니다.

제무르의 주장이 유독 폭발성을 갖는 건 프랑스 사회의 가장 예민한 부분을 건드렸기 때문이라는 분석이다. 이 책의 부제는 '**프랑스를 무너뜨린 40년**'. 여기서 말하는 '40년'은 1968년 이후의 프랑스를 말한다.
1789년 대혁명이 근대 프랑스를 만들었다면, 현재의 프랑스는 '68혁명'의 기초 위에 서 있다고 해도 과언이 아니다. **이민자와 다른 종교를 포용하고, 자유·환경·페미니즘 등 이런 '68혁명' 의 가치가 바로 프랑스 몰락의 원인"**이라고 직격탄을 날렸다.

주요 저서 출간순서

이 책에 등장하는 많은 책을 순서대로 정리하지 못하고 일부 도서만 싣습니다.
역사, 인물, 세상을 바꾼 서적을 연대별로 작성하는 과제가 남았습니다.

아담 스미스 의 도덕 감정론(1759), 국부론(1776), ------산업혁명시대 (1760-1820)

에드먼드 버크 보수주의 품격 (1791) ----------------------------------

칼 맑스 의 자본론 1권(1867) 공산당 선언(1848) ----------------------

- 자본론 출간 53년 후 -

막스 베버 의 자본주의 정신(1920) ---------------------------------

안토니오 그람시 의 옥중서신(1937) -------------------------------

프리드리히 하이에크 의 노예의 길(1940) ---------------------------

러셀 커크 의 보수주의 마음 (1953) --------------------------------

로버트 노직 의 무정부, 국가 그리고 유토피아 (1974) -----------------

보수주의

보수(保守)는 좋은 전통을 지키면서도 시대의 요구를 수용하며 개혁을 추구하는 이념이라면

수구(守舊)는 안주와 비슷하다. 현재상태를 만족하며 어떤 변화도 수용하지 않는 것이다.
보수는 수구가 아니다.

19세기 독일 보수주의 사상가 후버(Victor aime huver, 1800~1869)는 보수적인 것이야 말로 자유와 진보의 원천이 되므로

사회가 진보하기 위해서는 보수적 태도가 필요하다고 주장하며 보수주의는 무엇보다 진보적이어야 한다고 주장했다.

결과적 평등을 향해 가는 진보는 실상 퇴보이니 보수가 주장하는 발전 향상의 진보와는 그 의미가 다르다. 진정한 진보는 모두가 추구하는 가치이다. 우리는 좌파의 진보와 우파의 진보의 의미를 분명히 알아야 한다.

흔히 보수를 얘기하면서도 보수의 가치를 얘기하지 못하고 자신이 보수주의자임을 자랑스럽게 말하는 이들이 많지 않다.

이유는 보수에 대한 오해가 있기 때문이다. 보수를 수구로 아는 사람들에게 보수주의의 참 가치를 알게 하는 데 이 글의 목적이 있다.

보수주의, 자유주의, 자본주의는 개인과 국가의 발전을 이루는 중심이념이다.

진보와 보수가 자유대한민국 정체성을 확고히 하며 각기 자신들의 이상을 실현하기 위해 상대를 존중하며 최선의 합의를 이끌어 낸다면 대한민국은 놀랍게 발전할 것이다. 공산사회주의자가 아닌 진정한 진보주의자들을 보고 싶다.

보수의 어원은 라틴어 Consevare에서 유래하여 영어로 'Conservatism'이라고 쓰여 '지킬 가치가 있는 것을 지킨다'를 의미한다.

- 보수주의의 탄생
- 에드먼드 버크가 말하는 보수주의란?
- 러셀 커크의 '보수주의 마음'
- 미국의 보수주의 (골드워터, 레이건)
- 미국의 보수주의 운동
- 미국의 청년 보수주의
- 샤론 선언문 全文
- 한국의 보수주의 (1) 한국 보수의 역사와 가치
- 한국의 보수주의 (2) 한국 보수의 나아갈 길
- 그림으로 보는 보수주의자의 자세

"보수주의는 인류가 지금까지 경험해온 모든 것을 종합해 발견한 것을 근거로 삼고 있습니다.
이것이 바로 보수주의 원칙이 옳을 수밖에 없는 이유입니다."
— 로날드 레이건

보수의 탄생　보수주의의 정신　미국의 보수주의　한국의 보수주의　보수의 자세

보수주의 탄생 <보수주의는 아래 3가지를 탄생 이유로 보고 있다>

1. **수렵시대 이후 내려온 인류역사 속에서** 아테네의 민정(공화정) 경험 + 로마 공화정 경험 + 기독교 사상 + 미국의 청교도적 자유사상에 의해 탄생된 매우 특이한 돌연변이 였는데, 이를 적용한 나라들에서 **인권이 크게 신장되고 경제가 번영하는 결과를 나타내면서 보수주의**라 부르게 되었고, **인간이 발견한 가장 훌륭한 이념으로 받아들여지고 있다.**

핸드폰이 보급되면서 인간에게 통신의 본능욕구가 있다는 것을 깨닫게 된 것과 같이 보수를 해보니까 인간이 훨씬 더 잘 살게 된다는 것도 알게 되었으나, 금방 잊어 먹고, 본래의 평등 진보로 가려는 경향이 나타나서 문제가 되고 있다.

2. **자유 보수주의**는 평등에 가려져 있던 **인간 본성과 세상의 원리에 따라 자연적으로 생긴 사상**으로 여겨 지기도 한다.

3. **산업혁명을 보수의 출발점으로 보는** 견해에서는 생산이 증가되고 항해술이 발달함에 따라 거래영토가 확장되면서 자본이 축적되고, 사유재산 보호사상에 따른 특허 같은 제도가 도입되어 산업혁명을 촉발시켜서 자본주의(시장경제주의)와 개인의 자유가 확대되는 세상 즉 보수주의 세상이 이루어져 왔다는 주장이다.

중세에서 근세로 진행하는 산업혁명 이라는 격변기에, **도덕공감을 바탕으로 한 사익추구가 세상을 잘 살게 한다**는 국부론이 정착되는 과정에서는, 노동 소작층과 지주경영층 사이의 농업시대보다 소득차이가 더 벌어질 수 밖에 없는 시기를 거칠 수 밖에 없었다.

❶ 아테네의 민정(공화정)
로마공화정
기독교 사상
미국 청교도적 자유사상

인권 신장
경제 번영 ➡ 보수주의 탄생

❷ 인간의 본성
세상의 원리

❸ 생산증가-
항해술 발달- 거래영토
확장- 자본축적,
사유재산 보호사상-
산업혁명 촉발-
자본주의와 개인의
자유 확대
도덕감정을 바탕으로
한 사익추구가 세상을
잘 살게 함.

■1,2,3 이 함께 작동하여 19세기에 나타난 것이 보수주의이고
인간이 발견한 가장 이상적인 이념으로 받아들여지고 있다.

보수주의 억지나 무리를 최소화 하면서 혁신 발전하자는 주의

인간은 가려진 앞이나 미래를 못 보는 존재이기 때문에, 앞에서 겪은 경험을 보존하면서 그 위에 계속 더 쌓아 가자는 **효율주의** 이다.

에드먼드 버크 (1730-1797)
영국의 철학자, 정치인 평생 자유와 정의에 집중한 사람으로서 보수주의의 창시자로 불림. <저서> 프랑스혁명에 관한 성찰(1790)

"악이 승리하기 위해 필요한 유일한 조건은 선한 사람들이 아무것도 하지 않는 것이다"
--에드먼드 버크--

1. 세상과 인간은 신의 **신성한 의도와 섭리**에 의해 창조되었고, 인간에게 신의 섭리를 지키고, 발전시키라는 의무를 주었다.

2. 창조 상태의 인간은 매우 거칠기 때문에 아무 때라도 한 껍질만 벗기면 원시 인간 본성이 나타나 바로 야만인, 짐승, 괴물이 되는 허접하고 악한 존재가 된다.

   그러나 **역사와 함께 발전하면서 원시 본성을 억제하고 경험과 명상으로 지혜를 깨달으면서 문명을 발전시켜 왔다**,

3. 인간은 그렇게 축적한 경험을 공유하고 기억하지만, 일부분만 기록으로 남고 나머지는 **본능, 공통된 관습, 선입견, 관례**로 스며들어 남게 되었다.

   이런 잠재 문명에는 **자유, 정의, 도덕, 질서, 규범, 추정,** 원칙이 포함된다.

4. 아무리 똑똑한 인간도 내면에 스며든 지혜를 다 알지도 못하고 이해하지도 못하며 단시간에 그렇게 좋은 경험칙과 결정을 찾아내어 적용 할 수도 없으므로

   이런 **누적된 지혜를 활용**하는 것이 시간 절약상 효과적이며 번영과 평화를 누리며 함께 살아갈 수 있게 된다.

5. 또 다른 의무인 발전을 위하여, 축적된 **문명에 이성을 가미하여 계속 개혁해야** 하며, 바람직한 개혁은 사람들이 의식하지 못하게 무리 없이 이루어 져야 한다. 그래야 변화의 스트레스나 불편함을 초래하지 않고 변화의 모든 장점을 누리게 된다.

6. 자연상태에서 인간은 분명히 평등하지 않다. 지적으로나 육체적으로나 모든 물질적 환경에서 평등하지 않다.

7. 그러한 억지 평등 사회는 지배자 1인, 혹은 소수의 지배자가 다수의 노예를 거느리는 사회가 된다.

자연에는 평등도 다수결도 없다. 이를 어기는 것은 억지이고 비자연적이다.

러셀 커크의 (좋은 것 지키기) 보수주의 정신

신이 인간에게 심어준 양심을 기준으로, 나와는 다른 남을 존중하는 마음

1. 양심대로 살려고 한다. (초월적 질서 또는 자연법 체계가 사회와 인간의 양심을 지배한다.)
2. 나와 다른 타인 등 다양성을 존중 보호해야 한다고 주장한다.
3. 질서를 지키며 살려고 한다. (문명화 된 사회는 질서와 계급을 요구한다.)
   가장 쉬운 방법이 **시장질서에 맡기는 것이다**.
4. 내 재산이 있어야 당당하게 바른 말을 할 수 있다고 한다.
   (사유재산이 있어야 자유가 지켜진다.)
5. 이치로만 따져서 세상을 확 바꾸는 것에 반대한다. (법률과 규범을 믿고 **신중하게 변화를 도모해야** 하며 추상적으로 세상을 재설계 하고 바꾸려는 것에 반대한다.)
6. 다수결로 독재하는 것을 배격한다. (최대다수 최대행복이라는 공리주의를 배격한다.)

(좋은 것 지키기) 보수주의에서 나타나는 특징은 다음과 같다

1. 인간을 부족함이 많은 이기주의적 성악설적 존재로 인식한다.
2. 선동된 군중을 부정하며, 다수결로 독재하는 것에 반대한다.
3. 경험을 잠재적 지혜와 기록으로 축적하며 이성을 가미해 발전시킨다.
4. 억지 평등을 반대하고 불평등을 인정하고 수용한다.
5. 양심대로 산다.   6. 타인을 존중한다.   7. 질서를 지키려 한다.
8. 사유재산을 중시한다.
9. 급격한 변화를 통해 세상을 바꾸는 것에 반대한다.

러셀 커크(1918-1994)

20세기 미국의 보수주의에 영향을 미친 미국의 정치 이론가, 역사학자, 평론가로 1953년 출간한 '보수주의 정신'은 2차대전 후 보수주의 운동의 틀을 제공해줌

다수를 차지하는 선동된 바보들(衆愚)의 동의를 받아 국가 진로를 결정한다면 그 국가는 파국을 맞이할 것이다.
다수결로도 진리인 자연법(존엄, 생명 .자유. 소유, 같은 국민기본권)을 상처 낼 수 없게 해야 한다.

좋은 것 지키면서 발전하는 미국의 보수주의(1) (배리 골드워터)

배리 골드워터(1909~1998)

보수주의의 원칙을 체계적으로 제시한 최초의 정치인

미국의 정치가. 1949년 피닉스 시의원으로 당선되어 정치활동(상원의원, 대통령후보)을 시작하여 1987년까지 의원 생활을 계속했다.
만년에는 보다 온건한 입장을 취하여 보수적 공화주의의 상징적 인물이 되었다.
저서에 《보수주의자의 양심》(1960)
《승리하지 못하는 이유》(1964)

미국 보수주의를 되살리는 불씨의 역할을 한 미국 정치가 **배리 골드워터**의 고전 『**보수주의자의 양심**』. 우리나라 보수는 반공과 국가개발주의를 통해 대성공을 거뒀다. 하지만 보수는 국민 대다수가 동의하며 동참할 수 있는 새로운 방향과 목표를 세워야 한다. 시대를 초월한 보편적 보수주의 원칙을 만들어 가야 한다.

이제라도 '**보수주의가 무엇인가?**'라는 원론적 질문부터 다시 시작해야 한다. 이 책은 350만 부 이상 판매되며 **러셀 커크**의 『**보수의 정신**(1953)』과 함께 미국 정치에 결정적 영향을 미쳤다.

비록 60여년 전 미국의 이야기이지만 **보수와 진보**(자유민주주의와 시장경제 체제를 인정하는)는 서로 간에 대적관계가 아니라, 상생해야 할 파트너임을 일깨워 주며 보수의 가치를 바로 알고자 하는 사람들에게 많은 도움을 줄 것이다.

■ 평등의 명분으로 국가가 무분별하게 개입하기 시작하면, 권력은 비대화하고 인간은 의존적 존재로 타락하기 마련이다.

■ 국가 복지주의는 개인을 품위 있고 근면하고 자립적인 정신적 존재에서, 본인도 모르게 의존적인 동물로 변모 시킨다.

골드워터 '보수주의의 네 가지 원칙'

1. 개인의 자유   2. 시장경제
3. 작은 정부   4. 강력한 국방

오늘날 미국 **보수주의의 기반**이자, **공화당 노선의 지침**이 되었다.

<미국 보수주의의 아버지>라는 러셀 커크의 '**좋은 것을 지키는 마음**'(1953)'과 골드워터의 '**좋은 것을 지키려는 이들의 양심**(1960) 이 2권은 미국 보수주의를 대표하는 책이다.

"미국인 백만 명이 그(골드워터)의 책(보수주의자의 양심)을 주의 깊게 읽는다면 이 나라 전체와 세계가 좀 더 나아질 것이다"

~러셀 커크~

미국의 보수주의(2) 로널드 레이건

미국의 보수주의

**자본주의, 신자유주의, 반공주의, 개인주의, 강한 국력,
기독교 윤리에 중점을 두는 미국의 정치 사상이다**

1. 개인의 자유와 '미국적 가치'를 가장 큰 가치로 여긴다.
2. 큰 정부에 반대하며 그 대안으로 작은 정부를 주장한다.
3. 복지확대에 반대하며, 경제적으로는 레이건의 신보수주의 이론을 고수한다.
4. 기독교적인 정치와 전통적 가치를 옹호하며 강한 국력과 엄단주의에 입각한 법 집행을 통해 질서의 유지에 찬성한다.

레이건 (좋은 것 지키기) 보수주의 11가지 원칙

1. 자유 (보수주의 핵심가치)
2. 신앙 (보수주의의 원천)
3. 가정
4. 인간의 존엄성
5. 낮은 세금
6. 작은 정부
7. 힘을 통한 평화
8. 반공
9. 개인에 대한 믿음
10. 미국 예외주의
    (토크빌이: "**미국은 예외적으로 훌륭하다**"라고 한 말에서 나온 말로서 그 훌륭함을 지키자는 주의)
11. 미국 국부들의 지혜와 비전
    "자유는 계속해서 싸워내고 지켜내어 다음 세대에 넘겨주어야 합니다." ~레이건~

로널드 레이건

보수주의 이념을 현실세계에 가장 잘 구현한 정치인

폴 켄고르 지음 | 조평세 옮김

1981년부터 8년간 재임한 미국 제40대 대통령 **로널드 레이건(1911~2004)** 은 최근여론조사에서도 2차 대전 후 최고의 대통령으로 꼽히고 있다.

레이건은 1980년대 경제 위기를 극복하고 국방을 튼튼히 하면서 공산주의 소련의 몰락을 이끌어내며 냉전을 종식시켰다.
레이건은 정치적 원칙을 지키는 일이 중요하며 그 원칙은 **보수주의**라고 천명했다.

1981년부터 8년간 재임한 미국 제40대 대통령 레이건(1911~2004)은 최근 여론조사에서도 2차 대전 후 최고의 대통령으로 꼽히고 있다.

레이건은 1980년대 경제 위기를 극복하고 국방을 튼튼히 하면서 공산주의 소련의 몰락을 이끌어내며 냉전을 종식시켰다.

레이건은 정치적 원칙을 지키는 일이 중요하며 그 원칙은 **보수주의**라고 천명했다.

미 그로브시티 칼리지 정치학 교수인 저자는 '**레이건 보수주의**'의 내용으로 **11가지 원칙**을 꼽는다. 자유, 신앙, 가정, 개인에 대한 믿음, 낮은 세금과 작은 정부, 반공주의와 힘을 통한 평화, 인간 생명의 신성과 존엄성, 미국 예외주의, 미국 국부들의 지혜와 비전 등이다.

"보수주의는 인류가 지금까지 경험해온 모든 것을 종합해 발견한 것을 근거로 삼고 있습니다. 이것이 바로 보수주의 원칙이 옳을 수밖에 없는 이유입니다." ~로널드 레이건~

미국의 보수주의 운동

> 미국의 (좋은 것 지키기) 보수는 자유주의를 바탕으로 한 미국의 건국정신을 보전하려는 것.

▶ 1970년대에 나타난 미국의 신보수주의(New Right)

대체로 ① **자유지상주의(libertarianism)** ② **미국제일주의** ③ **평등화의 거부** ④ **그리스도교 부흥**으로 요약된다.

자유지상주의는 자유방임주의와 같이 거대정부의 비능률을 들어, 개인과 재산 등 사적(私的) 영역에 대한 정부의 간섭을 최대한 배제하려고 한다.

그렇지만 **개인과 재산**, 그리고 이를 바탕으로 하는 **도덕적 가치의 침해**에 대해서는 정부의 강력한 권력행사를 요구한다.

▶ 신자유주의 [New Freedom, 新自由主義]

국가의 개입을 통해 자본주의의 모순을 해결하자는 수정자본주의와 달리 1970년대 들어 **국가의 개입을 최소화하여 시장의 활성화와 경제의 부흥을 이루자는 주의**.

대표적인 사상가는 **하이에크**,
대표적인 정치가는 **레이건** 대통령

국가가 시장에 개입하면 시장의 자율성과 효율성이 훼손되므로 **시장경제라고 일컬어지는 자유경쟁체제를 강력히 주장하였다.**

수정자본주의를 비판하는 개념으로 고전적 자유주의와 다른 자유주의라 하여 신자유주의라 함.
국가에 의한 사회 정책의 필요를 인정하면서도, 자본주의의 자유 기업의 전통을 지키고 사회주의에 대항하려는 사상이다.

▶ Tea Party

조세저항을 상징하는 말
미국 독립운동의 불씨를 만든 '**보스턴 티 파티**(1773)'에서 따온 것으로,
복지 국가 등 정부의 개입을 자유 억압으로 보고 저항한다는 의미로 2009년부터 시작된 **보수 우파의 사회운동**.

공화당의 정책적 기조는 '**자유**'에서 출발한다. 롤스의 평등주의적 자유주의보다는 **노직의 자유지상주의**에 가까운 태도를 지지하며 최소한의 정부를 지향한다

Tea Party 운동은 보통 사회문화적 차원의 이슈보다는 **연방정부에 대한 감세나 균형재정과 같은 경제 이슈에 초점을 맞춘다**. 주로 복지정책이나 세금 문제에 보수적인 입장(조세저항운동)을 취한다.

CPAC (Conservative Political Action Conference)

미국 보수주의 단체 행사 중 가장 규모가 큰 행사로 수일간 열린다. 보수주의 활동가와 싱크탱크 인사, 공화당 의원들, 외국의 보수주의자들도 대거 참여하는 **보수진영의 대표적인 연례행사이다.**

단합하지 못하고 분열과 서로간 비방을 일삼는 한국의 보수는 CPAC를 모델로 하여 서로 이성적인 토론과 타협을 통해

국가발전의 중심이 되는 보수주의 단체를 만들어 내고 끊임없는 혁신과 교육을 통해 국민의 동참과 의식 향상을 이끌어 내야 한다.

미국의 청년 보수주의 운동

샤론 선언문

보수의 과제

대한민국의 보수는 국민들에 대한 교육도 거의 없고 미래 세대에 대한 교육과 투자도 없이 기적처럼 정권을 이어가고 있지만 늘 살얼음판이다.

이제 부터라도 제대로 된 보수주의자들, 특히 **청년 보수주의자들을 각계 각층으로부터 신뢰와 지지를 받을 수 있는 유능한 지도자로** 지원하고 육성해야 한다.

샤론 선언문은 1960년 9월 11일, 미국 보수주의운동의 아버지로 불리는 **윌리엄 F. 버클리**의 커네티컷 샤론 저택에서, 미국 전역 24개주 44개 대학에서 모인 90명의 **젊은 대학생들이 발표한 보수주의 선언**이다.

이 선언문을 근거로 미국의 보수주의 청년조직인 Young Americans for Freedom (**YAF**) 가 생겨났고, YAF는 골드워터를 통한 보수주의의 공화당 탈환과 결국 1980년 로널드 레이건 대통령의 배출에 지대한 기여를 하게 된다.

샤론 선언문은 현재까지도 **미국 보수주의 정신을 가장 간결하고 명확하게 표현**한 대표적인 문헌으로 여겨지고 있다. 당시 26세였던 **M.스탠튼 에반스**가 초안을 작성했다.

(조평세박사 강의문에서 옮김))

요즘 美대학가 "하이에크 읽었니?"

여름방학을 맞아 한산한 미국 대학가에서 바쁜 활동을 펼치는 이들이 있다. 바로 보수주의 그룹들.

이들이 개최하는 서머캠프, 세미나, 스터디그룹은 연일 대학생 참가자로 북적거린다. 행사에 참석한 대학생들은 미국 보수주의의 '바이블(성서)'로 통하는 저서들을 읽고 열띤 토론을 벌인다.

미국 대학 캠퍼스에

'보수주의 시대'가 돌아왔다. 3일자 **뉴욕타임스**는 '1960년대 후반부터 미국 대학가를 주도해 온 진보적 분위기가 퇴색한 반면 보수주의를 신봉하고 연구하는 노력은 크게 늘고 있다'고 보도했다.

2006.8.5 정미경 기자
mickey@donga.com

미국 대학생들의 보수주의 필독서

프리드리히 하이에크
노예의 길
(The Road to Serfdom, 1944)

사회주의를 노예제도와 결부. 중앙집권적 정부가 인간 자유에 근원적 위협이 된다고 강조.

윌리엄 버클리 주니어
예일대의 신과 인간
(God and Man at Yale, 1951)

자본주의와 기독교 정신에 반하는 대학 교육 비판.

러셀 커크
보수주의 정신
(The Conservative Mind, 1953)

미국 건국 정신에 배어 있는 보수주의 전통 분석.

프랭크 메이어
자유 수호
(In Defense of Freedom, 1962)

자유와 도덕적 질서 사이에 화해를 시도하는 '융합주의' 이론 주창

자료: 뉴욕타임스

샤론 선언문 全文 (Sharon Statement)

1960년 9월 11일 커네티컷 주 샤론의 회의에서 채택

이 도덕적, 정치적 위기의 시기에 미국의 젊은이들은 다음의 몇가지 영원한 진리들을 재 확언해야 할 시대적 책임을 진다. 젊은 보수주의자들로서 우리는

1. 인간 상위의 초월적 가치들 중에서 가장 중요한 것으로 창조주가 부여하고 그 어떤 인위적 강제력으로도 구속할 수 없는 **인간 개인의 자유의지가 있음을 믿는다**

   그 자유는 양도할 수 없다는 것과, **정치적 자유는 경제적 자유 없이 오래 존재할 수 없다는 것을 믿는다.**

2. 또한 **정부의 목적은** 내부 질서와 국방, 그리고 정의의 집행을 통해 이 **자유들을 지키기 위함에 있음을 믿는다**.

   그리고 **정부가 이 최소한의 기능 이상의 역할을 감행하려 하면 정부 권력은 질서와 자유를 감소시키는 쪽으로 커진다는 것을** 믿는다.

3. **미국의 헌법은**, 정부가 그 적법한 기능을 다할 수 있도록 권한을 줌과 동시에 **권력의 집중과 남용을 억제하기 위해 고안된 최선의 정부구성임을 믿는다**.

   권력분립이라는 이 헌법의 진수는, 연방정부에 명시적으로 위임된 영역 외에는 **각 주, 혹은 국민들에게 우선권을 보장하는 조항에 있음을 믿는다**.

4. 또한 공급과 수요의 자유로운 균형원리를 통해 자원을 배분하는

   시장경제는, 자유로운 개인의 요구와 입헌정치에 적합한 유일한 경제체계라는 것과, 동시에 이것이 **가장 생산적인 공급자라는 것을 믿는다**.

   그래서 **정부가 시장경제의 원리에 인위적으로 개입하는 경우**, 그것이 **국가의 도덕적, 물리적 힘을 약화시킬 수 있음을 믿는다**.

   가령 **정부가 어느 사람의 것을 빼앗아 다른 사람에게 주는 경우**, **그것은 첫 번째 사람의 인센티브와 두 번째 사람의 진실성(integrity), 그리고 두 사람 모두의 도덕적 자율(moral autonomy)을 감소시킨다는 것을 믿는다.**

5. 또한 **미국의 국가주권이 보장 되어야만 우리가 자유를 누릴 수 있다**는 것과, 역사는 자유의 시대가 드물며 모든 적으로부터 스스로의 권리를 보호하기 위해 **국민들이 함께 협력해야 자유를 유지할 수 있음을 믿는다**.

6. 그리고 현재 이 **자유들에 대한 가장 큰 위협은 국제공산주의 세력이라는 것을 믿는다.**

   그래서 **미국은 그 세력과의 공존을 추구하기보다 그 위협에 대한 승리를 강조해야 함을 믿는다**.

7. 그리고 미국의 모든 외교정책은 '**그것이 미국의 정당한 이익을 제공하는가?**'라는 기준으로 평가되어야 한다는 것을 믿는다.

버클리와 레이건

YAF(美대학생 보수단체)

대한민국의 보수주의(1) 한국 보수의 역사 및 가치

대한민국 보수주의의 역사

조선 말기: 개화파 이승만(한국 보수주의의 원조) --- 공화제

1919.3.1운동 후: 공화주의와 자유민주주의 제도 도입한 국민국가 건설 도모 (임시 정부 헌장에 명문화)

1945. 광복 후: 자유민주주의와 시장경제를 축으로 하는 이승만 보수정권 탄생. 좌우익의 대립.

1950.6.25 이 후: 북한의 남침으로 전쟁 발생. 강한 반공주의 득세 이에 **반공을 앞세운 보수세력이** 형성됨. 사회주의세력(진보)와 민족주의 세력(보수)으로 양분 됨.

1970~1980년대: 산업화 세력(보수)과 민주세력(진보+일부보수)으로 양분 됨.

1980년대 이 후: 이념적 보수주의와 사회주의를 기반으로 하는 진보주의가 대립하는 양상으로 전개됨.

2017년 이 후: 대통령 탄핵을 두고 보수, 진보 양 진영이 광장에서 충돌. **각성한 보수 이념에 입각한** 자유대한민국을 수호하려는 **행동하는** 보수세력이 등장함. 보수,진보 진영간 대립 격화.

대한민국 보수주의의 대략적인 특징

대한민국에서 보수주의의 대략적인 특징은 미국과 서구의 보수주의를 기반으로 **정치적으로는 자유민주주의와 경제적으로는 자유시장경제를 양대 핵심 가치로 삼고 있다.**

개인의 자유를 중시하며 사회적 문제에 있어 사회보다는 개인의 책임 강조, 북한과의 대치로 인한 **반공주의, 미국과의 한미동맹을 축으로 자유진영과의 유대를 공고히 하고 있다.**

대한민국의 보수주의는 이승만 건국대통령의 **자유주의**와 박정희대통령의 **산업화 발전주의**를 기반으로 형성되었기에 **자유발전주의**라 부르는 게 합당하다고 본다.

한국 보수세력이 지켜야 할 가치

정치, 사회

자유민주주의, 반공, 보수의 가치, 부국강병, 법치주의, 검증 된 전통적 가치 유지, 기존 가족제도, 한미동맹, 자유진영과의 결속 및 유대강화, 점진적 변화와 혁신

경제

신자유주의를 포함하는 경제적 자유주의. 사유재산권 존중, 기업에 대한 규제완화 및 지원, 효율적인 작은 정부지향, 감세정책, 약자에 대한 배려(선별적 복지)

교육, 문화

자유로운 경쟁체제에 입각한 **자사고** (자율형 사립 고등학교) 확대, 국가수준 학업성취도 평가의 전면적 실시 등의 정책들이 보여주듯 학력 강화를 중점으로 한 **수월성 교육**을 지향.

성매매 반대, 성소수자 권리운동에 대한 부정적 태도, 마약 및 약물 소지 금지, 민족 문화 전통, 선정적이고 폭력적인 미디어물 규제 등 윤리, 도덕적인 면을 중시함.

남북관계

북한의 대남도발, 북핵 문제, 북한의 인권에 대해 북한의 적극적인 태도 변화를 요구. 평화적인 남북관계는 대남도발, 북핵 문제, 북한의 인권 등에 대한 변화 없이는 불가능하다는 입장.

대한민국에 직접적으로 위협이 되고 있는 것은 북한이라는 점을 인식하고 전쟁 시 북한에 대한 억제력과 자국의 피해를 최소화 하기 위해 미국 등, 자유 진영과의 공조를 통한 노력을 중시한다.

대한민국의 보수주의(2) 보수가 나아갈 길

보수는 '좋은 것 지키면서 발전하기'로 이해시킨 후 그냥 '보수'로 불러야 한다

보수에 수식어가 많다. 합리적 보수, 중도 보수, 온건 보수, 반공 보수, 따뜻한 보수, 수구 보수, 위장 보수, 꼴통 보수 등. 어떤 좌파 인사는
"합리적 보수는 동반자이고 수구 보수는 적" 이란 말을 했다.
좌파가 그런 평가로 보수를 나누는 걸 무어라 할 수 없지만 보수가 보수를 향해 그렇게 나누는 건 보수의 이념이나 가치를 모르는 처사다.

보수의 이념과 가치를 제대로 안다면 '보수'란? 자부심을 가질 말이다. 부끄럼의 용어가 아니라 자랑스럽게 내세울 용어다. 좋은 가치는 다 보수에 있다.
보수는 합리적이며 따뜻하고 온건하다. 물론 수구도 꼴통도 아니다. 보수의 이념도 모르는 자가 보수를 자칭한다면 그가 '위장보수'이다. 보수의 이념과 가치를 알고 부터는 이렇게 말하자.

"나는 보수주의자입니다"

보수세력의 문제점

보수를 표방하는 혹은 보수로 위장한 정치세력의 문제점

1. **애국심, 철저한 선공후사(先公後私), 자기희생, 솔선수범**하지 않고 당리당략과 사리사욕만 추구하는 사람들이 보수로 포장되어 있는 것.
2. 보수의 가치를 구현할 존경받는 리더가 잘 보이지 않는다.
3. 단합보다 분열을 일삼는 행태.
4. 심도 있는 이념공부, 경제공부가 부족한 점.
5. 훌륭한 보수주의 싱크탱크와 지원단체가 없으며, 그런 뜻있는 재단이나 기구를 만들거나 지원할 의지와 철학이 부족하다는 점이지만 보수는 서서히 깨어나고 있다.

보수세력이 이룬 업적과 나아갈 길

한국의 보수세력은 건국과 더불어 자유화를 이루었고 이어서 산업화를 이룩함으로써 오늘의 한국을 세계 10위권의 경제대국이자 G20 국가의 하나로 만든 주역들이다.

한국의 현대사를 어떤 관점에서 보든 이 점만은 누구도 부인하지 못할 역사적 사실이다.
대한민국이 이처럼 세계에서 거의 유일하게 발전을 거듭한 데는 건국의 주역인 한국 보수세력의 **'한국적 보수주의'** 사상이 원동력이 되었다.

자유민주주의적 정치체제와 시장경제체제를 확고히 유지해왔기 때문이다.
앞으로 보수세력은 교육을 통한 **조직화**와 미래를 이끌 **인재양성에 힘써야 한다.**

국가발전을 위해서는 진보세력을 설득하는 능력을 길러야 하며 어느 진영이 **국가적 과제를 더 잘 해결할 것인가**를 놓고 경쟁해야 한다.

새롭게 전개되는 모든 상황에 바르게 대처하기 위해 보수세력은 국민 다수가 보수이념에 대한 공부를 열심히 하게 하고 그 기반위에 신중한 검토를 거쳐 **변화와 혁신을 주도해 나가야 할 것이다.**

대한민국 최초의 청년 보수단체 **'트루스포럼'** 이 주최한 <2022> 보수주의 컨퍼런스

보수주의자의 자세

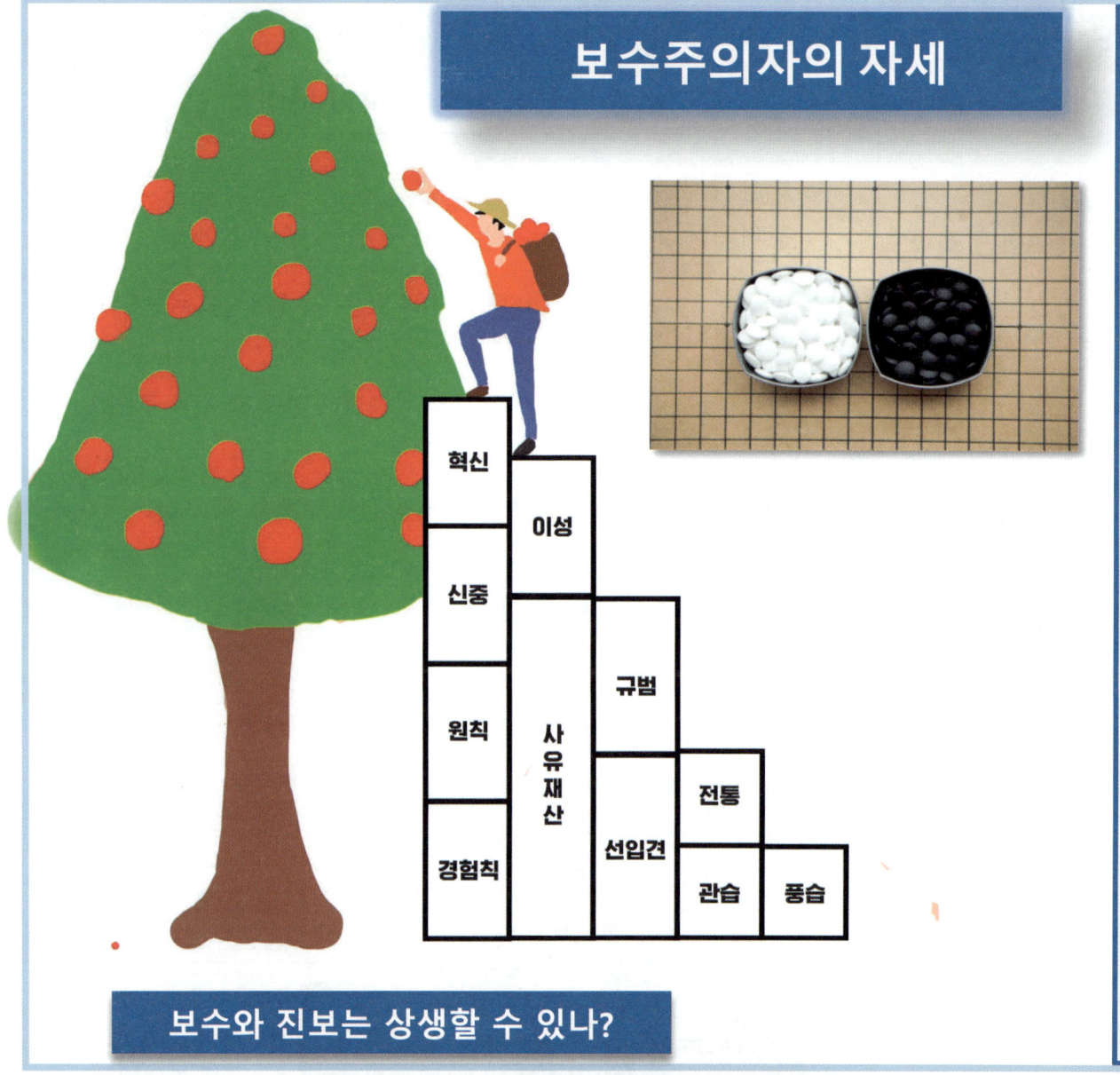

보수와 진보는 상생할 수 있나?

▶ 바둑 속에는 신중 뿐만 아니라 여러가지 보수의 자세가 있다

1. 완벽한 인간(기사)은 없다
2. 꾸준히 실력을 연마한다
3. 상대방을 존중한다.
4. 경기규칙(풍습, 관습, 전통, 질서)을 지키며 양심대로 두려고 한다.
5. 훈수(선동)두는 것에 반대한다.
6. 상대방의 집(사유재산)을 존중한다.
7. 매 착점마다 더 좋은 혁신점을 찾으려 한다.

▶ 진보 바둑은 어떤 바둑인가?

1. 누가 누구를 크게 이기면 안되므로 대칭으로 똑같이 따라 두게만 한다.
2. 크게 이겨서 기쁜 사람 없고 져서 속상한 사람 없는 평화로운 세상이 된다.

▶ 바둑 왜 두나?

바둑은 공정한 규칙과 경쟁을 통해 승리하는 것이 목적이다.

헌법에 명시된 **자유민주적 기본질서와 자유시장경제를 인정하는** 가운데 **진보의 가치를 추구하는 진정한 진보**와는 서로 대적관계가 아니라 상생해야 할 파트너이므로 서로 존중하고 협력해야 한다.
단 **공산사회주의 실현을 꿈꾸는 反대한민국 세력(위장 진보)**은 단호히 거부해야 한다.

사회주의 공산주의

자유민주주의 와 시장경제의 가장 큰 적대세력은
공산사회주의이다.
사회주의와 공산주의는 한 뿌리이지만 다양한 모습으로
나타나 국민을 속인다.

우리는 저들의 실체를 밝히고자 한다.
저들은 그럴듯한 이상을 내세우나 실현 가능성이 없음은
공산주의를 내세워 성공한 나라가 없음으로 입증되었다.

우리나라는 가장 호전적인 공산국가 북한과 휴전선을
마주하고 있고 세계에서 가장 큰 공산국가인 중국과
세계 최초의 공산국가였던 러시아와 이웃하고 있다.

나라안에도 종북 공산사회주의자들이 반(反)대한민국
세력으로 활동하고 있다.

공산주의가 침투한 나라마다 극심한 갈등과 대립으로 인해
국가발전이 멈추고 나라가 망하는 것을 보고
공산주의 실험은 실패했음을 우리는 경험했다.

자본주의와 공산주의의 대결은 자본주의를 바탕으로 하는
자유민주주의와 자유시장경제체제의 승리로 귀결되었기에
많은 이들은 공산사회주의는 이미 실패한 이념이라고 말한다.

그러나 **공산주의의 유령은** 지금도 **평등**이란 이름으로
문화막시즘으로 **산업막시즘**으로 환경, 소수자보호, 인권,
평화란 가면을 쓰고 온 세계를 돌아 다니고 있음을 잊지
말아야 한다.

- 공산주의와 사회주의 차이점
- 미국 청년 세대 사회주의로
- 질투심에 못 이겨 사회주의로
- 사회주의 정당의 경제 정책
- 사회주의자의 말, 자본주의자의 말
- 우리가 알고 있던 스웨덴은 없다 !
- 복지국가 스웨덴의 실상
- 사회주의 복지국가는 **지상낙원이 아니다!**
- 공산주의 주요 내력
- 공산 전체주의 체제의 특징
- 공산사회주의화 된 세상체험(1,2)
- 공산주의자들의 단어(1,2)
- 공산주의 실험은 실패했다(1,2,3)

공산주의 사회주의 차이점 사회주의 국가 스웨덴 실패한 공산주의 내력

꼭 알아야 할 용어 설명

생산수단이란? 生産手段 (독일어 : Produktionsmittel 영어 : Means of production)

산업혁명 이전의 생산수단은 주로 토지였다.
지주는 부르주아, 소작농은 프롤레타리아의 구조였다.

현재의 생산수단은 인력을 제외하고 돈을 벌 수 있는 수단이다.
예를 들자면 공장, 부동산(토지·건물), 기계, 도구, 재료, 동력,
택시, 비행기, 배 등 운송수단 등이 생산수단이다.

현대에 들어 와서는 소기업 사장 보다 대기업이나 특수
사무직에 종사하는 사람들의 소득이 더 많은 경우가
허다하기 때문에 부르주아와 프롤레타리아의 구분이
애매해 지고있다.

생산 수단이 없는 은퇴한 부자는 어떻게 분류하나 ?

사회주의와 자본주의의 차이점은 무엇일까?

가장 대표적인 것이 생산수단을
  국가가 가지고 있는가?
  민간이 가지고 있는가? 이다

공산주의는 생산 수단 뿐만 아니라
재산도 국가가 소유하고 분배한다.

부르주아 (유산계급) 생산 수단을 가진 사람

어원: 성(城)안에 사는 사람
중세 유럽 도시에서의 중산 계급의 시민.
근대 사회에서의 **자본가** 계급에 속하는 사람.

자본과 다른 사람의 노동을 이용해서 돈을 버는 유산계급.

프롤레타리아 (무산계급) 생산수단을 못 가진 사람

어원: 라틴어로 자식 말고는 재산을 가진 것이 없는 사람.
노동력 이외에는 **생산 수단**을 소유하지 못한 계급.

마르크스는 이 말을 사회학적 용어인 무산계급으로 바꾸어
놓았다.

공산주의와 사회주의의 차이점

공산주의란?

1. 생산수단(공장, 일터)과 분배수단을 공유한 후,
2. 능력에 따라 일하여, 풍요하게 만들어 놓고
3. 원하는 만큼 가져가는 즉, **분배와 소비규제가 없어지고, 모든 사람이 완전히 만족하게 평등하게 된 체제 또는 그런 체제를 실천하고자 하는 사상.**

공산주의 비판

1. **이 세상은 인간의 욕구를 다 채워 줄만한 자원이 없는데** 능력에 따라 일한다? 는 의미가 애매하다.(하루 8시간, 주 32시간내에서 일하는 게 능력 껏 일한다는 것인가?)

2. 밤새도록 추가로 일해도 생산량이 부족한 것이 이 세상 인데, 평등하게 동일시간내에만 능력에 따라 일하는데, 어떻게 모두가 원하는 만큼 가져갈 만큼 재화가 생산되나 ?

3. 그들 말 대로 너무 많이 생산되어 모두가 원하는 만큼 가져가고도 남는 세상이 되면 분배, 소비 규제나 국가, 정부,계급이 없는 꿈의 사회가 실현될 것이지만

4. **그게 가능할까 ?** 게으르고 악한 인간이 농땡이 치고도 원하는 만큼 가져갈 수 있게 생산하는 것이 가능할까 ?

<양동안 교수 강의 내용 요약>

사회주의란?

1. 생산수단(공장, 일터)을 공유한 후

2. 거기서 공동으로 일하고 공동으로 분배 받는 체제라고 정의하는데

공산주의자들은 '**공산주의와 사회주의는 같다**' 라고 하고 **사회주의자**들은 '**다르다**'고 한다.

사회주의는 공산주의에 다다르지 못하여 사유재산이 인정되고 상품,화폐가 있고, 도시와 농촌의 차이가 존재하는 ,즉 **자본주의 잔재가 남아있는 상태라고 말한다.**

(토지를 가지고 있는 농부는 본질적으로 자본주의자이며 부르주아다. 그래서 소련에서는 토지 소유농민을 숙청했다.)

사회주의에서 공산주의(혁명적 사회주의)로 진행하는 과정

1. 의회민주주의와 자본주의를 모두 부정한다.
2. 부르주아로 부터 무자비하게 사유재산을 빼앗아야 하기에 프롤레타리아 폭력 혁명과 프롤레타리아 독재는 필수적이다.
3. 민중들에게 사회주의 의식을 강력하게 교육시켜야 한다.

마르크스 진보이론

자본가,기업인 시대 ➡ 자본주의 발달시대 ➡ 프롤레타리아 혁명 발생 → 사회주의 국가성립 ➡ 공산국가(완전한 평등사회)

자본가들에 의한 부의 독차지, 노동착취, 빈익빈 부익부, 불평등 심화---한계에 이르면

자본주의 붕괴

국가가 모든 자본 통제. 노동자가 주권을 가진 시장, 기업 인정. 공산국가로 가는 과도기

온전히 실현한 나라는 지구 역사상 존재한 적이 없음, 정부가 막강하고 경제를 전횡하는 국가는 늘 실패했다.

미국 밀레니얼 세대, 사회주의 선호한다

미국 젊은이들 사회주의를 더 선호한다?

미국 공산주의 희생자 추모재단(Viictims of Communism Memorial Foundation)이 실시한 설문조사(2017) 결과

1980년대 초반부터 2000년대 초반 출생한 밀레니얼 세대 중 사회주의 국가에 살고 싶다고 답한 응답자가 **44%**로 자본주의 국가 선호비율인 **42%**보다 많은 것으로 나타났다.

미국 사회 구조가 극적으로 변하지 않는 한, 이들 **밀레니얼 세대**가 기성세대가 되는 수십 년 후에는 미국에서 자본주의가 암담한 운명에 처할 수도 있다는 의미다. **이런 현상은 대한민국도 마찬가지다.**

대한민국의 젊은이들은 사회주의를 어떻게 생각하고 있을까?
과연 그들은 공산주의, 사회주의를 제대로 알고 있을까?

대한민국 세대구분

세대	출생년대	경험한 역사적 사건
산업화세대	1940~1954	한국전쟁, 베트남전쟁
베이비부머세대	1955~1963	5.16혁명, 새마을 운동
386세대	1960~1969	6.10항쟁, 민중화운동
X세대	1970~1980	성수대교, 삼풍백화점 붕괴
밀레니얼 세대	1981~1996	월드컵, 외환위기, 금융위기
Z세대	1997~	금융위기, 정보기술(IT)붐

MZ세대: 밀레니얼 세대 + Z세대

586세대: 80년대 운동권 세대
60년대 출생, 80년대 대학운동권, 현재 50대

이러한 추세는 현재 미국 경제에 대한 불만이 작용하고 있다.

응답자의 53%가 미국 경제가 자신에게 불리하다고 답했다.
또한 응답자 중 **7%는 공산주의 국가에서, 또 7%는 파시스트 국가에서 살고 싶다고 답해,** 밀레니얼 세대의 좌파 성향을 극명하게 반영했다.

이번 조사 결과를 보도한 매체인 '워싱턴 이그재미너'(Washington Examiner)는 자본주의에 대한 **밀레니얼 세대의 반감은**

자본주의에 대한 교육이 충분히 이뤄지지 않았기 때문이라고 논평했다.

사실 응답자 중 **10%가 자본주의 정의(定義)를 사회주의로 잘못 알고 있었다.**

즉, 자유시장과 법치주의에 기반해 사유권이 법적으로 보호받는 체제가 **사회주의**라고 이해하고 있었다.

또한 응답자의 27%는 이러한 체제가 자본주의인지 몰랐다고 답했다.

응답자의 **67%는 사회주의의 정의를 제대로 내리지 못했으며,**
28%는 사회주의가 무엇인지 전혀 몰랐고,
8%는 파시즘을 사회주의로 착각하고 있었으며,
22%는 공산주의를 사회주의로 착각하고 있었다.

질투심을 못 이겨 사회주의로

▶ **국민의 양심과 수준이 미달되면 질투심을 못 이겨 사회주의로 끌려간다.**

국민의 60%, 기자의 70%가 사회주의자 라고 한다 (신광조 5.18 문화국장)

▶ 랍비 이야기 — 왕이 만난 욕심쟁이와 질투쟁이

두 친구가 길을 가다 왕을 만났다. 둘 중 한 명은 욕심이 많았고, 다른 친구는 시기심이 많았다.
왕은 두 사람에게 "만약 너희 중에 한 명이 요청하면 무엇이든지 그대로 주겠다. 단, 나중에 말하는 옆 사람에게는 앞사람이 요청한 것의 두 배를 주겠다."고 말했다.

왕의 말을 들은 시기심 많은 친구는 먼저 나서서 요구하려 하지 않았다. 왜냐하면 친구가 두 배로 받는 것이 달갑지 않았기 때문이었다.

욕심 많은 친구도 마찬가지였는데, 자신이 친구보다 더 많이 차지하고 싶었기 때문이다. 그래서 서로 머뭇거리며 눈치를 보고 도무지 요청하려 들지 않았다.

기다리던 왕이 부탁이 없으면 그냥 가겠다고 말하자, 시기심 많은 친구가 드디어 입을 열었다. **"임금님, 저의 한 쪽 눈을 빼 주십시오!"**

내 땅 1억원어치 빼앗기면 화내다 가도 옆 친구 땅 10억원어치 빼앗기게 된다면 찬성표 찍는 **사람들의 심성때문에 사회주의로의 진행을 막기 어렵다.**

▶ **칼 막스도 말했다.**

자본주의가 더 잘 살 수 밖에 없다.
그러나 배 아픈 사람들의 불만을 달랠 길이 없다

사회주의가 덜 경쟁적인가? 부족상태에서는 덜 경쟁이 될 수 없다.
배급 주는 자리 경쟁은 더 험악하다. 그래서 계급 투쟁이 발생된다.

▶ **자본주의**에서는 **소비자가 경쟁의 승자를 결정**하고,

▶ **사회주의**에서는 **권력자가 승자를 결정**하므로 정실에 의한 **부정 부패가 발생하고 다양성이 제한된다.** (예, **코로나 사태 시 마스크 독점공급**)

마스크 사기 위한 줄서기

사회주의 정당의 경제정책 (독일사민당)

▶ 프롤레타리아 사회주의를 주장하는 사회민주당은 바이마르공화국 당시의 **계획경제**, **산업국유화**, 경제조직의 공동결정 운영제를 당강령으로 출발했다.

그러나 국가의 정체성이 **자유시장 경제**로 확고히 되면서 **1959**년 강령 개정때 마르크스 주의를 포기했고 자유 시장경제를 받아들여 계급정당에서 국민정당으로 변모했다.

▶ **2002년**에는 노.사.정 위원회에서의 노동개혁에 실패하자 사민당 정부가 입법화로 노동개혁을 밀어붙여 노동개혁을 단행하고 2003년부터 실행에 옮기는 **하르츠 개혁**을 단행했다.

▶ 다시 **2007년 함부르크**에서의 **강령 변경**으로 사장 대신 노조가 투표하여 결정하는 경제민주주의(경제민주화)마저 폐기했다.

그러나 노조전체가 참여하는 대신 강력한 *노동 이사제를 두게 되어 지금도 독일 경제발전의 발목을 잡고 있다.
결국 경제민주화는 노동이사제 도입을 의미하는 것으로 귀결되었다

■ 경제민주화는 **노동이사제** 도입으로 사회주의를 실현하려는 꼼수이다.

하르츠 개혁

2002년 2월 구성된 노동시장 개혁위원회인 **하르츠위원회**가 제시한 **4단계 노동시장 개혁 방안**을 말한다.

▶ 노동시장 서비스와 노동정책의 능률 및 실효성 제고
▶ 실업자들의 노동시장 재유입 유도
▶ 노동시장 탈 규제로 고용 수요 제고 (한경 경제용어사전)

노동이사제

● 2022년 1월에 국회를 통과한 <**공공기관 운영에 관한 법률**>노동이사제 도입은 대선을 앞두고 노동계의 요구를 수용해 대선공약으로 하고 국회가 기업들의 반대에도 강행하여 통과한 법이다.

독일은 강제가 아닌 데도 경영권 침해 문제를 인식해 노동이사제 채택을 줄여 나가고 있으나 기업의 해외로의 이탈현상은 가속화되고 있다.

새 정권이 들어서 노동이사제에 대한 시행령을 통해 공공기관(공기업,준정부기관) 130곳에서 88개정도로 해당기관을 줄였지만

노동이사제 즉각 실시를 요구하는 한국노총 조합원 시위

이사에 노동계1인을 포함하는 이 법은

기업경영에 노조의 입김이 강하게 작용하여

많은 부작용을 일으킬 거라 예상된다.

사회주의자의 말과 자본주의자의 말(1)

2017년 5월 문재인은 취임사에서

" 기회는 평등할 것입니다.
과정은 공정할 것입니다.
결과는 정의로울 것입니다. "

이 말이 가장 많은 주목을 받은 대목이다.
과연 이 말이 박수를 받을 말인가?

중국 공산당은 이 말을 공산당의 가치를 표현할 때 쓰는 익숙한 표현이다.

똑같은 말을 문재인이 가져 왔을 뿐이다.
결국 이 말은 중국 공산사회주의자들의 구호인데

문재인은 왜 취임사에서 이 말을 강조했을까?
그리고 이 말이 맞는 말인지 살펴 보자.

기회는 평등할 것입니다

누구나 에게 아기 낳을 기회가 평등하게 주어져도 남자에게 무슨 의미가 있고,

언어장애인에게 가수가 될 기회가 평등하게 주어진다 한 들 무슨 소용이 있나?

자기에게 맞는 직업을 택할 선택의 자유가 주어지면 되는 것이다.

**규제 타파로 자유를 확대하여
아이디어의 다양화와
자유로운 도전으로**

"**기회는 확대될 것입니다**" 로 바꾸어야 한다.

과정은 공정할 것입니다

**가장 공정해야 할 과정은 재판과정이다.
재판이 불공정하면 모든 게 불공정하게 된다.**

그런데 문 정권 하에서 우리나라 재판 과정이 공정했나?
박근혜 대통령이나 양승태 대법원장의 재판과정이 공정했나?
조국, 이재명은 왜 특권을 누리나?

선거는 공정했나 ?
5.18 가산점은 공정한 과정이었나 ?
수많은 내로남불은 불공정을 의미한다,

**대한민국 역사상 가장 불공정한 과정이
좌파정권에 의해 진행되었다.**

과정에 대해서는 "**누구나 자유롭게
노력할 권리가 있다**"라고 해야 한다.

결과는 정의로울 것입니다

콩 심은 데 콩 나고,
팥 심은 데 팥 나는 게 정의 아닌가 ?

누에가 뽕잎을 먹으면 비단실 고치가 나오지만 소가 뽕잎을 먹으면 소똥이 나온다.

그냥 비단이거나 냄새나는 소똥이지 옳고 그름의 정의는 아니다.

결과는 선택과 노력 정도에 의해 얻어지고 나타나는 것이므로 그대로 수용해야 한다. 결과에 정의가 반영되는 것이 가당치나 한가 ?

확대된 기회, 자유로운 성실한 노력에 의해 "결과는 더 풍요로울 것입니다"로 말해야 한다.

 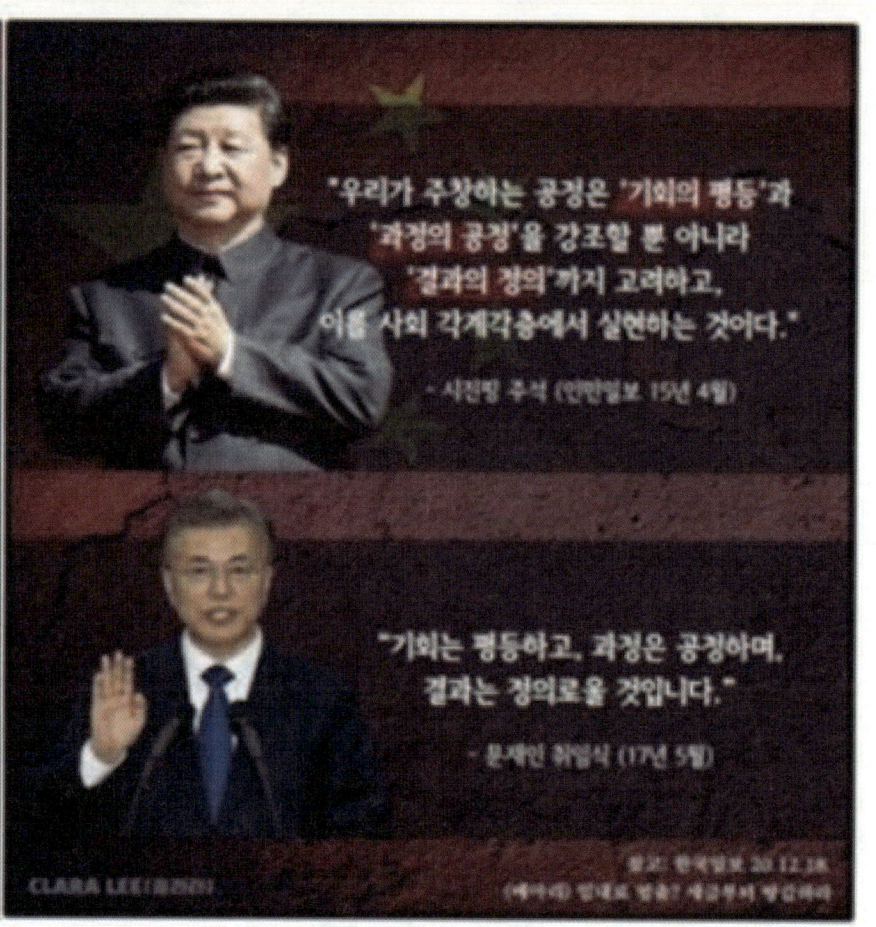

> 우리가 주장하는 공정은 '**기회의 평등**'과 '**과정의 공정**'을 강조할 뿐 아니라
> '**결과의 정의**'까지 고려하고 이를 사회 각계각층에서 실현하는 것이다.
>
> **시진핑(인민일보. 2015년 4월)**
>
> 이 들의 말은 그럴 듯 하지만 기회의 평등, 과정의 공정, 결과의 정의는
> 공산사회주의자들의 구호에 불과하며 실현이 가능하지도 않다.
> **공산주의 국가에는 기회의 평등도, 과정의 공정도, 결과의 정의도 없다.**

사회주의자의 말과 자본주의자의 말(2)

■사회주의자들은 말 만으로도 국민들에게 얼마나 착하니즘(?) 말장난질을 하는지 알 수 있다.

종합하여 비교하면 다음과 같이 된다

좌파의 말	우파의 말
기회는 평등할 것입니다	기회는 확대될 것입니다
과정은 공정할 것입니다	노력은 자유로울 것입니다
결과는 정의로울 것입니다	결과는 풍요로울 것입니다

어느 민주당 대표의 말

●2017년 1월 현충원 참배 시

이승만대통령, 박정희대통령 묘역에 가서 참배하지 않았다.
그 이유를 아래와 말했다.

"이승만대통령은 친일 매국 세력의 아버지이고, 박정희 전대통령은 군사쿠데타로 국정을 파괴하고 인권을 침해했던 그야말로 독재자다.

전두환 전대통령이 이곳에 묻혀 있다 한들 광주학살을 자행한 그를
추모할 수 없는 것처럼
친일 매국의 아버지,인권침해 독재자에게 고개를 숙일 수는 없었다.

이승만과 박정희, 전두환과 노태우
이명박과 박근혜로 이어지는
친일 매국 독재 학살세력들이
이 나라 다수 국민들을
힘들게 하고 있다.

소수의 기득권자로 부터
다수의 약자들이 지켜지는
정확한 의미의 민주공화국(?)이
만들어 지도록 제 몫을 다하겠다"

그는 2022.2.14 일에는 표를 의식해서인지, 아니면 소신(?)이 바뀐 건지

이승만, 박정희 대통령 묘소에 참배했다.

<출처>https://youtu.be/ADarm27sQBU

우리가 알고 있던 스웨덴은 없다 !

북유럽의 복지국가들은 지상낙원인가?
누구나 차별없이 평등한 행복한 곳인가?

좌파정권과 사회주의자들이 지향하고 대다수 국민들이 무의식적으로 찬동하며 따라가는 **북유럽의 복지모델은 과연 우리의 이상적 미래 모습일까?**

북유럽의 국가들은 사회주의국가인가?
촛불광장에 난무했던 **'사회주의가 답이다'**란 구호가 맞는 말인가?

스웨덴에서 3년을 거주한 박지우작가의 저서 <행복한 나라의 불행한 사람들>을 통해 살펴보자.

1. 스웨덴은 사회주의 국가이며 복지천국인가?

의료서비스, 육아, 교육, 연금 등이 무상으로 제공되는 복지천국 같으나 **실상은 막대한 세금을 내고 정부가 관리하는 시스템이다.**

의료서비스의 질은 열악하고 예약, 응급처치, 전문의 진료 등 쉽지 않다
초등부터 대학까지 모두 무료이나 평등과 자율성을 강조함으로 학업성취도는 낮은 편임.

연금으로 노후보장이 안되고 가난한 노인들도 많다.
고용보험은 국가가 책임지지 않고 사보험이다.
가진 자의 이익을 세금으로 걷어 소득과 富의 공정한 배분을 하는 일은 불가능한 일이다.

<스웨덴의 복지실태>

▶ **국민연금** 만 65세 되면 평균170만원 수령 (소득 대체율 50%)
　소득대체율 : 생애평균 소득이 300만원이고 소득대체율이 40%라면 120만원을 받게 된다는 의미.

직업연금(의무가 아니지만 90%의 기업이 부담해준다) : 평균 46만원
개인연금 : 국민연금이 노후를 보장하지 못할 것이라는 불안 때문에 개인적으로 가입하고 있다.
　더 많이 더 오래 납부했을 때 수령액이 더 많아진다.

▶ **기초연금** : 연금생활자 중 최하위 23만명이 매월 102만원 정도의 기초연금을 수령하고 있다.

기초연금에서 세금과 주택임대료를 제하면 50만원이 남게 되는 데 물가가 비싸서 근근이 살고 있다.

▶ **쓰레기통을 뒤지고 다니는 스웨덴의 노인들** : 큰 봉지를 가지고 다니며 빈 병을 모아 병당 100-200원을 받아 용돈과 생활비를 번다.

복지국가 스웨덴의 실상

2. 세상에서 가장 불편한 세금제도

소비자인 국민이 부담하는 부가가치세가 25%나 되고 (한국은10%) 재산세,상속세 폐지로 부의 대물림이 계속되며 일반인도 68%의 세금을 낸다.
탈세 감시 체제가 철저하여 개인의 사생활 정보가 노출되며 탈세를 없애기 위해 현금조차 없애고 자금출처를 요구한다.

<스웨덴의 세금제도>
*국민의 조세부담율 스웨덴 **42.9%**
 연봉 6800 만원 이하 32%   연봉 6800 만원 이상 52%
 한국 27.4% 소득 누진율 반영 6.6 ~ 49.5%

*스웨덴에서 세금안내는 인구 **6.6%**
 *한국 면세자 40%
  년말 정산후는 46 ~50%

국민이 상품 구매 시 부담하는 **부가세율: 스웨덴 25%,
                              한국 10%**

● 의무보험비 : 31.42%
예) 월급 131만원의 경우 의무보험을 제하면 100만원 남음
    *131만원-보험료 31만원=100
    *100만원- 소득세 32만원 = 68만원
 *68만원 - 필수관리비(전기, 통신, 수도 ---)31만원=37만원
 *37만원이 실제로 사용할 수 있는 개인금액(가처분 소득)

가처분 소득 사용시에도 항상 부가가치세 25% 납세해야 함.

● 그러므로 거지가 많고 희망이 없으므로 빠찡고, 로또 등
   한탕주의가 만연함.

*대신 부자들이 다른 나라로 빠져 나가면 일자리도 없어지고 세원도 없어지므로 재산에 대한 세금은 거의 없다.
 부동산세 : 0.75%   상속세: 0%   증여세: 0%   부유세: 0%

■ 즉 기업은 일자리를 제공하므로 기업에게는 최소의 세금을 징수하고, 대신 기업때문에 일자리를 얻은 근로자에게 국가운영의 세금을 징수하는 정책임.

3. 스웨덴 사회, 스웨덴 사람들

군복무조차 남녀가 평등하고 소득조차 평등해 보여 겉으론
평등사회처럼 보이나 그 이면은 불평등 사회이다.

<富의 사다리>가 끊어 졌다고 알려졌으나 최상위 계층이 부의
 대부분을 독점하며 부의 집중과 대물림이 이루어지고 있다.
 또한 입헌군주제에 2만명이 넘은 귀족의 존재가 분명한
 신분제도로 존재한다.
 많은 난민의 유입으로 이들에 대한 혐오로 갈등이 극심해져
 사회통합의 위기를 맞고 있다.

4. 부자나라의 가난한 국민들

1) 가난한 국민들
   부가가치세가 25%에 달하고 체감물가가 비쌈.
   (**빅맥지수**: 나라별 빅맥 가격을 달러로 환산한 것 .세계 3위)

2) 부자기업의 나라
       재벌위주의 경제구조
       정부의 독점 대기업 묵인
       시장활력 감소, 신생기업 탄생 속도 둔화

3) 부동산의 고통
       만성적인 공급부족, 난민유입으로
       주택시장은 늘 수요 초과상태
       임대주택 입주는 평균 10.8년, 임대로는 월100만원 수준

아파트를 사도 소유주(조합)는 따로 있어 집수리나 임대도 마음대로 할 수 없음.

사회주의 복지국가는 지상낙원이 아니다!

5. 지상낙원은 없다

1) 스웨덴은 사회주의 국가가 아니다.

*1970년대: 사회주의적 이상을 꿈꿨으나 경제성장이 느려짐.

보편적 복지론으로 세금이 급격히 증가하고 이에 많은 기업과 저명인사들이 출국함. **시장경제가 옳음을 인식함**.

*1990년대: 법인세 인하 등 신자유주의적 요소를 도입.

* 사회주의가 득세할 때―> 경제침체
  자유주의가 득세할 때―> 경제성장

● 시장 경제와 기업중시정책이 1인당 국민소득(GDP) 세계12위 50,339달러를 유지하고 있다.(2020년 통계)

그런데 국민의 삶의 질은 행복하지 않다.
무상복지의 질과 서비스가 기대에 못 미칠 뿐만 아니라 국가가 복지를 명목으로 수입의 대부분을 세금으로 가져가기 때문이다.

*대한민국은 26위(30,644달러)

2) 사회주의 복지국가는 지상낙원이 아니다.

스웨덴 복지 모델(세금, 고용환경, 병역, 국민성 등)을 볼 때 한국에 뿌리내리기 어려움.

경제성장이 둔화되면 복지국가는 더 이상 지속불가.

(보편복지, 기본소득 같은 복지정책의 도입은 신중해야 한다.)

● **복지천국이라는 허상**

알리언츠가 선정한 부의 배분이 가장 왜곡된 나라

상위 10%가 전체자산의 75%를 소유한 나라

상속세와 재산세가 폐지되어 부의 대물림이 계속되는 나라

일반적인 근로자에게 소득세 최고 세율을 부과하는 나라

소득대비 가계 부채비율이 세계 최고 수준을 기록한 나라

집단 면역조치로 코로나19 초기방역에 실패한 나라

인구 1천명당 병상 수 최하위를 기록한 나라

가장 많은 난민을 받았음에도 이민자 혐오가 거세지는 나라

많은 이들이 북유럽의 복지천국이라 믿는 스웨덴의 실상이다!!

● **북유럽이 처한 현실은 우리에게 가장 위험한 미래가 될 수 있다.**

스웨덴이 거쳤던 역사를 거울로 삼아 우리의 미래를 가늠해 보는 계기가 되기를 바란다.

무상복지의 도입, 국민연금 등 복지제도의 개혁, 난민과 이민유입으로 인한 사회갈등, 과도한 세금과 주거비 부담 등 스웨덴이 맞이한 현실은 언젠가 우리의 미래로 돌아 올 수 있다. (박지우)

공산주의가 꿈꾸는 세상?

공산주의의 목표

공산주의란?
공산주의의 가장 핵심적인 이념은 평등이다.

그들은 가난한 노동자들이 불평등을 만드는 사유재산제와 자본주의를 프롤레타리아 혁명을 통해 없애고 집단 노동을 하고 배급을 받으며 생활하면 모두가 평등하고 행복한 이상사회가 온다고 생각한다.

사유재산과 계급이 없어지면

각자가 능력에 따라 일하고 필요에 따라 분배 받는

'**모두가 평등한 이상사회 건설**' 이

그들이 꿈꾸는 세상이다.

공산주의의 바탕

성선설: 인간은 본래 선하게 태어났다

인간의 이성과 과학만으로 (**유물론, 무신론**)완벽한 세상(유토피아)을 만들 수 있다.

공산주의자는 종교와 자본가들을 타도해야 할 대상으로 본다.

종교는 노동자들을
비이성으로 빠지게
하는 아편이고
자본가는 노동자를 억압하는 악마다.

칼 마르크스는 이렇게 말했습니다.
"종교는 인민의 아편이다"

공산주의의 몰락

유물론, 무신론, 유토피아 사상에 빠지고 자익심이란 인간 본성을 거슬렸던 공산주의는 몰락했다.
(1991년 소련붕괴)

평등을 부르짖던 혁명가들은 독재자가 되어 훨씬 더 추악한 불평등을 낳았고

공산사회주의 독재자아래 자신의 생산물을 국가에 빼앗겼던 이들은 열심히 일하지 않았다.

수많은 희생자들이 발생해도 평등사회로 가기 위한 불가피한 상황이라고 주장했다.

새로운 공산주의(네오 막시즘, New Left)의 발생

공산국가들은 20세기초 중국의 문화혁명, 프랑스의 68혁명이 일어나면서 신좌파 공산주의가 나타난다.

기존의 공산주의가 유물론을 바탕으로 경제적 평등에 중심을 뒀다면

포스트 모더니즘과 P.C 운동은 문화적 평등에 방점이 찍혀 있다. 그렇지만 평등을 추구하는 근본적 태도는 같다.

공산주의자들이 추구하는 평등한 사회는 실현가능한가?

평등한 사회는 존재한 적도 없고 세상의 이치가 평등할 수 없다. 결과의 평등을 추구하는 공산주의는 실패할 수 밖에 없다.

공산주의 주요 내력

- ▶ **칼 마르크스** : 자본론 : 공유주의 주장/ 공산당 선언 : 공유주의 확산 방법 제시. (엥겔스 와 공저)
- ▶ **블라디미르 레닌** : 진지전으로 국민을 세뇌시킨 후 기동전으로 급진적 혁명(볼셰비키 혁명) 성공.
- ▶ **스탈린** : 공산주의를 100 여개 국에 수출하고. 31개국을 점령 공산화 시킴.

■ **안토니오 그람시** : 한국같이 산업화 된 국가를 공산주의 국가로 만들기 위한 옥중서신을 썼고
서신속의 **진지전(陣地戰)** 개념이 오늘날 *PC liberty 라는 사상으로 변하여 세상 조직을 파괴하고 있다.

1. 각 분야에 침투하여 주도권을 장악하라. 예) 참여연대, 아름다운 재단, 우리 법 연구회, 국제인권법 연구회 등

2. 도덕적 및 지식적으로 우위인 것 같이 선전하라. 지적으로 우위인 것 같이 보이기 위해 넓고 얕은 지식을 갖추어라.

3. 문화를 이용하여 반자본주의(반미,반일)를 심어라.
영화) , 괴물, 광해, JSA, 화려한휴가, 동막골, 기생충, 태백산맥 등

4. 공산주의 이론이나 정책이 상식이 되게 하라.

5. 좌파 집단에 속해 일 안하고 먹고 사는 것을 당연시 하게 하라.

'정치적 올바름(Political Correctness, P.C)'이란 이름으로 사사건건 잣대를 들이댄다.

'PC주의'는 소수자, 사회적 약자들을 차별하거나 배제하는 표현을 쓰지 말자는 것과 '종교, 인종, 민족, 성별, 성 정체성 등에 대해 어느 한편으로 치우치지 않는 것이 정치적으로 **올바른 방향**' 이라는 것으로 시작했으나,
마이크를 잡으면
표 얻는 말은 아무 말이나 다하는 주의로 변했다.

참교육을 한다고 출발한 전국교사협의회가 ,
전국교직원노동조합, 교사노조연맹으로 변한 것과 비슷하다.
오늘날 PC 주의는 언어나 용어 순화를 넘어 영화,소설, 드라마, 게임물 등 문화산업에서 새로운 좌파문화 수단이 되었다.

Antonio Gramsci(1891-1937)
이탈리아 공산당을 창설하고 무솔리니 치하에서 재판(1928년 5월)을 받고 감금 되었는 데 그 때 검사의 논거가 유명하다. "**우리는 이 자의 두뇌가 작동하는 것을 20년 동안 중지시켜 놓아야 한다**"
그럼에도 그의 두뇌는 활발하게 작동하여 <**옥중수고**>를 집필했다.

공산주의 사상의 전파를 위한 전략적 방안으로 **대중문화의 헤게모니론과 진지전 개념을 제안했다.**

공산 전체주의 체제의 특징

전체주의 : 강력한 국가 권력이 국민생활을 간섭, 통제하는 사상 및 그 체제

프리드리히: 독일 정치학자로 하버드대학 교수, 미국 정치학회 회장, 국제정치학회 회장 역임, 하버드 대학교 학생이었던 브레진스키와 '전체주의 독재와 전제주의(1956)' 를 출판

브레진스키(1928~2017). 폴란드 출신으로 미국 제9대 국가 안보보좌관, 하버드 국제관계학 박사.

전체주의를 정치 이론화한 것은 **C. J. 프리드리히**와 **브레진스키**의 공저 '전체주의적 독재와 전제정치'가 꼽힌다.

공산국가의 기본특징

북한이 이 5가지 특징을 다 나타내고 있다.(양동안교수)

1. **프롤레타리아 계급을 대변하는 공산당 혹은 다른 당명을 가진 공산주의 신봉 정당의 1당 독재** (공산당 당수 1인독재가 되기도)

2. **생산수단의 사유 부정**
   (토지 사유 부정, 돈 버는 수단의 사유 부정)
   국민 개인들이 돈 벌게 되면 평등이 안되기 때문이다.

3. **계획 중심 경제 운영**
   (시장은 어디까지 보조 장치이며 계획에 의해 통제됨.)

4. **주민생활 전면적 통제** (전체주의)

5. **모든 언론 매체의 당,정,군 선전도구화**

칼 프리드리히와 **브레진스키**가 제시하는 전체주의의 **6가지 조건**은 다음과 같다.

1. 모든 인간생활을 규제하는 공식 이념 존재
2. 1인 지배의 유일 대중정당
3. 당과 비밀경찰에 의한 테러 체제
4. 대중매체의 독점
5. 무장력의 독점
6. 전체 경제의 중앙통제

프리드리히와 브레진스키 공저 <Totalitarian Dictatorship And Autocracy <전체주의적 독재와 전제정치'(1956) >에서

하나는 전체를 위하여 전체는 하나를 위하여

공산주의의 극단적 독재화 된 이념을 전체주의라 한다.

공산 사회주의화 된 세상 경험(1) (by 밀로반 질라스)

밀로반 질라스
(1911-1995)

대학시절부터 공산주의자로 활동했고 공산당 정치국원이 되었다(1940년).
유격대 대장으로 티토와 함께 반 나치스저항운동을 주도했다.

2차 세계대전 후 티토의 협조자로 유고 연방의회 의장, 부통령까지 올랐으나 민중의 전위대를 자처한 공산혁명세력이 기득권으로 변질되고 집단소유와 이념독재 속에서 권력으로 자신들의 부를 누리며

(노동자 연평균 임금 1,800 루불이고 지구당 위원회 비서 45,000 루불 (25배)로서 혁명을 이룬 자들 만의 세상이 되었다.)

새로운 **기생충계급**으로 등장하는 것을 보며 사회가 왜 퇴행할 수 밖에 없는지를 냉철한 안목으로 이 책을 썼다.

<**위선자들**(The New Class)>을 읽으면 현 대한민국의 상황을, 공산사회주의자들의 이면을 정확히 볼 수 있을 것이다.

1. 지주의 땅을 토지개혁 하여 분배한다고 하면서 빼앗아 집단 소유화 했다.
집단 소유화 한 후는 사용, 수익처분권의 관리를 공산당이 장악했다.
결국 '공산당의 땅' 으로 바꾸었다.

2. "공산주의의 과학경제는 영구불변의 진리이므로 궤도수정 이란 있을 수가 없다" 고 하며 다른 경제이론을 무시했다.

3. 공산당이 부를 독차지하여 권력을 유지하고 그 권력으로 부를 더 차지하는 그들 만의 선순환을 기획한다.

코너에 몰리면 일단 거짓말로 벗어나고, '완성될 사회주의는 정말 천국이 된다' 라고 지속하여 세뇌시킨다.

4. 자기 것이 아닌 국가 재산이므로 아낌없이 흥청망청 소비하며 파렴치가 당연시 되며 세습 시키므로 외부인의 출세사다리 기회가 없어진다.

동정과 배려가 없는 생존경쟁의 진화론 세상 보다 더 거친 충성 경쟁을 하게 된다.

공산 사회주의화 된 세상 경험(2) (by밀로반 질라스)

5. **"잘살아 보세"** 가 혁명구호 였지만, 일단 집권하면 야만적 폭력으로 인민을 약탈하는 것 외에
   할 수 있는 것이 없어졌다. 창의성은 멈추고 정신적 유산은 암흑속에 사라졌다.
   그들은 독점한 곳간을 파먹는 쥐떼가 되었을 뿐이다.

▶ 같은 혁명구호로 한강의 기적을 이끈 박정희대통령에 대해 후세의 공산주의자들이 말한다.

> 지구상에서 계획경제를 성공시킨 사람은 박정희가 유일했다"고.
> 그는 "하면 된다" 라는 꿈과 자유를 주는 체제를 끌고 나갔다.
> 모든 공산주의자들이 神으로 받들어야 할 대상이다"

> 박정희에 관한 책은 어떤 책이라도 다 가져와라. 그는 나의 모델이다.
> -러시아대통령 **푸틴**-

> 박정희는 나의 멘토다.
> - 등소평-

6. **공산당의 무능 DNA**
   수요공급의 원칙, 효용체감의 법칙 같은 경제원리도, 마르크스 경제이론과 어긋나면 무시해 버렸다,
   깨끗한 과일도 흙탕물에 무조건 씻어 먹는 것 같은 짓을 하였다.
   혁명 승리와 맞물려 오만, 무지하여 극도로 인력과 자원을 낭비했다.
   토지의 소출은 넓이에 비례하지 않고 자유의 양에 비례한다는 원칙도 무시했다.

7. **공산주의의 본질**
   "공산주의는 애인들의 꿈속에 까지 침투한다"
   고 하며 지금도 그 침투를 멈출 줄을 모른다.

> "마르크스주의는 지난 시대의 유물"
> 「질라스」전 유고 부통령 「캐나다」지와 회견
> 중앙일보입력 1967.01.28 00:00

공산주의자들의 단어(1)

단어 뜻을 자기들 편리한대로 해석한다 (예. 평화. 진보)

고용	공산주의 이론에서는 **인간을 노동력을 제공하는 존재 정도로 보아 자유는 절대적으로 제한했다.** 그러므로 **직업선택의 자유가 없어지고 좋은 고용주를 찾을 기회가 없어졌다.** **완전고용**이라고 선전했지만 강제노동 수용소가 되어버렸고 부조화와 비효율로 모든 자원과 인력이 낭비되었다. 일감이 없어서 노동시간 단축, 휴가 등이 이루어진다. 교육, 여성, 아동 등에 관한 다각적 조치는 미래의 건강한 노동력 확보를 위한 것이다.
평등	**노동자 연평균 임금 1,800 루불이고 지구당 위원회 비서 45,000 루불 (25배)로서 혁명을 이룬 자들 만의 세상이 되었다.** **배타적 세습적** : 일반인은 헌신과 충성으로도 한계가 있다. 국가가 다른 국가를 착취하는 것 금지.
레닌	**"세계 공산화 달성 때 까지는 공산주의라는 단어를 사용하지 말고 민주주의 국가로 호칭하라"** 특히 힘이 열세일 때는 민주 타령 하고 힘이 강세일 때는 **부르주아(소상공인 有産層)적 민주주의**, **프롤레타리아(노동자 無産層)적 민주주의로** 구분하라. 프롤레타리아 독재는 궁극적으로 계급 자체를 불필요하게 하는 체제이므로, 자신들이 진짜 민주가 될 수 있고, 다만 프롤레타리아 천국이 완성될 때 까지의 **과도기에는 독재가 정당화 된다고** 궤변을 늘어 놓는다. 그러면서 자기들이 '**사유재산 없이도 자유를 달성한다**' 라고 말한다.
민족	사회주의에서는 민족 개념이 없지만, 선전, 선동을 통한 민중 동원을 위해 **민족**이라는 단어를 자주 사용한다.
국가	**공산주의 개념에서는 국가를 당과 비밀경찰이 대체한다.** 즉 경찰국가가 되는 것이다. 그래서 한국의 좌파 정부는 검찰을 없애고 경찰국가를 만들려고 시도했다.

공산주의자들의 단어(2)

법치주의

사법부는 곁 가지이고 법관은 당과 경찰기구에 복속되며 결정권도 권력도 없으며 법관 될 당원에게만 주어진다.

당이 행정권과 입법권을 장악하고.
체포권을 가진 자들이 심판과 형벌집행권까지 갖는다.

결과적으로 민중은 법 아래

혁명세력은 법 위에 군림하게 된다.

폭력

공산국가는 광범위한 폭력행사를 통해 달성되며 폭력 없이는 생존이 불가능하다.

폭력은 목적 달성을 위한

숭배 및 궁극적 목적이 된다.

국민교양

경찰이 담당:

법의 외양을 유지하면서 권위의 독점을 확보해야 한다는 이중성으로 인해 필연적으로 빚어지는 현상이며 상상할 수 없을 정도의 야만성과 가혹한 수단들을 동원한다.

민중이 자각하지 못하고 사회를 바꾸는 방법을 모르면 비극을 맞이한다.

▶공산주의자들이 흔히 쓰는 『용어혼란전술』

사용되는 말	진짜 뜻
진보	종북좌파
보수	자유통일 세력, 우파
자주	반미투쟁
민주	한반도 공산화 투쟁
민족	노동자 계급
자주.민주.통일	대남혁명투쟁 3대 과제
양심수	안보사범, 공산주의 사상범,
변혁운동	공산혁명
자주.평화.민족 대단결	공산화 통일
자주적 민주정권	용공정권
통일 애국세력	한반도 공산화 통일 세력
평화세력	김일성, 김정일, 김정은 추종 세력
전쟁세력	자유민주세력
적폐청산	우파숙청

공산주의 실험은 실패했다 (1)

1917년 볼세비키 혁명성공 후 국제공산주의 본부인 **코민테른**(1919년)을 운영하면서 세계공산화를 위해 1921년 중국에 진출하였다. 조선을 합병한 일본이 1931년 만주사변을 일으켜 만주로 진출하자 소련과 중국의 공산세력과도 충돌하게 되었고, 조선 독립군이 중국공산군의 일부가 되어 소련군과 연합 전투를 수행하게 되자, **소련은 임시정부 요원과 조선 독립군의 대부분을 공산주의자로 세뇌시켰다.**

그래서 해방 후 **남한인구의 80%**가 공산주의를 환호했다가 **이승만의 토지개혁 성공으로** 등을 돌렸다. **이승만**은 지주의 땅을 소작인들에게 나누어 주고 장기저리로 갚게 하였으나, **김일성**은 같은 방법으로 개혁했다가 다시 몰수하여 **국가소유의 집단 농장화하여 사유지가 없어졌다.** (공유지의 비극 발생으로 수확 급감)

1924년 레닌이 병으로 사망하자 권력 투쟁을 거쳐 1928년 스탈린이 모든 정권을 장악하고 세계공산화를 추진하였다.

그는 2차대전이 끝나자 전쟁으로 폐허 된 공백을 이용해 북한을 포함해 유라시아 대륙의 **100여개 나라에 수출하여 45개 나라를 공산화 시키는데 성공하였다.**

그 후 자본주의 세계보다 더 성공하는 사회주의 세상을 만들기 위한 노력의 일환으로 각국의 공산주의 지도자들이 모스크바의 **코민테른**에 모여 **칼 막스의 과학경제를** 성공시키기 위해 나라별로 실험과제를 나누어 돌아가서 부수고 개선하는 70년의 실험을 하면서 이론을 개발하였으나 **실패의 연속이었다.**

이유는 **개인의 소유가 안되면 열심히 일하지 않는 인간 본성** 때문이었다. 예를 들면 집단 농장 주변 개인주택 주변에 집단농장 면적의 5%를 나누어 주었는데, 거기서 나오는 소출이 거대한 집단농장 소출의 30% 나 되었다.

이후 자본주의에서는 '**소출은 농지 넓이에 비례하는 것이 아니라 자유의 크기에 비례한다**'는 경험에서 얻은 사실이 받아들여졌으나 공산주의에서는 무시되었다. 결국 생산성을 높이기 위해 결국 강제노동을 강화하였고 **모택동**은 "**권력은 총구로 부터 나온다**"는 명언을 하면서 생산을 독려하였으나 계속 실패하였고 수천만명의 아사자를 속출시켰다.

볼세비키 혁명 성공(1917) ➡ 코민테른 운영(1919) ➡ 공산주의 중국 진출(1921) ➡ 레닌 사망(1924) ➡ 스탈린 집권(1928)
➡ 만주사변 때 조선독립군,임정요원 ➡ 2차대전 후 공산주의 전파 ➡ **70년 공산주의 실험 연속 실패**
소련에 의해 공산주의 세뇌(1931) / 100여개 나라 수출, 45개국 공산화

공산주의 실험은 실패했다 (2)

보수 미국과 진보 공산사회주의국가 中,蘇와의 대결

● 이처럼 **사회주의 천국이라는** 소련에서는 아사자의 **속출과 인권이 말살되는 비극이 진행되었다**.

미국은 이런 지구상의 비극을 중단시키기 위한 대책수립 과정에서, 소련을 어떻게 다루어야 할지 모스크바 주재 미국대사관 공사참사관 이었던 조지 캐넌의 의견을 묻게 되었다. 그는 자기 의견을 긴 전보를 써서 미국정부에 보냈고 이 전보는 1946년2월 22일 워싱턴에 도착했다.

> 내용은 소련은 이성의 논리로 설득되지 않으므로 철저한 경제봉쇄를 해야 한다.

칼 막스 경제를 성공시키려고 하다가 어려워진 경제를 봉쇄하여 더 망가트려야 한다는 논리였다.

미국(닉슨대통령)은 소련 포위망에 중국을 합세 시키기 위해 등소평 정권과 미중수교(1972.2월 상해공동 성명)를 시작하였다.

● 1983년 중국 민항기가 강원도 춘천 군비행장에 불시착하였고, 거기 탑승했던 중국고위직들에게 서울 구경을 시켜 등소평 귀에 들어가게 하였고, 그 때부터 한국의 개발 노하우를 배우려고 전력을 다하였다.

그 후 다시 88올림픽을 다녀간 동구 공산권선수들이 서울을 보고는 본국으로 돌아가 여태까지 공산당에게 속았다는 소문을 퍼트려 소련을 포함한 동구권 공산주의가 붕괴되는데 일조를 하였다고 한다.

물론 레이건이 사우디를 동원하여 소련 석유 수출가 하락을 유도했고, 거대한 돈이 투입되는 가짜 우주전쟁 준비소문을 퍼트려 소련이 무리하게 투자하여 붕괴하게 한 것이 주원인 이었지만, 88올림픽은 입소문으로 동구권 공산주의를 몰락시키는데 일부 기여한 것은 사실로 받아들여지고 있다.

● 유럽 냉전체제의 종식은 1975년 나토와 바르샤바 회원국 35개국이 조인한 핀란드 헬싱키협정이다.

이 협정에 들어 있는 인권 조항은 동구권 국가에 자유화 바람을 불어왔고 1989년 6월 천안문사태, 1989년 11월 베를린 장벽이 붕괴되고 마침내 공산주의 종주국

소련이 70년 (1922.12.30~ 1991.12.26: 68년 11개월 26일)만에 붕괴되었다!

공산주의 실패(3) 중국의 경우?

▶ **한편 미국은** 미국시장을 중국에게 열어주면 중국이 돈을 벌어 잘 살게 되면 국민의 목소리가 커져 자동적으로 자유민주화(자유민주주의)가 될 것이라고 예상했다.

▶ **그러나 영악한 중국은 정치체제는 공산사회주의 체제를 고수하는 한편 경제체제는 자본주의를 도입하면서** 순진한 미국의 단물만 빨아먹어 성장하고 나서는 미국과 사사건건 대결하고 자유세계를 위협하여, 미국은 조지 케넌 식의 봉쇄정책을 중국에 적용하여 재가동하고 있지만 이미 너무 커진 중국이 얼마나 영향을 받을 지가 변수다.
2024년 2월 중순 부터는 중국이 어려워 지고 있다는 소문이 돌고 있다.

> 자유주의, 자본주의를 포함하는 보수주의 이념을 실행하는 기반은 *사유재산권 보호 !*

조지 케넌 봉쇄 정책(封鎖政策)
냉전 정책의 하나로서, **공산주의의 확장을 적극적으로 봉쇄하는 것을 말한다.**
미국은 2차대전이후 소련과 중국의 사회주의가 팽창하지 못하도록 묶어두는 이른바 '봉쇄전략'(containment strategy)을 채택했다.
　국제정치학의 대부 격인 미국 국무부 외교관 조지 케넌이 　1947년에 창안했다.
봉쇄정책은 억지전략(deterrence policy)과 함께 냉전시대 미국 대외정책의 기조로 자리 잡았으며,
소련이 붕괴할 때까지 바뀌지 않았다.

■ **사회주의에서 사유재산권을 보호하는 정책을 실시하면,** 다시 급속히 자본주의가 되어 보수주의로 빨려 들어가기 때문에 사회주의 이념을 지켜내지 못하고 소멸하게 된다.

그러므로 **결과의 평등을 도모하기 위해 사유재산을 불인정하거나 공유하거나 제한하려 드는 것**에서 출발할 수 밖에 없다.

저렴한 인건비와 거대인구에서 차출된 우수한 두뇌를 무기로 미국에 도전하고 있으나, 노선을 바꾸지 아니하면 점차 어려움을 맞게 될 것이다.

> 사유재산 보호이냐?, 사유재산 불인정이냐?
> 자본주의와 사회주의를 명백히 구분하는 척도다.

▶ 결과적 평등의 길을 열고 이론을 정립한 것이
　칼 막스의 '**자본론**'이라는 저서이다.

자본주의자 애덤 스미스는 책 이름을 '**국부론**' 으로
사회주의자 칼 맑스는 책 이름을 '**자본론**'으로 하였다.

'**국부론**' 에 의한 국가경제운영은 경제번영을 가져왔고
'**자본론**' 에 의한 국가경제운영은 경제몰락을 가져왔다.

자본주의 !

사유재산제에 바탕을 두고 이윤 획득을 위해 상품의 생산과 소비가 이루어지는 경제체제인 자본주의는 전 세계 경제를 놀랍게 성장 시킨 경제 중심이념이다.

그럼에도 불구하고 공산사회주의자들 중심으로 빈부의 차이, 불평등의 심화, 노동력의 착취라는 비판을 받으며 끊임없는 도전을 받아 왔다.

대한민국은 자본주의를 기반으로 하는 시장경제체제를 지켜오며 세계10위권의 경제대국으로 우뚝 섰다.

우리는 자본주의의 발생과 발전과정을 통해 자본주의의 유익과 장점을 살펴보고자 한다

또한 자본주의의 오해와 문제점을 어떻게 해결할 것인가?

대한민국 경제의 가장 바람직한 미래는 어떠해야 하는가? 에 대해 국민 여러분의 생각을 구하고자 한다.

자본주의의 발생과 발전

- 자본주의에 대하여
- 청교도 정신과 **아담 스미스**
- **아담 스미스의 도덕 철학**
- **아담 스미스의 경제사상**
- **국부론의 핵심내용**
- 막스 베버의 **자본주의 정신**
- **자본주의와 자유시장경제**
- **자본주의의 위력**(내가 번 것은 내 것)
- 공산주의와 사회주의에서의 소유권
- **반(反) 자본주의의 부활**
- 우리 사회의 **반(反) 자본주의**
- 반(反) 자본주의자의 10가지 거짓말(지텔만)

자유시장경제 자본주의 아담스미스 국부론 반자본주의 자본주의 정신

자본주의에 대하여

자본주의(資本主義, Capitalism)란?

■ 애덤 스미스 이래 사적이익추구를 긍정적으로 받아들이고, 그 과정을 사회발전원리로 활용하는 것이 자본주의라고 해 왔다.
  (위키백과 : 자본주의 = 사유재산권 보호주의)

■ '이윤추구를 목적으로 하는 자본이 지배하는 경제체제'
  즉 자본을 굴려서 이윤을 추구하는 경제 체제.

자본주의의 특징

1. 사유재산제에 바탕을 두고 있다.
2. 모든 재화에 가격이 성립되어 있다.
3. 이윤획득을 목적으로 하여 상품생산이 이루어진다.
4. 노동력이 상품화된다.
5. 생산은 전체로서 볼 때 무계획적으로 이루어 질 수 있다는 것 등을 들 수 있다.

자본주의 경제의 장점과 단점

자본주의 경제의 장점

1. 경제활동의 자유가 있다는 점이다. 사람들은 마음대로 직업을 선택하고, 마음대로 생산을 하며, 원하는 것을 소비할 수 있다.

2. 이윤획득을 목적으로 자유경쟁이 벌어지기 때문에 사람들은 창조적인 생각을 발휘하여 좋은 상품을 풍부하게 저렴한 가격으로 생산하게 된다. 이것이 사회에 양질(良質)·풍부·저렴한 재(財)를 공급하는 결과가 된다. 이것을 A.스미스는 '보이지 않는 손'에 의해 인도되고 있는 것이라고 하였다.

자본주의 경제의 단점

1. 빈부의 차가 크다는 점이다. 하지만 최근에는 노동조합의 힘이 강화되고, 인력쟁탈전으로 소득이 올라가고 국가에 의한 저소득 가정 돌봄 등을 추진하므로 분배의 불평등이 꼭 커지는 것만은 아니다. 부르주아인 소상인 보다 프롤레타리아인 대기업 종사자들의 소득이 훨씬 높아 역전된 경우도 허다하다.

2. 생산이 자유경쟁이기에, 전체로서는 무계획적이 되어 일시적인 공황이나 실업이 발생할 수 있는 가능성도 있지만 그 틈새를 메워 수입을 올리려는 경쟁이 생기기 때문에 그런 걱정은 일시적 현상이다.

자본주의의 미래

자본주의 사회는 붕괴되고 사회주의 사회가 도래한다고 생각하는 사람도 있다.
마르크스는 자본주의 사회에 있어서 필연적으로 빈부의 차와 불평등의 심화, 경제 공황이 발생하여 프롤레타리아계급의 사회주의혁명이 성취된다고 주장하였다.

지금까지도 이 생각을 지지하는 사람이 있기는 하지만, 어느 선진 자본주의국가에도 사회주의혁명은 일어나지 않고 있다.

혁명은 오히려 후진국에서 빈발하고 있다.
선진국은 일반적으로 자본주의를 수정하여 경제적 약자에 대한 배려를 강화하는 쪽으로 복지를 강화하는 쪽으로 가고 있다.

청교도 정신과 애덤 스미스

경제학의 아버지 자본주의의 창시자 애덤 스미스

아담 스미스(1729~1794)
영국의 경제학자, 도덕철학자
경제학의 아버지
자본주의의 창시자

250년 전 영국의 산업혁명(1760~1820)초기를 경험한 애덤 스미스(1729~1794)는 <도덕 감정론,1759>에서 '공감의 원리'를 17년 후 저술한 <국부론,1776>에서 '시장의 원리'를 이론적으로 밝혀 냈다.

그가 설명하는 인간사회의 구성원리는 청교도 정신과 합하여 자본주의의 토대를 이루고 자유시장 경제를 떠 받히는 이론이 되어 전 세계인의 경제교과서가 되었다.

청교도 정신

배경 : 교황 치세의 중세기는 사제가 성경을 독점하며 지나치게 타락해오다, **인쇄술의 발전으로** 번역 성경이 보급되면서 **종교개혁이 일어났고**, 종교개혁자 **장 칼뱅**의 성경의 가르침을 따르는 청교도들은 금욕, 근검, 절약을 생활화 했다.

스코틀랜드 청교도들은 자기 이익을 추구하는 **인간 본성(자익심)**을 바탕으로 잘사는 제도를 만들어야 한다고 생각하였다.

이런 **청교도정신이 자본주의의 토대가 되었다.**

▶ 성경은 미국인 및 독일인들에게 근면, 검소 정신인 자본주의를 주입하여 가장 잘 사는 나라로 발전시켰다

▶ 일본은 **자본주의 정신**을 이어받아 **장인정신을 정착**시켰다.

▶ 사회적 기업, 비영리단체, 정의, 평등사회 등 **착하니즘**은 말은 좋지만 실제로는 누구의 것을 빼앗아 나누어 주는 것이 되므로 **노력하지 않는 사회가 되어 모두 빈곤하게 된다.**

▶ **이승만 대통령**은 국민에게 **토지개혁으로 토지를** 공급하고 **문맹퇴치 교육**을 하여 **경제적 자유와 발언**을 할 수 있게 하고 **여성에게도 선거권**을 주어 실질적인 자유를 공급하도록 도모하였고

독립정신(개인의 독립이 진정한 독립이다)을 가르치면서 <**자본주의가 성장하여야 성공하는 나라가 된다**>고 하였다.

애덤 스미스의 도덕철학

| 사회의 존재론 분석과 종합의 학문 체계 | | 철학자인데 경제학의 시조가 되었다. |

존재론적 사회구조	사회구조의 특성	핵심 인간본성	주요 덕목과 가치	주요문헌
차원1. 공동체(사회)	자생적 질서 사회규범 및 가치 사회 통합, 협력, 호혜성, 평판	同感 정의는 사회 존립의 기초가 되는 것이며, 이러한 정의를 존재케 하는 것이 바로 인간의 도덕감정, 즉 동감(同感)이다.	慈惠(博愛), 이타심 공동체 유지와 덕목 (의무 이상의 德)	道德感情 론 (도덕 同感론)
차원2. 국가(정치)	조직된 질서 법, 제도 사회질서(공동선)	同感 정의감 (분개심) 사회 효용	정의 자유, 평등 공동체 존립의 덕목 (의무의 덕)	법학강의
차원3. 경제(시장)	경쟁과 질서 자유교역 경제번영 (효율성, 성장)	同感 自己愛(자기애), 自益心(자익심) 교환본능(생활개선 본능)	신중 개인적 번영의 덕목 근면, 성실, 절약- 자본축적	국부론

애덤 스미스의 도덕감정론(인간관계 동감론)

도덕감정론의 배경

1688년 영국의 명예혁명으로 지배자로서의 왕권이 무너진 공화상태가 90년간 지속되었다.

이러한 공백기에 왕정 같은 **지배구조 없이 더 잘사는 질서와 번영을 만들어 낼 수 없나** 에 대한 고민 끝에 탐구하여 찾아낸 것이 **도덕감정론(1759)과 국부론(1776)**이다.

그는 인간이란 무엇인가? 라는 탐구를 시작으로 그 인간 본성을 활용하여 잘사는 길을 모색하게 되었다

인간관계에서 느낌의 공통분모(공감)를 찾고 서로 조절해 나가야 한다는 것이 **도덕감정론**(인간관계 동감론)이다.

애덤 스미스는 인간의 본성인 **자익심이 경제발전의 원동력**임을 말하며 자익심이 경제활동을 하는 데 있어 다른 사람에게 해를 끼치지 않고 서로 이익이 될 수 있는지를 연구하면서 도덕감정론을 완성한다.

특히 자익심에 관해 스미스의 스승이었던 **프랜시스 허치슨**의 주장이 스미스에게 강한 영향력을 주었다고 본다.

허치슨은 인간은 경험을 통해 살아가는 존재이고 사회속에 살아가는 존재라고 말하며

그러기에 타인에게 해를 끼치지 않는 선에서 자신의 이익을 추구하는 행동을 한다고 주장했다.

사람은 도덕적인 능력과 기본적인 이성과 인성을 지닌 존재로서 다른 사람에게 피해를 주지 않는 범위에서 자익을 추구한다고 보았다.

이런 영향을 받아
자익적인 인간이 어떻게 도덕적인 판단을 할 수 있는가? 를 주제로 쓴 책이 **<도덕감정론>**이다.

도덕감정론(인간관계 동감론)

1. 인간에게는 시기, 질투 에 따른 해타심(害他心)과 자기 기만이 있는가 하면, 남이 잘 되면 좋아하는 이타심(利他心), 동정심도 있어 서로 갈등한다.

2. 자신의 내면에서 명령하는 양심의 소리(가상의 공정한 관찰자)와 타인의 내면에서 명령하는 양심의 소리가 접근되면 **동감**이 되고 열정이 된다.

3. 인간에게는 칭찬받고 싶어하는 **자익심(自益心)**이 있어 이기심과 양심의 싸움에서 양심편이 이기게 한다.

    이런 동감론이 경제에 작동하여 '**보이지 않는 손**'이 되고

▶ **사유재산권을 확립** 시키고 **사유재산을 증대** 시키기 위한 **사익추구와 분업**,

▶ 시장을 통한 자연스럽고 효율적인 **자원의 재분배**가 이루어 지게 해야 한다.

그러면 **국민 각자가 노력하여 잘 살게 하는 세상이** 되고 **국가의 부(富)도 증대 시킨다**는 **국부론**으로 이어졌다.

애덤 스미스의 경제사상

도덕 감정론 '국부론'의 철학적 토대(배경)

17년 후 ➡ ## 국부론(國富論)

인간은 내 것을 빼앗기지 않기 위하여 공정하게 심판해 줄 관리(공정한 관찰자:양심, 성경 등)를 원한다

공정하게 심판해 줄 관리와 자유롭게 경쟁하는 환경을 조성하면 양심, 도덕과 자익심이 발동하여 건전한 경쟁을 하는 것에 동감한다.

내가 사는 공동체가 잘 되기를 바란다.(애국심, 애향심)

<가상의 공정한 관찰자>는 우리 속의 양심과 이성을 일깨워서 공감을 바탕으로 도덕적으로 옳고 그름을 판단하게 하며 타인을 존중하고 배려하게 되어 사회질서를 유지하는 힘이 된다.

인간 본성을 활용하는 경제제도를 주장한다. 인간을 포함한 생물은 생존을 위한 본성상 **자익주의** 일 수 밖에 없다. 나무들도 다른 나무에게 물 빨아먹는 것을 양보하지 않는다. 자익주의는 자연적이고 변할 수 없다.

그래서 **내가 번 것이 내 것**(사유재산)이 될 때 열심히 일한다. 열심히 일하는 자익주의가 사회발전의 원동력이 되므로 오히려 특허 등 차별촉진 인센티브를 부여한다.

즉, 각 개인이, '**사익을 추구하게 하는 것이 공익을 추구하게 할 때 보다 국가가 더 잘 살게 된다**' 는 이론이다.
개인의 **자익심**(self-interest: 자기 이익)을 역이용하여 풍요한 세상을 만드는 **국부론**을 발표하였다.

보이지 않는 손

<국부론>과 <도덕 감정론>에 한 번만 나오는 용어이나 **애덤 스미스의 경제사상을 대표하는 용어이다.**
도덕과 자익주의가 합쳐서 자동적으로 작동하는 것을 "**보이지 않는 손**"이라고 하였다. 자원 배분의 효율성을 이루는 시장기능 즉, **수요와 공급의 법칙에 따른** '**시장의 자율 조정기능**'을 말한다.

각 개인에게 자익을 추구하라고 내버려두면 **보이지 않는 손**에 이끌리어 사회 전체의 이익도 증진된다.
개인이 자익을 위해 경쟁하는 과정에서 누가 의도하거나 계획하지 않아도 사회 구성원 모두에게 유익한 결과를 가져오게 된다.

'**보이지 않는 손**'을 하이에크 와 미제스는 **자생적 질서(spontaneous order)**라고 하였다.
주택 가격 등의 물가변동을 보면 자생적 질서를 알 수 있다.

소비자는 가성비가 가장 높은 상품을 구입하려 하고 **공급자**들은 가성비가 가장 높은 상품을 출시하여 소비자의 선택을 받으려고 하면서 **값싸고 좋은 다양한 상품이 풍요하게 되고 부정부패가 사라져 건전한 풍요사회가 된다.**

국부(國富)론 핵심 내용

1. <사유 재산권>은 자유와 모든 것을 지키는 핵심이다.
2. **사익 추구**가 사회에 이익이 된다.
3. **국가의 부는 년간 국민 각자의 노동생산성에 비례한다.**
4. 노동생산성을 높이려면 **분업**을 해야 한다.(**기업 탄생**).
5. 분업을 위해서는 **사회적 협동**이 필요하다.
6. 분업하여 만든 상품은 **자유경쟁** 하에 **거래(교환)**되게 해야 하며 자유거래, 자유무역, 해양무역을 해야 거래가 많아지고 부가 커진다. **자유는 필수다.**

7. **수요와 공급**은 시장사정에 따라 유연하게 대응하게 된다.
8. 경제성장을 위해서는 **자본축적**이 필요하다.
9. **작은 정부**를 유지하여 재정건전성을 높이고, **정부권한을 축소**해야 한다.
10. 자유를 지키려면 국민의 수준을 높여야 한다.

▶국부론 전반에 걸쳐 주창하는 바는 국가의 간섭없이 사람들이 원하는 것을 마음대로 할 수 있는 경제적 자유가 더 나은 물질적 생활 뿐만 아니라 인간의 기본권을 보장한다는 것이다.

자유시장 경제원칙 등의 기초교육을 어려서 부터 꾸준히 받게 해야 한다. !!

▶국부론의 가장 중요한 요소 중 하나인 '자익심(self-interest)' 의 바른 이해
이기적인 성격을 가지고 있다는
selfishness (이기심) 는 이해 관계에 있어서 (자신만의, 나만의 이익)을 추구함 이지만
self-interest(자익심) 는 이해 관계에 있어서의 (자신의, 나의 이익)을 추구함을 말한다.

스미스는 **도덕 감정론**에서 그 의미를 담아 놓았다. 애덤 스미스는 독실한 기독교인으로 무한정 늘어나는 자익심이 아니라 **자제할 수 있음을 전제로 한다**. 즉 개인의 자익심(자기 이익 추구)이란 종교와 같은 윤리적 규범이나 법과 같은 실질적인 규칙, 또는 공감능력에 의하여 조절되며 시장은 이러한 자익심을 토대로 만들어 진다. 이기심은 번역상 오류로서, 자익(自益: 자기 이익)심으로 바꿔야 한다.

국부론은 경제학의 체계를 최초로 세운 책이다.

정치, 경제, 철학, 국방,사회, 법률,교육, 종교 등 다양한 분야의 문제들을 최초로 종합적으로 분석한 전체 사회과학 분야의 최고의 고전이다.

자본주의 자유시장경제의 토대를 마련했다.

개인의 자유로운 경제활동이야 말로 경제발전의 핵심이다.

막스 베버 자본주의 정신 근면, 검소, 절약, 절제

▶ **자본주의**는 사유화를 위해 자유롭게 생산하고, 거래하는 **자유경제**를 말하며 거래가 이루어지는 영역이 시장이므로 **시장경제 주의**라고도 한다.
자유롭게 생산하고 거래하는 대상은 농축 수산 광물, 산업생산품, 노동, 지식, 정보, 문화, 예술, 돈 등 모든 인간 생산결과이다.

▶ 보통, 지중해 해상무역통, 가축을 이용한 실크로드 무역 등은 긴 역사를 가지고 있지만, **私有를 위한 자유가 적극적으로 보장되지 아니한 경우는 그냥 무역이지 산업자본주의**라고 부르기 어렵다. 산업혁명이후 산업생산을 목적으로 하는 때 부터 **자본주의** 또는 **산업자본주의**라고 했다.

독일의 **막스 베버**는 **청교도 정신**을 반영하여 다음과 같은 **자본주의 정신**을 제창하였다.

1. 일하는 것 자체가 가치가 있다.
2. 정직하고 근면한 노동을 통해 돈 버는 목표를 세운다
3. 시간 허비를 경계하고 계획을 세워 실천하는 생활을 한다.
4. 쾌락, 행복, 즐거움을 절제하고 최선을 다해 일한다.
5. 돈을 모으기 위해 절약하고 검소하게 생활한다

막스 베버(1864-1920)

독일의 사회과학자.
근대 유럽의 자본주의 발생을 특히 칼빈주의의 교리에 따라 금욕과 근로에 힘쓰는 종교적 생활태도와 관련시켜 설명함

저서:<프로테스탄티즘의 윤리와 자본주의 정신>

특히 유럽의 유태인들이 항상 금융을 중시하고 돈을 거래 대상으로 가지고 다녔으며 이들이 가는 곳마다 경제가 발달하였고 이를 **금융자본주의**라고 한다.
미국식 민간위주의 경제를 **민간자본주의**. 중국과 같이 국가가 투자하고 그 이득을 가지고 가면 **국가자본주의**라고도 부르는데 이는 중국의 경우는 자본주의가 아닌 통제되고 부패한 거래주의에 불과하다. 문재인 정부 5년간 중국식을 가미하려다 실패했다.

소득주도, **억강부약**(抑强扶弱:강한 자를 억누르고 약한 자를 도와 줌),
대동세상(大同世上: 모든 사람이 함께 어울려 평등하게 살아가는 세상)도 자본주의가 아닌 **사회주의 구호(정책)**이다.

정부가 날뛰면 생존을 빼앗기고 정부가 강한 힘을 가지면 자유를 빼앗긴다.
그래서 정부를 두되 족쇄를 채울 필요가 있다. (정부가 국민 위에 군림하게 해선 안된다.)

독일 국기

철, 피, 땀
자본주의 상징

자본주의는 자유시장경제이다

자본주의는 시장경제

자본주의를 다른 말로 하면 자유시장경제다. 자유 상태에서는 손해보는 거래가 생길 수가 없다.

최소한 본전치기 수준에서 각자에게 더 편리하게 되도록 거래나 교환이 이루어진다.

매 거래마다 양쪽 모두에게 이익이 생기므로 거래를 많이 할수록 이익이 많이 발생한다.

그래서 거래가 많아지는 시장경제에서는 **거래를 많이 하는 모두가 풍요하게 된다.**

자본주의는 **내가 번 것은 내 것**(내 가족의 것)이 되게 보장해 주어 자익주의 본능에 의해 열심히 일하게 한다.

시장경제의 요체

시장경제의 요체는 자익주의가 조화롭게 도덕적으로 작용하게 하는 것이다.

최우수 가성비의 상품을 선택하려는 자익심과 최우수 가성비의 상품을 만들어 돈 벌려는 자익심이 어우러지므로 정실 부패가 끼어들 수 없어 가장 정의롭고 합리적인 거래가 된다. 건강한 경제성장을 이루게 되어 **신뢰구조를 구축하고 부정부패가 없는 맑은 세상을 만든다.**

◆시장경제에서는 사람들에게 필요한 것은 누군가가 만들어 내고 만다. 그래서 **각양각색의 상품이 나와 풍요가 넘치게 된다.**

통제경제가 되면?

시장경제를 제한하는 통제경제가 되면 그 틈새로 정실 부패가 끼어든다.

사유재산이 없어지면 자유도 없어지고 정부에 의존하는 노예가 된다.

반대로

1. 구하면 얻을 것이다.
2. 하면 된다. 안되면 되게 하라.
3. 중단하는 자는 승리하지 못한다.
4. 해보기나 해 봤어?
5. 그럼에도 불구하고

와 같은 말은 시장경제를 지탱하는 말이다.

자유주의경제 — **자본주의** — **시장경제**

자유주의경제	자본주의	시장경제
경제활동을 나라에서 통제하지 않는 자유 경쟁의 시장 경제 체제	생산수단을 자본으로서 소유한 자본가가 이윤획득을 위해 생산활동을 하도록 보장하는 사회 경제체제	시장을 통한 재화나 용역의 거래를 중심으로 하여 성립하는 경제

'내가 번 것은 내 것'이 되게 하는 자본주의의 위력!

덩 샤오핑과 하이에크의 대화

자본주의 사회는 자유로운 사회속에서 내가 번 것은 내 것(사유재산)이 되는 사회이므로 열심히 일하게 된다. 그 예가 아래 이다.

중국지도자 덩 샤오핑(등소평)이 자유경제학자 하이에크를 초청(1978)하여 다음과 같은 대화가 이루어 졌다.

> 중국 인민들을 잘 살게 하고 싶습니다. 어떻게 하면 인민들을 굶주림에서 구할 수 있겠습니까?

> 농민들에게 그들이 생산한 농산물을 소유하고 마음대로 처분할 수 있게 하십시오.

등소평은 이 후 중앙 계획으로 집단농장에서 생산해 평등하게 분배하던 공산주의 방식을 버림.

덩 샤오핑과 선부론(先富論)

- 농산물의 자유시장 허용.
- 3년 만에 가난에서 벗어 나기 시작함.
- 등소평은 1978 개혁개방의 길로 나섬.

> 능력 있는 사람부터 먼저 부자가 되어라.
>
> 그리고 부자가 된 사람은 낙오된 사람을 일으켜 모두가 부유할 수 있도록 도와라.

그 결과 그 실천 다음 해부터 식량이 남게 되었다. 이것이 바로 자본주의의 위력이다.

인류의 놀라운 경제 성장

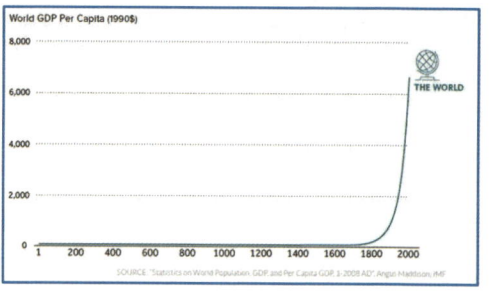

(시간에 따른 세계 1인당 GDP 변화)

서양의 기술, 에너지 혁신이 이뤄낸 산업 혁명이 엄청난 영향을 미치면서, 지난 세기 동안 인류가 만들어낸 기하급수적인 경제 성장이다.

인류의 역사는 가난의 역사였다.

표에서 보듯이 17세기 부터 발전동력을 얻어 20세기부터 수직 급 발전했다.

그것이 가능하게 한 것은 개인주의에 의해 유도된 자본주의 때문이었다.

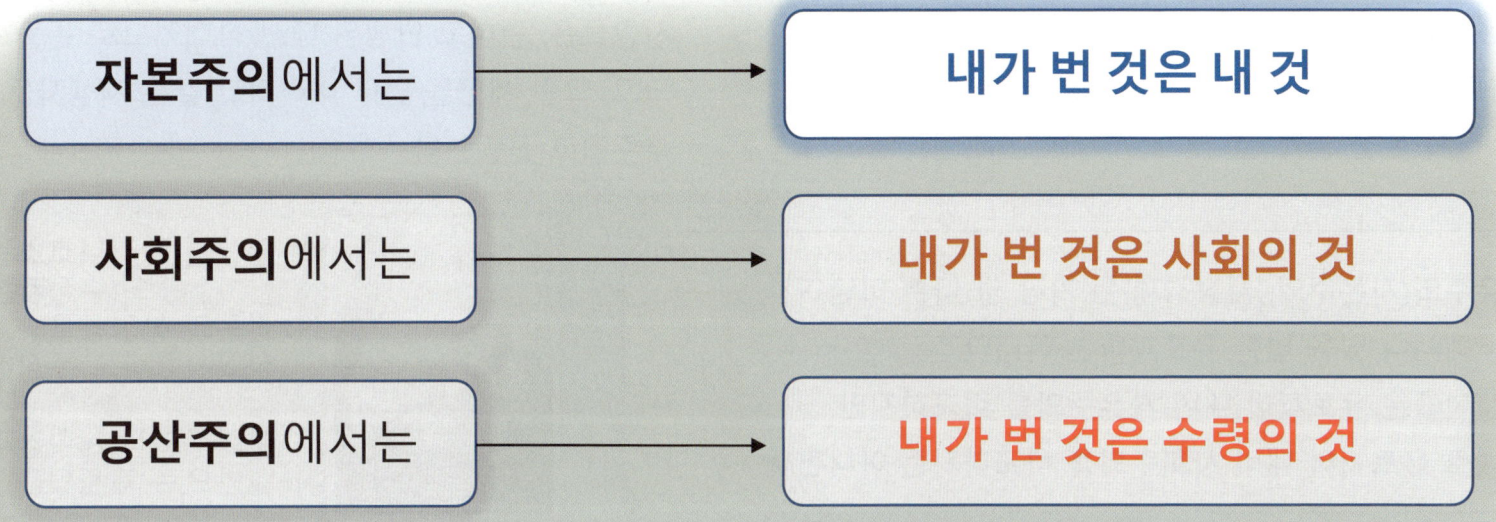

반 자본주의의 부활

계급, 신분 사회가 아닌 자유주의 세상에서는 자기노력에 따라 성공이 이루어지기 때문에, 사람들이 필요로 하는 일을 하여 돈을 벌거나 기업 등의 분업조직에서 일하여 봉급을 타서 돈을 벌게 된다.

돈 버는 업종이 아닌 다른 전문 분야의 가방 끈 긴 사람들은, 편하고 안정된 대신 상대적으로 돈을 못 벌게 되고, 그런 세상을 엎어 버리려고 같은 시샘자들을 부추기고 선동한다.

자유주의(자본주의, 시장경제)는 가장 덜 나쁜 이념이지, 천국에서나 있을 법한 유토피아는 아니다.
지식인들은 **유토피아 대비 자유주의를 비교하지만** 절대로 **유토피아 대비 사회주의를 비교하지는 아니한다.**

알렉스 캘리니코스는 신자유주의(수정자본주의)가 빈곤과 불평등을 심화시켰다고 주장하며

사회주의적 계획경제를 대안으로 제시했다.

그들은 단지 자유주의의 허점을 드러내어 선동함으로써 사람들을 속여 권력을 차지하여 한몫 보려고 하면서 나라를 망친다.
- 최근에는 **ESG(환경-사회-투명경영)**로 자유경제, 시장경제를 좀 먹으려 하고 있다.
- 그들은 뭐든지 사줄 것 같이 유권자가 듣고 싶어하는 말은 다 한다.
- 인간의 **시기, 질투, 평등 추구욕망은 없어지지 않는다.**
- 그러므로 **이름 바뀐 유사공산주의를 지속시키는 에너지가 된다.**
- 사회주의의 근본 심리는 **시기, 질투**라고 한다. 10계명의 마지막 부분인 " **남의 소유를 탐하지 말라**" 와 정면 배치된다.

■ ESG 비판
Environmental 기업의 친환경 강요

Social 사회 기여 강요

Governmence 노동자 경영참여

2008-2009년 세계금융위기에 대한 사회적 비판을 기관 투자가들이 기업에 전가함.

1) 고용유지, 납세에 전력해야 할 기업이 ESG 과제를 해결하라고 강요 받음.
2) 외부인이 '**이현령 비현령**' 식으로 마음대로 개입하고 기업의 자유를 속박함.
3) 기업이 스스로 가치를 판단할 수 있는 영역을 외부 잣대로 제한 하는 것은 **ESG사회주의** 이다. (미국이나 중국 외는 ESG를 거역할 수 있는 나라가 없다)

우리 사회의 반(反) 자본주의

- 자본주의에서는 '곳간에서 인심 난다'라는 말처럼 재벌이나 부자들이 사회 환원에 나선다. (예, 삼성, 빌 게이츠, 워렌 버핏)
- 사회주의에서는 " 동정심 유발로 긁어 모아 자기가 챙긴다? ".

■ **소득주도성장**

근로자의 소득을 인위적으로 높이면 소비가 증대되면서 경제성장을 유도한다는 주장으로 문정부의 핵심 경제정책.

외국에서 돈 벌어올 투자 돈을 빼앗아 다른 쪽에게 주는 소비위주성장이다.
임금주도 성장은 있지만 경제학에 소득주도성장은 없다.
성장여력을 갉아먹어 선진국에서 실패를 경험한 정책이다.

잉여자금으로 경쟁력 있게 투자하여 외국에서 돈 벌어오는 수출주도 성장과는 다르다.

■ 제 119조 (사회주의 조항: 경제민주화)   폐지해야 할 87년 개정헌법 1순위

② 국가는 균형 있는 국민경제의 성장 및 안정과 적정한 소득의 분배를 유지하고,

시장의 지배와 경제력의 남용을 방지하며 (가성비 시성비가 우수한 것이 시장지배 하는 적극적 자유를 막고, 여유자금을

개발비로 사용하는 것을 막는다)   경제 주체 간의 조화를 통한 경제의 민주화를 위하여 ⬇

입법시는 민(民)이 주도하는 경제로 법을 만들었는데, 김종인 등이 과거 독일사회민주당 강령같이 기업의 국유화, 노동자 권리 과잉 증진으로 오역하고 있다.

경제에 관한 규제와 조정을 할 수 있다.

이 조항이 정부의 무한 개입의 길을 열었다.

■ 우리 사회에 침투한 **반 자본주의 (사회주의)세력**은 자본주의로 이룩한 경제적 풍요는 외면한 채
　결과적 평등을 추구하며 자본주의 자유시장경제 체제를 파괴하고 있다.

119조 헌법개정안 : 국가는 경제활동을 옥죄는 각종 규제를 타파하고 자유시장경제를 육성하여
최고의 경제 대국을 도모한다. 로 바꿔야 한다.

반 자본주의자의 10가지 거짓말 모음(1)

라이너 지텔만 (1957~)

(독일, 역사,정치학자, 작가, 기업가)은 저들의 주장이 다 거짓말이라고 근거를 들어 비판하고 있다.
자본주의 만큼 빈곤 극복에 기여한 체제가 있었는가?라고

저서 <부의 해부학> <부유한 자본주의 가난한 사회주의>등 총26권

자본주의에 낙담한 반(反)자본주의자들이 자본주의 탓으로 돌리는 현대 사회의 문제들이다. 그들은 인류의 거의 모든 불행이 자본주의에서 비롯됐다고 주장한다.

1. 자본주의가 기아와 가난에 책임이 있다.

서기 1년 서유럽 주민의 1인당 국민총생산은 **576** 국제 달러였고, 전 세계 평균은 **467** 국제 달러였다.

서유럽에서 서기 1년부터 1820년까지의 기간인 자본주의 이전 시기에 즉 1820년 동안 1인당 국민총생산이 두 배가 되었다는 것을 의미한다.
1820년부터 2003년까지(183년간)의 시기에 이 수치는 **1,202**국제달러에서 **19,912**국제달러로 상승하였고,

서구의 다른 자본주의 국가들에서는 **23,710** 국제달러까지 치솟았다.
근년에도 중국과 인도 아프리카 일부가 자본주의를 도입하여 절대 빈곤이 해결되고 해외여행도 즐기고 있다.

전 세계 역사상 자본주의만큼 기아와 빈곤의 극복에 기여한 체제는 없다.
반대로 인간에 의해 저질러진 최악의 기근은 과거 100년 간 사회주의에 의해 벌어졌다.

1927년 발간된 『소비에트 대백과사전(Great Soviet Encyclopedia)』의 공식적인 발표에 따르면, 볼셰비키 혁명 이후인 1921~1922년 러시아에서 발생한 기근으로 **500**만 명이 사망했다. (1,000만 명에서 1,400만 명이 사망했다는 추정치도 있다.)

불과 1년 후에 **이오시프 스탈린**(Josef Stalin)은 농업을 사회주의적 집단화하고 '부농들을 청산함으로써 또 다른 기근을 촉발시켰고, 이로 인해 **600**만 명에서 **800**만 명이 희생되었다.

특히나 큰 피해를 당한 곳은 카자흐스탄으로, 카자흐스탄 국민의 3분의 1인 **150**만 명이 사망했다.

반 자본주의자들의 가장 큰 거짓말 10가지
(자본주의에 대한 비판)

1. 자본주의가 **기아와 가난에 책임이 있다.**

2. 자본주의는 **불평등을 확대시킨다.**

3. 자본주의가 **환경파괴와 기후변화의 원흉이다.**

4. 자본주의에서는 **경제위기가 반복된다.**

5. 자본주의는 **비민주적이다. 부자들이 정치를 좌우한다.**

6. 자본주의는 **독점을 조장한다.**

7. 자본주의는 **이기심과 탐욕을 부추긴다.**

8. 자본주의는 **불필요한 소비를 조장한다.**

9. 자본주의는 **전쟁을 일으킨다.**

10. 자본주의는 언제나 **파시즘의 위험이 도사리고 있다**

반 자본주의자의 10가지 거짓말 모음(2)

> 소련의 멸망과 함께 공산주의가 종언을 고하는 듯 했지만 오늘날 전 세계 곳곳에서 '시장 대 국가' ' 자본주의 대 사회주의' 투쟁이 벌어지고 있다.

2. 자본주의는 불평등을 확대시킨다.

인간의 삶을 혁신하는 기술이 등장할 때 마다 불평등이 확대되었지만 전체 인류에게는 커다란 축복이었다.

산업혁명 이후의 교통혁명, IT혁명 등이 그 예다. 그런 불평등이 많을 수록 모세관 현상에 의하여 전체 풍요가 상승해지는 결과를 만든다.

3. 자본주의가 **환경파괴와 기후변화의 원흉이다**.

자본주의 국가에서 환경파괴가 복구되고 있고 중국, 인도, 북아프리카의 사회주의 국가 즉 시장경제가 아닌 계획경제 국가에서 지구환경을 망치고 있는 것을 목도하고 있다.

4. 자본주의에서는 **경제위기가 반복된다**.

위기의 원인은 자본주의가 아니라 국가의 개입이다.
1930년대 대공황은 사소한 문제가 생길 때 마다 돈을 찍어서 해결하려는 정부의 잘못된 정책이 누적되어서 발생된 것이었고,

리먼 부라더스 위기도 정부가 갚을 능력이 없는 가계에 대출을 늘리도록 개입하여 발생한 것이었고,

중국발 다가오는 경제위기도 중국정부의 부동산 정책 실패 때문이다.

수요를 능가하는 공급과잉 때문이라고 그럴듯하게 자본주의 핑계를 대는 데 그것은 그냥 놔두면 시장 기능으로 자연 해결되는 것들이다.

5. 자본주의는 비민주적이다 — **부자들이 정치를 좌우한다.**

부자들이 정치를 좌우한다고 하는 말은 자본주의는 부패와 연결된다는 것을 에둘러서 표현한 것이다.

그러면 어떻게 **노란 봉투법**, **최저임금법**(경영자 측이 불리한법) **중대재해 처벌법**이 통과되고 민주노총을 못 없애나 ?

부자가 정치를 좌우한다고 주장하는데 최고 부자 이재용은 죄 없이 왜 감옥 갔고 ? 1심에서 무죄로 나왔는데 검찰이 왜 불복하고 2심으로 항소했나 ?

뇌물과 같은 범죄는 공공 부문 뿐만 아니라 민간 부문에서도 발생할 수 있으며 이는 많은 국가에서 그랬고 또 그럴 것이다.

하지만 그런 일이 가장 빈번하게 발견되는 곳은 정부 관료들이 가장 큰 권한을 가지고 있는 곳이다.

부패인식지수 최하위 10개국에 속하는 나라들은 **북한**(부패인식지수 170위, 경제자유지수 178위)이나 **베네수엘라**(부패인식지수 176위, 경제자유지수 177위)처럼 **경제적으로도 자유롭지 못한 나라들이다.**

국가가 경제 생활에 강력하게 개입하면 할수록 정부 관료들에게 뇌물을 줄 가능성도 점점 더 커지기 때문이다.

반대로 **덴마크, 뉴질랜드, 및 싱가포르는** 세계적으로 부패가 가장 적게 감지되고 있는 나라 들이다. 이 나라들은 전 세계에서 **경제적으로 가장 자유로운** 자본주의 10개국에 속한다.

즉 자본주의가 제대로 자리잡으면 시장에서 소비자의 선택을 받기 때문에 부패가 싹틀 틈이 없기 때문이다.

반 자본주의자의 10가지 거짓말 모음(1)

"자본주의는 문제가 아니라 문제의 해결책이다"

6. 자본주의는 **독점을 조장한다**.

경쟁을 통해 최고의 제품이 우위를 점하게 되므로 경쟁이 독점으로 이어진다.

높은 독점 이윤은 새로운 경쟁자를 끌어들이고, 이들은 계속해서 독점을 허물며, 어떤 특정 시점이 되면 스스로가 독점 기업이 될 수 있지만, 이 독점은 또 다시 경쟁에 의해 무너진다.

반대로 사회주의에서는 국가 권력에 보호를 받는 측이 독점 혜택을 받는다.
즉 자본주의가 아닌 정실 권력이 독점을 조장한다. (코로나 초기의 마스크 독점 판매 등)

밀턴 프리드먼(Milton Friedman)은
'**국가에 의한 통제와 국영 기업의 근본적인 단점은 경쟁에 의한 발전을 무위로 돌려버릴 수 있다**' 는 점에 있다고 강조했다.

프리드먼은 "**그러므로 나는 정부나 민간의 통제를 받지 않는 독점이 그나마 가장 폐해가 적다는 견해를 갖고 있다**" 라고 말했다.

지속적인 독점이 가능하지 않도록 하는 것은 사회주의가 아니라 자본주의이다.

7. 자본주의는 **이기심과 탐욕을 부추긴다**.

시장에서 가성비 경쟁하여 소비자의 선택을 받으려는 것을 이기심과 탐욕을 부추긴다고 말할 수 있을까 ?
결정은 소비자가 하는데 –

이기심과 탐욕은 투자한 노력 대비 더 큰 이득을 노리는 것을 말한다.

즉 컨닝을 하여 장학금을 받으려 하는 것이 이기심과 탐욕이다.

기업을 유치하여 노동을 해서 돈 버는 게 아니라, 타인들이 납부한 세금으로 모은 정부예산을 사냥하여

알토란 같이 나누어 먹는 *아문법이나 5.18특별법을 이용한 혜택이나 국가고시에서 가산점을 부여 받아 부당경쟁을 하는 것이 이기심과 탐욕을 부추기는 것이 아닌가 ?

ESG 기업, 사회적 기업, 여성기업, 장애인기업 등에게 별도의 혜택을 주는 것이 이기심과 탐욕을 부추길 뿐이다.

* **아문법** ('아시아 문화 중심도시 조성을 위한 특별법'의 약칭)

김대중 전대통령의 치적물을 아시아문화전당에 담아두는 전제로 사업비 **5조8000억원**(민자 1조7000억원 포함), 즉 국가보조비 3조3000억원을 들여 조성하는 특별법 통과((2006)
연간 운영비 800억원을 5년간 국가에서 보장해주는 사업을 담은 개정안도 통과됨(2015).

반 자본주의자의 10가지 거짓말 모음(4)

8. 자본주의는 **불필요한 소비를 조장한다.**

소비자의 선택을 받으려고 가성비 경쟁에서 이기는 신상품을 출시하는 것이 불필요한 소비를 조장하는 것으로 치부해도 되는 것인가 ?

옆집 가게보다 더 맛있는 음식을 제공하여 소비자를 끌어들이는 것을 불필요한 소비조장이라고 해석해야 하나 ?

9. 자본주의는 **전쟁을 일으킨다.**

자본주의 국가끼리는 서로가 서로에게 고객이 된다 .
그러므로 **자본주의 국가끼리는 전쟁이 억제된다**는 것이 정설이다.

반대로 북한 같은 공산주의 체제는 다른 나라와 상호 고객이 되지 못하고, 사이버 공격으로 다른 나라의 돈을 갈취하고, 핵과 미사일 등만 개발하여 공갈 협박으로 돈을 빼앗아 먹고 살려고 전력을 다한다.

러시아를 보면 유럽 전체보다 훨씬 많은 무기를 만들어 우크라이나와 전쟁을 하고 있고 중국은 끊임없이 무력을 증강하고 있다.
사회주의 국가를 지탱해 주는 것은 군사력 이기 때문이다.
전쟁을 일으키는 것은 사회주의다.

10. 자본주의는 언제나 **파시즘의 위험이 도사리고 있다.**

자유주의 경제체제에서 전체주의적 결속체제인 파시즘이나 나치즘이 존재할 수 있나 ?

자유세상인 자본주의에는 사회주의인 파시즘이나 나치즘이 도사릴 공간이 없다.

방송이 잘 알지도 못하면서 파시즘이나 나치즘을 극우 자본주의로 표현하여 국민들을 오도한 결과다.

이런 인식을 바꾸는 것이 본 교재의 목적이다.

지텔만은 많은 데이터와 역사적 사실을 들어 반자본주의자들의 자본주의 비판이 근거가 없음을 주장한다.
우리는 그의 저서를 참고하면서 우리 실정에 맞게 내용을 정리했습니다.

그의 주장을 자세히 알려면 그의 책을 읽어 보시기 바랍니다.

지텔만의 <반자본주의자들의 10가지 거짓말> 18~253.

자본주의가 자유와 부(富)를 가져온다

자본주의는 인류 역사상 가장 효율적이고 정의로운 시스템이다.

사진 예종화

시장경제라는 자본주의 세상에서 살려면

최선에 가깝게 결정하는 능력을 키워야 한다.

나의 미래는 내가 선택해야 하므로 **많이 공부하여 최선에 가깝게 결정하는 능력을** 키워야 한다. 식당에 가서 여러가지 메뉴 중 선택하려면 메뉴표에 적혀 있는 음식을 알아야 한다.

그것을 모르고 식당 주인에게 선택해 달라고 하면 반은 고객의 의견을 참작하고 반은 자기 의중을 가미하여 선택해 준다. **자기에게 딱 맞는 음식과는 거리가 생긴다**
 (가정에서도 그런 일이 생긴다)

자본주의 세상에서 살려면 많이 알고 결정력 있고 강해야 한다.

대형 마트에 가서 **수많은 상품 중에서 선택할 때도 내용을 알아야 선택 할 수 있다.** 뒤따라오던 아이가 넘어졌을 때 서양 어머니들은 못 본체 하고 천천히 그냥 간다.

스스로 일어나서 따라 오라고, 그런데 어떤 한국어머니는 일으켜 주고 털어주고, 땅바닥을 "때찌 때찌" 하고 혼내 주고 손잡고 간다.
누구에게 탓을 하는 습관을 가르쳐 준다.

이렇게 큰 아이는 어버이 수령이 다 챙겨주는 사회를 원하게 된다 !

사회계약론과 **독재국가**

근대적 의미의 국가는 어떻게 성립했을까?

사회계약론은 당시 **절대왕정을 떠받치고 있던 왕권신수설(王權神授說)에 정면으로 도전한 사상**이다..

사회계약론은 저마다 본성에 따라 살아가는 **자연상태에 있던 개인이 계약을 맺고 국가를 만들어** 국가의 통치 속에 살게 되었다는 이론이다..

개인은 **자연상태보다 더 나은 삶을 누리기 위해** 국가의 통치를 따르고
국가는 **개인의 안전과 행복을 보장하는 권리와 의무**가 발생하게 된다.

홉스, 로크, 루소를 통해 사회계약론을 살펴보고 바람직한 국민과 국가의 관계를 생각해 보자.

그리고 권위주의 정치의 특징을 살펴보며 독재의 여러 형태를 알아 보고자 한다.

- 자유를 위한 사회계약론
- 홉스, 로크, 루소의 사회계약론
- 권위주의 정치란?
- 독재의 종류
- 자유로운 정의국가, 열심히 일하는 시장경제 국가로

전 세계국가 수
249개국(국제표준화기구 기준, 2020)
203개국(유엔기준:정회원193+참관회원국2+미승인국8)

전 세계 인구 수 80억 1988만명 (2024)
현존하는 **독재국가** 40여개국   ~나무위키~

사회계약론이란   홉스, 로크, 루소의 사회계약론   권위주의 정치   독재의 종류

자유를 위한 사회계약론
자유로운 개인들이 국가와 계약을 통해 국가가 세워진다

각 개인은 **자유를 최대한으로 확보하면서** 공동 이익을 지키기 위해 하나의 약속을 하고 국가를 형성한다.

이 약속이 사회 계약이다.

자연상태보다 더 나은 삶을 누리기 위해

개인 → 국가의 통치를 따름 → 국가
개인 ← 개인의 안전과 행복 ← 국가

권리와 의무의 발생

사회 계약론이란?
사회계약론은 저마다 본성에 따라 살아가는 자연 상태에 있던 개인이 계약을 맺고 **국가를 만들어** 국가의 통치 속에 살게 되었다는 이론이다(근대 국가의 형성이론)

사회 계약론의 목적
자연인들이 사회계약을 맺어 국가를 설립하는 목적은 **자기 자신의 보전(자유, 생명, 재산)과 공동의 이익, 곧 공동선의 실현**에 있다.

사회 계약론의 발생
사회계약설은 당시 **절대왕정을 떠받치고 있던 왕권신수설에 정면으로 도전한 사상이다.**
왕권신수설이란 왕권은 신으로부터 주어진 것이라는 이론이다. 이는 절대왕정 시대에 왕권의 절대권을 옹호하는 이데올로기적 무기로 이용되었다.
그렇지만 왕권신수설은 어디까지나 신의 존재를 전제로 할 경우에만 설득력을 가지는 이론이다. 따라서 이성이 중시되는 근대에서는 **어떤 신학적인 전제도 없이 오직 이성에 의해서만 입증될 수 있는 새로운 사회 질서가 요구되었다.**

이러한 시대의 요청에 부응하기 위하여 사회계약론자들은 일종의 '**사고 실험(thought experiment)**'을 했다.
사고 실험이란 어떤 상황을 가정하고, 그 상황 속에서 특정 주체가 어떻게 행동하는지에 대해 기술하는 방식을 말한다.

그래서 이들은 만일 '**자연 상태**', 즉 **어떠한 정부나 국가도 없는 최초의 상태를 가정한다면, 어떤 사회나 국가가 도출될 것인가를** 생각해보았다. 말하자면 '**만약 국가가 없다면**, 즉 **자연 상태에서 사람들의 모습은 어떨까?** '라는 가정으로부터 **합리적인 사회의 모습을 도출하려 했던 것이다.**

홉스, 로크, 루소의 사회계약론

토마스 홉스(영국)
(1588 – 1679)
사회계약이란
생각을 최초 고안

존 로크(영국)
(1632 -1704)
근대자유주의의 시조
저항권, 동의 ,시민정부

장자크 루소(프랑스)
(1712 – 1778)
사회계약이란 말을 최초사용.
일반의지,인민주권론

▶**자연상태를 비관적으로 봄**, 자연 상태의 불안정한 상황을 종식시키기 위해 **리바이어던** (절대적 권력을 상징)이라는 강력한 국가형태를 원함.

성악설을 믿었으며 치안이 없는 자연세상에서는 **서로가 서로를 빼앗고 죽이는 공멸세상(만인에 대한 만인의 투쟁)**이 되므로 특정한 사람 혹은 집단(국가)에게 권력을 몰아주게 되는데 그가 바로 **왕**이 되어 갈등을 해결하게 된다.

▶그 지도자를 함부로 하면 안되지만 **백성을 보호하지 못하면 교체되어야 한다**고 하였다. 마키아벨리의 군주론의 영향을 받은 **왕권 치안설**이다

▶**자연상태를 긍정적으로 보고 민주주의적 정치 형태를 제안**. 인간은 악인들로부터 자신의 재산(생명,신체,재물 등)을 확실히 보호받기 위하여 자신들의 자유와 권리의 일부를 정부에 위임하고, 위임해 주어 성립시킨 **사회의 규칙과 법률에 복종해야** 하지만, 정부가 구성원의 재산을 잘 지키지 않고, 이롭지 못하게 사용하면, 계약(헌법,공약)위반이기 때문에 그 정부를 **해체할 수 있다**고 인식한다.

▶**로크의 사회계약설**에 있어서 **가장 중요한 인간의 권리**는 다름아닌 **재산권** 이다.
정부-개인 간 계약 강조 , 재산권 강조.
입법권 중시

미국은 존 로크의 사회계약론(소유권, 저항권, 제한 정부론)을 헌법에 반영

▶**자연상태로의 성선설**을 믿었으나 방치되면 인구증가와 함께 **성선상태가 파괴**되므로 그 파괴를 막아줄 국가를 만든다.
개인들의 의지(**일반의지**)가 모여 **전체의지**가 되어 사회질서가 유지되고 국가가 형성되므로 국가는 국민 전체 의지에 의해 제한된다.
즉 **개인의 권리를 국가에 양보하는 것이 아니고 필요에 의해 관리하게 하는 것이므로 국민들이 수시로 정부를 바꿀 수 있다.**

▶국민 직접정치(직접 민주주의)의 색채가 강하다. 이런 직접정치는 대중정치성을 띄어 무정부 상태(원시 공산주의)사상이 되고 진화설과 결합하여 **평등적 진화라는 공산주의**가 발아되는데 기여했지만, 개인을 강조하여 인권과 민주화에도 기여했다.

▶ 법으로 다스려지는 국가, 즉 공화국을 가장 바람직한 국가형태로 보았다.

권위주의 정치(Authoritarianism)

● 형식적으로는 의회, 법치주의를 취하면서도 일부의 집단이 **독재적인 힘을 가지고** 의회나 국민을 무시하고 **지배권을 행사하는 정치.**

후안 린츠(Juan J.Linz)가 정의하는 권위주의의 4가지 특징

1926. 독일 .美 예일대 명예교수. 정치 사회학자

1. **정치적 균형의 제약** : 입법부, 정당, 이해집단 등에 대해 정권차원에서 제약을 가하고 싶을 때 사용한다.
2. **감정적 선동** : 특히 내란이나 저개발 등 대중 사이에 충돌이 있을 때 상대방을 제압하기 위한 방편으로써 정권이 이용한다.
3. **관제 데모** : 대개 반 정권 단체나 정치적 적수를 억압 할 때 이용한다.
4. **비공식성(informality)** : 그 정체가 모호하거나 변하기 쉬운 행정부가 이용한다.
   (비공식성:국가적으로나 사회적으로 인정되지 않은 성질이나 특성)

● 비스마르크, 스탈린, 리콴유 가 만든 계급적 관료제 등을 말한다.
비스마르크정권, 싱가폴 정권같이 계급 상부가 현명할 때는 최고의 능률을 나타내지만 **스탈린 정권같이 반대일 때는 매우 위험하게 된다.**

독재(Dictatorship)의 종류

개인이나 특정집단이 홀(獨)로 재단(裁斷)한다는 뜻

1인 또는 일정한 집단에 권력이 집중되어 나머지를 배척하면서 지배하는 권위적인 정치체제이다.

- 개인이 행하는 **일인독재**
- 군인들이 행하는 **군사독재**
- 민간인이 행하는 **문민독재**
- 민중 등 계급이 행하는 **계급독재**(프롤레타리아 독재)
- 다수가 행하는 **대중독재**
- 독재의 끝판왕은 김일성가의 **세습독재**

잘 나가다 망한 나라들의 망한 원인

앙골라: 사회주의

그리스: 포퓰리즘

캄보디아: 사회주의

필리핀: 토지개혁 실패, 부패, 외국인 투자유치 소홀, 미군철수

쿠바: 사회주의

이라크: 독재. 부패

라트비아: 공산화

나우르: 과소비

베네수엘라: 사회주의

아르헨티나: 포퓰리즘, 외국자본 배척, 반기업정서, 연금확대, 임금인상 등

대부분 사회주의를 지향하다가 실패한 경우이거나 독재자의 독선, 부패, 반미, 포퓰리즘(인기 영합주의)의 만연 등으로 잘 나가던 나라들이 망했다.

우리의 형편도 다르지 않으니 국민이 크게 각성하여 망하는 원인들을 제거해야 한다.

인류 역사상 사람을 가장 많이 죽인 독재자 순위

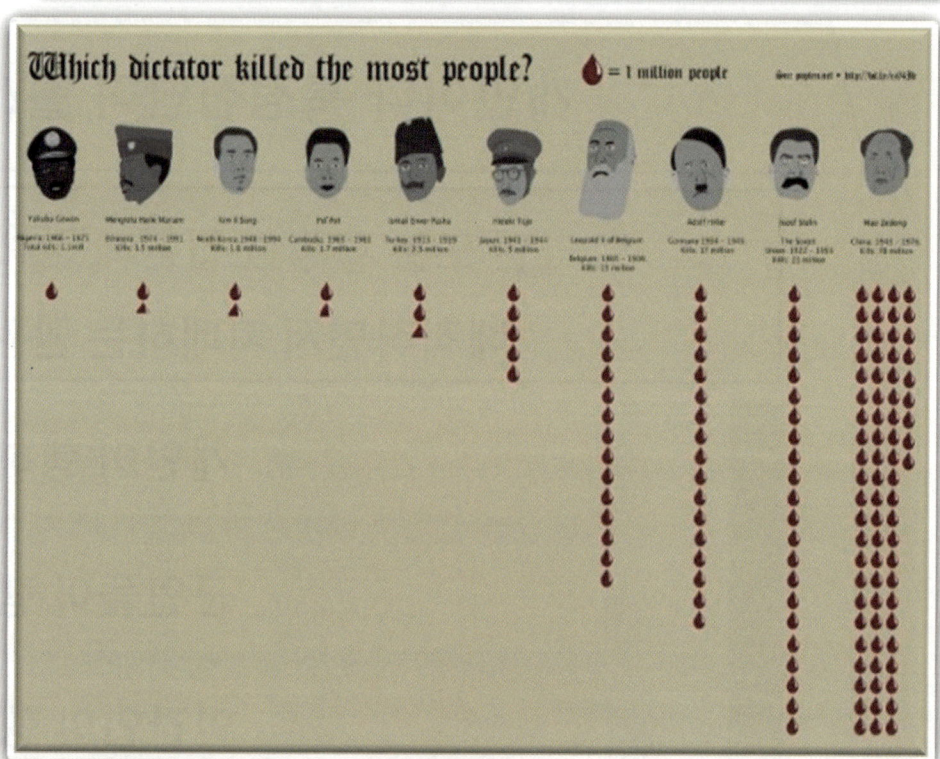

1. 마오쩌둥 (중국) 4900~7800만,
2. 스탈린 (소련): 2300만,
3. 히틀러 (독일) 1700만.
4. 레오폴드 2세(벨기에) 1500만,
5. 도조 히데끼 (일본) 500만,
6. 파샤 (오스만 튀르크) 250만.
7. 폴 포트 (캄푸치아) 170만,
8. 김일성 (북한) 160만.

대부분 공산화 과정에서 숙청된 사람들이거나 또는 대규모 전쟁을 통해 희생된 사람들이다.

대한민국을 망하게 하는

선전선동
거짓선동
가짜뉴스

한국인이 잘 속는 순박함(?)이 있어서인지 공산주의 사상에도 선전선동에도 잘 넘어간다

정치와 계급투쟁에서 가장 강력한 무기는 선전선동이며 반대한민국세력은 고도화된 언어조작 및 선전 선동을 가장 중시한다.

저들은 궁극적 목적인 정권장악을 위해 폭력과 선전선동으로 무장한다.

모르면 당한다!!

괴벨스의 선전선동술

단기간에는 거짓이 승리하고 굳히기 하려 든다.

- 악(惡)의 잠행 1 (소설 '태백산맥'을 중심으로)
- 악(惡)의 잠행 2 (소설 '태백산맥'을 중심으로)
- 나쁜 평화가 전쟁보다 낫다? (1),(2)
- 좌익의 선전 선동으로 대한민국 망하고 있다!
- 좌익의 선전선동에 속지 않으려면
- 운동권 출신 정치인들이 끼치는 해악(사설)

괴벨스의 선전선동술 단기간에는 거짓이 승리 악의 잠행 좌익의 선전선동

괴벨스의 선전선동술

"선동은 문장 한 줄로도 가능하지만 그것을 반박하려면 수십 장의 문서와 증거가 필요하다. 그리고 그것을 반박하려고 할 때면 사람들은 이미 선동 당해 있다."

파울 요제프 괴벨스(1897~1945)
나치 독일의 전 공보장관. 언론매체와 대중연설을 통한 선동기술로 독일 국민을 나치즘으로 끌어들이는 데 결정적 역할을 한 인물로, 나치의 상징인 하켄크로이츠와 독특한 제복, 거창한 행사 등을 통해 대중을 최면상태로 몰고 가는 기술을 개발한 20세기최고의 정치 연출가로 꼽힌다.

"나에게 한 문장만 달라. 누구든 범죄자로 만들 수 있다"

괴벨스가 지향하는 사회는 개인이 자유롭게 사고하고 행동할 수 있는 여지는 손톱만큼도 주지 않는 '**전체주의 사회**' 였다.

히틀러의 침략 전쟁을 돕기 위해 괴벨스는 '**가짜 뉴스**'를 생산하는 일에도 앞장섰다.

우리나라 좌파들이 많이 쓰는 '시체팔이 투쟁'도 괴벨스가 많이 쓴 선동수법 중 하나였다. 괴벨스는 공산주의자들의 거리 투쟁에서 나치파 **희생자들이 나올 때마다 그들을 '순교자(殉敎者)'로 치켜세우고**, 공산주의자들의 야만적 폭력을 맹비난했다.

▶ **선전**(宣傳, 영어: propaganda, 프로파간다)은 **일정한 의도를 갖고 세론(世論)을 조작하여 사람들의 판단이나 행동을 특정의 방향으로 이끌어 가는 것이다.**

▶ **선동**(煽動, agitation 아지테이션)
개인 또는 집단을 부추김으로서 특정 단체가 원하는 일이나 행동에 나서도록 하는 행위이다. 선동은 주로 **부정적인 정보조작**을 통해 이익을 얻으려 벌인 선전을 나타내는 말로 쓰인다.

▶ **대한민국 법이 규정한 선동—선동은 범죄**
<대한민국 법 중에 **국가보안법 제7조 1항**>에 의하면
1. **국가의 존립·안전이나 자유민주적 기본질서를 위태롭게 한다는 점을 알면서 반국가단체나 그 구성원 또는 그 지령을 받은 자의 활동을 찬양·고무·선전 또는 이에 동조하거나 국가변란을 선전·선동한 자는 7년 이하의 징역에 처한다.**<개정 1991·5·31>

괴벨스는 여전히 살아있다 !

괴벨스는 죽은 후 총통 벙커의 폐허 속에서 숯덩어리가 되어버렸다. 하지만 그는 죽지 않았다.

감성적인 이벤트와 왜곡된 통계로 국민들을 호도(糊塗)하는 위정자(爲政者)의 참모들, 인터넷 댓글 프로그램으로 여론을 조작할 수 있다고 생각하는 정치인들, 거짓말과 폭력을 일삼는 노조를 앞세워 공영방송을 장악한 권력,

방송을 통해 자기들의 비뚤어진 정치이념을 여과 없이 전파하면서도 그걸 '방송정상화' 라고 우겨 대는 방송노조,

'적폐청산' 이라는 미명 아래 자기들과 뜻을 달리하는 직원들을 학살하듯 거리로 내모는 투사 출신 방송사 사장들,

망가져 가는 경제나 김정은 정권의 인권 유린에 대해서는 입을 다무는 관영 언론들, '가짜 뉴스'로 대중을 선동해 거리로 내모는 방송 PD들, **획일화된 주제의 정치성 영화만을 양산해 내는 영화인들의 의식 속에 괴벨스는 여전히 살아 있다.**

Copyright 조선뉴스프레스월간조선(2018년 7월호)

단기간에는 거짓이 승리하고, 굳히기 하려 든다.

거짓의 메아리가 잘 울려 퍼지는 나라에서는 거짓이 이길 확률이 더 높다.

1. 가짜뉴스는 진짜뉴스보다 **6배 빨리** 퍼지며 진실에 대한 증오심도 함께 퍼트린다
2. 거짓은 빛을 외면하고 빛의 그림자만 비판한다.
3. 안 들리는 진실은 들리는 거짓에게 진다.
4. 두서 없는 판박이 진실보다 위트있고 재치있는 거짓이 이긴다.

5. 세뇌 현상
   가족, 친지, 친구 동료 중 한명이 기회 있을 때 마다 주변에 거짓말을 하면 대부분 세뇌된다. 그 효과로 많은 젊은 인구가 반대한민국 세력으로 확대되었다.

6. 확증 편향
   1) 잘생긴 외모, 끈질긴 진영논리가 진실을 이긴다
   2) 미운 사람이 바른말을 하면 그 반대 논리만 찾아서 반박한다. 또 논리에 밀릴 때는 큰 소리로 말을 못하게 막는다.
   3) 뭉텅이로 이미지화 한다
      일본-**나쁜 나라**, 기업가-**탐욕가**, 남한 정권-**친일정권**
   4) 멋있는 문구를 잘 만든다.
      예) 정의가 강물처럼 흐르게 하겠다.

7. 인간은 비 이성적이고 선동에 약하므로 거짓이 이길 확률이 높다.

8. 기억손실
   소련 패망 시 공산주의가 실패한 사상이라고 실감했지만 이내 망각하여 다시 그들의 거짓에 속아서 부화뇌동 하는 것을 보면, 앞 세대의 경험과 기억이 후 세대에게 전달될 때의 손실이 워낙 크기 때문에 후 세대가 제대로 인식하지 못함을 이용하거나,

   인간의 기억 결함을 이용하여 거짓으로 속이면 대다수 사람들은 속을 수 밖에 없다.

9. **아는 만큼 싸울 수 있고 싸운 만큼 알게 된다.**

유튜브나 개인의 의견보다는 공중파 TV를 더 신뢰하기 때문에 대다수 사람들은 TV가 속이면 자동적으로 속게 된다.
진실한 보수 U-TUBE 를 보는 인구 외에는 속게 된다.

사실을 근거로 한 이승만 다큐 영화 **<건국전쟁>** 관람인구는 117만에서 멈췄는데, 언론이 집중 조명한 픽션 영화 **<서울의 봄>**은 1000만 이상의 관객을 돌파했다.

. 일단 승리한 거짓 무리들은 장기적으로 거짓이 들통날 수 밖에 없음을 알고 있으므로 다수석을 점령했을 때 법을 바꾸어 굳히기를 해버린다. **그런 다음, 다음 거짓을 준비한다.**

거짓에 한번 속으면 속인 사람이 나쁘고, 두 번째 속으면 속는 사람이 바보이고, 세 번째 속으면 공범(共犯)이다.

가짜 뉴스가 진짜 뉴스(팩트)보다 6배 빨리 퍼진다

▶ **시난 아랄** 美 MIT 경영대학원 교수는 거짓과 진실의 트윗 450만건의 전파속도를 조사해보니 거짓이 진실보다 6배 빨리 퍼짐을 확인했다고 발표했다.

▶ 인간의 주의력은 새로운 것에 끌린다. 가짜 뉴스는 상당수 새롭다고 느껴지며 대부분 놀라움과 분노로 이어져 확산된다. 새 정보를 알리면 소셜미디어 공간에서 사회적 우위를 획득한다. 그래서 자꾸 공유한다.

▶ 가짜 뉴스는 거짓을 팩트처럼 위장하여 빠르게 확산되나 진짜 뉴스는 확산력이 약하고 빠른 대처도 어렵다. 그러므로 거짓이 단기간에는 승리하게 된다.

▶ 그래서 억울한 탄핵도 가능했고. 선거에서도 반대한민국 세력이 우세하게 된다.

<惡意적 사상교육> 악(惡)의 잠행1 (소설 '아리랑,태백산맥'을 중심으로)

악은 Detail 에 숨겨서 잠행(潛行:남모르게 숨어서 오고 감)한다고 한다.

예를 들면 대하소설 '태백산맥'을 보면 긴 줄거리속에 눈에 띄지 않게 공산주의가 이성적인 것처럼 서술해 놓아 독자가 자기도 모르는 사이에 공산주의를 이성적으로 받아 들이게 만든다.

이런 긴 내용속에서 보수의 좋은 점인, 살펴보는 개혁, 효율주의는 배제되었고, 진보의 나쁜 점인, 독선적 파괴, 필연적인 부패는 내용에서 제외하였다.

▶ 공산 유고 부통령 밀로반 질라스 의 저서
「새로운 계급」과 「스탈린과의 대화」에서

진보는 '나는 초월적 正義人 이고 남은 나를 따라야 한다'는 인간 차별을 기준으로 남을 재단하여 처단하므로 권력과 과단성이 필수가 되고, 절대 권력에 필수적으로 따르는 부패는 피할 수가 없었다.

그들은 부패를 훗날 정의를 위한 자금 비축이므로 옳다고 생각하지만 타인이 느끼기에는 내로남불 일 수 밖에 없다.

긴 이야기속에 숨겨놓은 악의적 사상교육 은

대하소설 '아리랑' (350만부 팔림)과 '태백산맥'을 보면 알 수 있다.

'아리랑'을 예를 들면
일본경찰이 토지조사 사업에 반대하는 조선농민들을 4000명이나 즉결처형 했다고 거짓 기록하고 있는 것이나

쿠릴열도에서 조선노무자 1000명을 반공호에 가두고 수류탄 기관총으로 몰살하고 방공호 입구를 콘크리트로 봉쇄하여 죽였다고 한 것이나,

'지시마 열도 여러 섬에서는 그런 식으로 이미 2000여명이 죽었다' 라고 했다고 했는데 (아리랑12권 158 쪽)

이미 삼권분립과 법치주의가 확립된 일본에서는 있을 수 없는 거짓이었다.

악(惡)의 잠행2 (소설 '태백산맥'을 중심으로)

또 **태백산맥(860만부 팔림)을 보면** 긴 줄거리속에 눈에 띄지 않게 **공산주의가 이성적인 것 처럼 서술해** 놓아 독자가 자기도 모르는 사이에 공산주의를 수용하게 만들었다.
한강, 아리랑을 합치면 1600만부가 팔렸다고 한다.
 (한겨레 2020.7.27)

좌익 인물은 순결, **우익은 패륜식**으로 인물을 설정, 우익의 폭력만 집중 조명하면서 계급혁명의 당위성만 부각하여
대한민국은 태어나지 말았어야 할 나라로 비하 하였다.

북한은 토지개혁, 남한은 사회주의 혁명을 막는 정권
                                (5권 94쪽 145쪽)

대구폭동 미화 ,제주 4.3 폭동을 인민항쟁으로 미화
빨치산 찬양(8권195쪽)

국군 경찰 악평 (8권55쪽), **미군 악평**(7권335쪽8권53쪽),
좌익 찬양(혁명전사의 순결 4권 175쪽)

공산주의자 김범우를 은근히 찬양하고 있다.
김용삼 등이 작가에게 **"왜 거짓 소설을 썼느냐?"**고 하니까

작가 왈 " 자기가 작가 중 세금을 가장 많이 낸 사람"
       이라고 엉뚱한 답변을 함.

그는 언론 인터뷰에서 " 취재과정에서 확인된 반공적 자료는 뒤집어 읽기를 했으며 역사는 힘있는 자들의 기록 이어서는 안되며 민중의 시각에서 소설을 서술했다" 라고 밝혔다.

현지인들을 만나서 재확인 해 보니 현지인들이 말하기를
 "우리들이 증언해준 내용을 작가가 180도로 뒤집어서 썼습니다" 라고 했다.

김용삼 기자의 <왜곡된 근현대사 바로 알기>

좌파인사들의 소설이나 문학작품, 영화에는 **사회주의 사상이 스며들어 있는 작품이 많이 있다.**

문제는 소설이나 영화 등에 역사적 사건을 기술한 내용이 마치 실체적 사실인 양 만들면서도 오인하게 되는 독자들에게 책임을 돌리고 자신은 '**영화나 소설을 썼을 뿐**' 이라고 발을 뺀다.

영화 예) 서울의 봄, 화려한 휴가, 택시운전사, 포크레인,
       김군, 오래된 정원, 썸머 타임, 꽃잎 등

문화,방송,언론계에 스며든 이런 사회주의자들의
'**악(惡)의 잠행**' 을 국민들은 찾아 내어 시정을 요구할 뿐만 아니라 속지 않도록 바른 역사 교육에 힘써야 한다.

   악은 선한 얼굴로 다가온다 !
악할 수록 시청률 상승 – OCN 오리지널 드라마 보이스2 에서

나쁜 평화가 전쟁보다 낫다? (1) | 거짓 평화에 속지 말아야

이 말의 유래

키케로(B.C 106~B.C 43)는 그의 서한문에서
"부당한 평화가 정의로운 전쟁보다 낫다"라고 했다.

　아무리 나쁜 평화라도 전쟁보다 낫습니다
　이게 다 조선의 평화를 위한 것입니다" (이완용)

베트남 전쟁 시 베트남 인민군 출신으로 참전했던 소설가 **바오닌**(1952~)은 전쟁 소설<전쟁의 슬픔>에서 이렇게 썼다.
"가장 나쁜 평화라도 가장 좋은 전쟁보다 낫다"
　　　　　　　　(문재인은 이 글을 인용한 듯 하다)

대한민국 평화론자들, 이완용을 그렇게 싫어 하는 자들이
이 말은 똑같이 한다.

1. **김대중**은 '**햇볕정책**' 이라는 퍼주기 정책을 시행했지만
　결과는 우리 국민들의 머리에 핵을 이고 살게 만들었다.

2. **문재인**은 자신의 페이스북을 통해 짧은 글을 남겼다.
"가장 좋은 전쟁보다, 가장 나쁜 평화에 가치를 더 부여합니다"

3. **이재명**은 "아무리 비싸고 더럽고 자존심이 상해도
　　　　　이긴 전쟁보다 평화가 낫다"
얼핏 들으면 전쟁해서 파괴되고 죽는 것 보다는 죽지 않는 가장 나쁜 평화가 더 좋은 것 같이 생각하기 쉽다.
그러면 나쁜 평화는 어떤 상태를 말하나 ?
항복하여 얻는 평화를 말한다. 항복할 때 까지 전쟁의 위협을 가하면 단계적으로 양보하여 결국 항복에 이르러 끝나게 된다.

항복은 무엇인가 ?
가진 것을 모두 내놓고 상대의 처분에 맡기는 것이다.
그러면 모든 것을 빼앗은 다음 삐딱한 사람들을 파리 잡듯이 처단하여 없애는 것이다.

그래서 '**나쁜 평화가 전쟁보다 낫다**' 라는 속임 말에 절대 동의할 수 없다

문제는 나쁜 평화라도 얻고자 비겁하고 자존심 상해도 전쟁을 획책하는 **적에게 굴종하는 것이 옳은 선택일 수 있는가**? 이다.
또 그렇게 얻은 평화를 평화라고 할 수 있는가? 이다.

많은 사람들이 이 말을 쓴 이유는 모두 만족할 수 없지만 참혹한 전쟁을 치르는 것 보다는 그래도 평화를 위해 최선을 다하는 게 옳다는 뜻일 거라 본다. 문제와 갈등 시 **돈이나** 전쟁으로 해결하기 보다는 대화와 신뢰를 통한 **평화의 길을 먼저 모색하는 것에 동의한다.**

나쁜 평화가 있나?

평화는 좋은 것이다.
갈등과 대립이 극심한 세력 간에 합의점을 찾아 문제가 해결되고 사이좋게 지내게 되는 게 평화다. 그렇지 않은 상태는 평화가 아니다

나쁜 평화는 그냥 나쁘다. 잘못된 평화다.
문제가 해결되지도 않았는 데 폭력과 무기를 동원한 협박에 비겁하게 자존심을 버리고 싸워보지도 않고 굴종하면 평화가 올까?
싸워보지도 않고 전쟁에 진 꼴이 될 거다.

북한이 전쟁을 해서라도 대한민국을 무력 통일하겠다고 나선다면 우리의 선택지는 **전쟁을 하던지 항복하든지 둘 중에 하나밖에 없다.**

판문점 도끼 만행 때
박정희대통령은 단호하게 대처했고 김일성의 사과를 받았다.

2015년 북은 대북 확성기 문제를 걸어 철거하지 않으면 무력으로 확성기를 제거하겠다는 전쟁 불사의 최후통첩을 했을 때도
박근혜대통령은 **도발하면 즉각 응징하겠다**고 초강경태도를 견지했고 북한은 스스로 꼬리를 내리고 최후통첩을 거두고 협상팀을 서울에 보냈다
일전불사의 강경태도가 결과적으로 전쟁을 막은 것이다 !!

나쁜 평화가 전쟁보다 낫다? (2)

우리 정부의 강경한 대처는 군사적 우위를 바탕으로 한 것이다
한미동맹을 바탕으로 한 강력한 국방력과 지도자의 결단이
전쟁의 위기를 벗어나게 했다.

● **굴욕적 조건을 감수해야 하는 평화는 평화가 아니고 항복이다.**
항복으로 얻는 평화는 **가짜 평화**이며 **구걸 평화**이며 **나쁜 평화**이다.

레이건은 이렇게 말했다.

"**단 한순간에 평화를 얻는 방법은 항복이다**" 그런 평화를 원하는가?

항복하면 생명을 유지하고(그것도 보장할 수 없지만) 파괴는
면하겠지만 자유대한민국은 사라지고 공산치하의 인민으로
노예처럼 살아가게 될 것이다.

자유도 사유재산도 없이 김정은 치하에서 **노예처럼 살아가는
것이 평화라면 그건 평화가 아니다.**

● **나쁜 평화는 평화가 아니다.**

전쟁을 피하기 위해 나쁜 평화를 선택해야 한다면
생명을 걸고 전쟁터로 달려가야 한다.

● **나쁜 평화는 전쟁보다 더 나쁘다.**

전쟁의 승리는 평화를 지킬 수 있게 되나 패배는 모든 것을
잃게 된다. 처칠이 한 말을 기억하자.

"**우리는 결코 굴복하지 않습니다.
승리가 없으면 생존도 없기 때문입니다**"
전쟁에서 패한 나라는 다시 일어날 수 있지만
굴복한 나라는 다시 일어날 수 없다.

과정인 전쟁의 반대는 과정인 항복이다, 목적인 평화가 아니다.
(**항복**: 자신을 방어하는 방어 수단을 적에게 넘기고, 적의 처분을 기다리는 것.)

진정한 평화를 위해 싸워 이기느냐?
아니면 거짓평화를 믿고 적국의 노예가 되느냐?
그 외의 선택은 없다.
나쁜 평화가 주어지는 것은
평화가 아닌 적국의 노예가 되는 것이다.

● **평화를 가져 올 것처럼 말하는 자들에게 속지 말자.**

힘이 없으면 평화도 없다.
강력한 억지력을 지닌 국방력과 안보의식이 진정한 평화를
지키는 열쇠이다.

● **평화를 말할 수록 전쟁의 위험을 경고하고 대비해야 한다.**

"**전쟁에 대비하는 것이 평화를 유지하는 가장 효과적인
방법이다**" (미국 초대 대통령 조지 워싱턴)

" **총력안보 유비무환**"(박정희대통령)
전쟁준비를 해 놓아야 평화의 준비를 할 수 있다. (케네디)

진정한 평화주의자는 전쟁을 존중한다. (귀스타브 타봉)
평화를 원하거든 전쟁에 대비하라.(로마의 전략가 베게티우스)

"좋은 전쟁 또는 나쁜 평화는 없다"(프랑클린)

● **평화는 지킬 힘이 있을 때만 지켜진다.**

평화는 좋은 것이어야 한다.
평화를 말하는 사람은 거짓평화,
환상평화를 말해서는 안된다.

평화를 가져다 줄 듯이 말하며
나쁜 평화를 더 가치 있다고
말하는 자들에게
속지 말아야 한다.

좌익의 선전 선동으로 대한민국 망하고 있다 !

2000년대 한국을 망친 좌익의 9대 선동과 선동문구

1. **광우병선동**(2008.04.29): "미친 소' '뇌 송송 구멍 탁"

2. **4대강 사업 선동**(2008.12.29~2012.12.22): "녹조 라떼"

3. **천안함 선동**(2010.03.26):
 "미군 잠수함 소행" "좌초 후 침몰 등 온갖 날조

4. **세월호 다이빙 벨**(2014.04.16)
 "다이빙 벨로 구조할 수 있다 " "정부가 고의로 투입 안 해" –
 다이빙 벨 투입으로 인하여 구조활동에 큰 혼란을 초래하고
 실패하였다.

5. **박근혜 탄핵**은 '거짓의 산'을 이뤘다.
 최순실 태블릿 PC(2016.10.24): "태블릿 PC는 최순실 것"
 "최순실이 박근혜 연설문 작성" "박근혜는 최순실의 아바타"
 "정유라는 박근혜 딸 " 등 헤아릴 수 없이 많았다.

6. **드루킹 사건**(2014.07.02~): 제19대 대선에 김동원(일명 드루킹)과
 김경수(경남도지사, 일명 바둑이)가 모의하여 인터넷 댓글로
 여론을 조작한 사건

7. **문재인 정권의 반일선동**(2019.07.02):
 "NO 재팬" "친일파 미 청산 논란"- 친일파 후손은 홍영표
 더불어민주당 원내대표임이 밝혀지고 끝난 사건

8. **문재인 정권의 부동산 선동**(2017.05~):
 "강남, 다주택자의 부동산 투기를 때려잡자"
 - 오히려 부동산 가격 폭등, **27차례** 대책 참담한 실패

9. **문재인 정권의 코로나 정치방역**:
 "광화문 태극기 집회는 살인자, 교회가 확산 주도
▶ **일본 핵 오염수 방류** 극렬 반대자들은 왜 조용한가?

누가 선전 선동을 하는가?

▶선전선동은 공산주의 즉, 좌익의 가장 기본이 되는 전술이다.
마르크스의 공산당 혁명선언을 공산혁명으로 성취시킨 **레닌**은 말했다.

"민주주의가 망할 때까지 민주주의를 외쳐라.
공산주의자들은 법률위반, 거짓말, 속임수, 사실 은폐는 기본적으로 해내야 한다.
거짓말도 충분히 되풀이하면 진실이 된다."

좌익은 영어로 "hypocrite, 위선자" 라고 하며, 동의어로는 "deceiver, 사기꾼" 이다.

▶좌익의 성향은

1) 상식과 도덕성 무시   2) 거짓말을 잘한다
3) 거짓말이 들통나도 절대 사과하지 않고 다른 구실을 찾아서 사실을 변경 왜곡시킨다.
4) 계속적으로 편을 갈라 분열을 조장하고, 적을 만들어 수단방법을 가리지 않고 공격하여 파멸시키며, 폭력을 행사하며 잔혹한 짓도 서슴지 않는다.

선동 구호들

거대한 횃불로 보수세력 불태우자!

중고생이 앞장서서 혁명정권 세워내자!

문제는 자본주의, 사회주의가 답이다!

북한이 우리의 미래이며 희망이며 삶이다!

사드 배치 반대! 국정원 해체! 국가 보안법 폐지!

좌익의 선전선동에 속지 않으려면

1. 진실을 알아야 한다.
TV에 뉴스가 방송되면 일단 사실로 받아들인다.
그 뉴스에 어떤 의도가 내포되어 있는지 모르기 때문이다. 좌파들이 점령한 TV는 이런 상황을 이용하여 시청자들을 야금 야금 국민들을 좌편향 시킨다.(예,바이든 '날리면', 미선이 효순이 광우병 거짓, 탄핵)

이승만대통령과 박정희대통령에 대해 역사교과서가 어떻게 표현하고 있는지 제대로 알아야 하며 그러려면 그 분들의 삶을 제대로 공부하여 거짓역사에 속지 말아야 한다.
진짜보다 더 진짜 같이 말을 하므로 상당한 전문가들도 속을 정도이다.

▶ **117만 관객을 돌파한 이승만 다큐영화<건국전쟁>**을 보고 얼마나
어리석게 속아왔는지 깨달은 국민도 그 영화
시청자 숫자에 불과할 것이다.
좌파들이 그토록 미워하는 지도자가
우파에게는 최고 지도자다
그러면 좌파들이 그토록 미워하는
지도자가 누구인가 ?

2. 좌익단체에 소속된 이들은 과감히 그 속에서 나와야 한다.

3. 언론을 맹종해서는 안된다.
현 언론은 민노총 소속의 언론노조가 장악했다.
TV보는 시간을 줄여 보수 유튜브를 시청해야 한다.
보수와 진보의 차이를 알고 보수가 어떤 가치를 추구하는지
정확히 알아야 한다.

4. 매우 그럴 듯한 감성적 이야기와 평등을 얘기하는 자들은 '국민들을 현혹하는 자' 라고 보면 된다.
인류가 생긴 이래 평등한 사회는 존재한 적이 없다 .
지상낙원을 얘기하는 자가 거짓말쟁이요 사기꾼이다.
좌익의 선전 선동에 속지 않으려면 자유와 평등에 대해 공부하고
자본주의의 문제점만 보지 말고 자본주의의 정신, 자본주의의
강점과 자본주의시장경제로 번영한 선진국의 사례를 공부하자.

우리의 조국 대한민국이 어떤 방향으로 나가야 할지를 생각하며 공부하자

좌익은 운동권 출신들이 좌파사상 교육을 조직적으로
해 왔지만 우파는 조직적인 교육도 좋은 교재도 마련하지
못하고 따라서 자유대한민국의 국민으로서 마땅히 알아야 할
기본교육을 체계적으로 받지 못했다.

오늘의 좌파세상은 교육이 부재한 탓이다.
이제라도 나라를 발전시키기에 가장 좋은 길에 대해
공부해야 한다.

5. 역사공부를 제대로 해야 한다.

좌파의 왜곡된 역사관에서 벗어나 자유 우파 역사관을
공부해야 한다.
다행히도 최근에는 소련해체에 따른 진짜 역사가 공개되고,
이조실록 등이 한글판으로 나와 있어 거짓을 구분할 수 있는
토대가 마련되고 있고 **이승만 학당, 김용삼 대기자, 박종인의 '땅의 역사'** 등만 시청해도 큰 도움이 된다.

6. 민주주의는 다양한 형태가 있다.
자유민주주의와 사회민주주의,
인민민주주의에 대해 공부하자

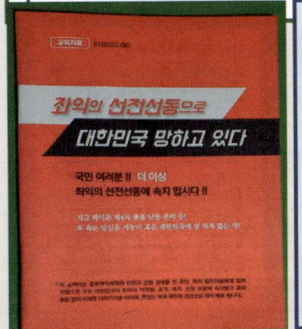

자유정의시민연합에서 펴낸 28쪽에
불과한 소책자이나 좌익의 선전선동에
의해 속아 정의와 진실이 불의와
거짓으로 변질되고 자유대한민국이
망해갈 수 있음을 경고하며 구체적
사례와 대책을 제시하고 있다.

운동권 출신 정치인들이 끼치는 해악 더 두고 볼 수 없다
조선일보 사설중에서(2023.08.09)

운동권이 장악한 정치권력

운동권은 건국, 부국 정권에 맞서 **민주화**를 이루는 데 큰 기여를 했다. 민주화 이후 운동권 대부분은 생업으로 돌아갔지만, 일부 학생 운동권 간부들은 이 경력을 바탕으로 정치권에 진출했다.

김대중·노무현 정부에서 영향력을 키우더니 문재인 정부 들어 국정 전반을 장악할 정도로 권력을 극대화했다.

80년대 후반부터 지금까지 **30년 권력**이었다. 이제는 '**운동권 귀족**'이 됐다고 해도 과언이 아니다. 문제는 이들이 장기 권력화 하면서 자신들이 내세웠던 **민주주의, 인권, 정의와 반대로 갔다.**

문 정권 5년간 민주주의 파괴 행태

문정권의 민주주의 파괴행태는 헤아리기 어려울 정도다. 출발부터 드루킹을 동원한 **대규모 여론 조작**으로 시작했다.

(민주국가에서 상상할 수 없는)선거법을 강제로 바꾸는, 민주국가에서 상상할 수 없는 폭거도 저질렀다. 위장 탈당, 회기 쪼개기 등 반민주적 작전을 예사로 사용해 **입법 폭주**를 했다.

문 전 대통령의 30년 친구를 울산시장에 당선시키기 위해 **청와대 비서실 8개 조직이 나서서 야당 후보를 억지 수사**했다. 대통령 비판 대자보를 붙였다고 **청년들을 압수수색하고** 주거침입으로 재판에 넘겼다.

5·18에 대해 정부 발표와 다른 주장을 하면 감옥에 보내는 법도 만들었다.
민주, 인권 무시는 국내에서 만이 아니었다. 유엔의 북한 인권결의안 공동 제안을 4년 연속 외면하고, 귀순을 희망한 **북한 어민들은 포승줄에 묶어 강제 북송했다.**
김여정 말 한마디에 국제사회가 모두 반대한 **대북전단금지법**을 밀어붙였다.
도덕성을 강조하던 사람들이 **조국·윤미향 사태로** 공정과 정의를 파탄 냈다.

운동권 출신 시장·도지사들이 성범죄로 물러났다. 억대 연봉을 받는 공공기관에 낙하산으로 무더기 취업하고, 탈원전을 틈타 태양광 사업으로 돈을 벌었다

각종 **시민단체·협동조합·사회적기업**을 만들어 수조원대 국민 세금을 타갔다. 운동권이 장기 권력이 되면서 이제는 서로 밀어주면서 **국민 세금을 빼 먹는 '운동권 생태계'**가 만들어졌다. 민주당은 그 생태계를 확대하는 **사회적경제기본법** 통과를 밀어붙이고 있다.

민주화는 운동권의 전유물이 아니다. 수많은 일반 시민의 노력이 없었다면 불가능했다. 그 평범한 시민들은 열심히 일해 기업 일으키고 세금 내며 나라와 사회에 기여했다. **그동안 운동권은 반민주, 반인권을 일삼는 무소불위의 권력집단이 됐다.**

이 낡은 집단의 시대는 끝나야 한다!!

사설을 읽고 ─── '민주화'에 대하여

사설의 주장에 공감하지만 공감이 안가는 대목은 보수정권에 맞서 운동권이 민주화에 큰 기여를 했다는 부분이다. 정말 그러한가?

운동권과 일반 참가인들이 시위를 통해 이승만 대통령을 하야시키고 민주국가가 되기 위한 경제적 토대를 만든 박정희 대통령에게 반대를 일삼던 그들이 말하는 '민주화는 어떤 결과를 가져왔나?

엉터리 탄핵과 엉터리재판, 5.18 특별법으로 국민에게 재갈을 물리고 특정인들에게 시험 가산점을 주고 부실선거에 감춘 부정선거 의혹이 만연한 오늘의 상태가 '민주화' 된 것인가?

그들은 국민을 속여 권력을 잡으면 거짓 선전 선동, 우민화, 망국화, 반미, 반일감정을 부추기며 친북사회주의로 갔다.
현재 국회를 장악한 운동권 좌파는 **의회독재화**를 자행하고 있다.

운동권이 진을 치고 있는 **민주당이 지향하는 민주화는 인민 민주화인가? 자유 민주화인가?**

2편 경제 알기

▶ 세계 10위권 대한민국 경제 어디로 가야 하나?

우리 삶에 가장 중요한 문제는 무엇일까?

미국 대선에서 빌 클린턴 후보의 슬로건은
"It's the economy, stupid"(바보야, 문제는 경제야)
이 슬로건은 유권자의 마음을 움직였고 마침내
대통령에 당선됐다.

먹고 사는 문제보다 더 중요한 일이 있을까?
경제를 아는 것은 잘 살기 위한 공부이다.

경제 문제는 자원이 부족하기 때문에 발생한다.
그러므로 **부족을 해결하기 위한 방안**으로 경제는
시작됐다.

*자원을 무엇을 얼마만큼 어떻게 생산할 것인가?
*생산된 재화나 소득을 어떻게 적절하게 나눌 수 있는가?

부족을 해결하기 위해 인류는 어떤 노력을 했나? 를
알아보고 문명의 발생이 경제에 끼친 영향,
기업의 발생과 중요성을 살펴 보자.

- 왜 경제 알기에 힘써야 하나?
- 자연은 자유, 차이, 부족으로 존재
- 자연은 부족상태
- 부족을 해결하기 위한 방법
- 부족을 해결하기 위한 사상의 발전
- 고대문명의 발상지(1),(2)
- 황하문명의 지리적 환경
- 문명의 시작

자연은 부족 상태 해결하기 위한 사상의 발전 문명 발상지 문명의 시작

왜 경제 알기에 힘써야 하나?

경제공부를 하는 대부분의 이유는 돈을 벌어 부자가 되겠다는 이유가 대부분이다.

우리가 경제공부를 하는 이유는 경제를 알고 흐름을 알면
가계(家計), 나라 경제, 세계 경제가 어떤 식으로 돌아가는지 알게 되고 **경제 알기를**
바탕으로 더 좋은 삶을 살 수 있게 되고, 성공에 이룰 수 있게 된다.

경제 알기는 개인의 경제생활을 실패하지 않고 부자로 사는 길이기도 하지만
무엇보다 **공산사회주의로 가지 않는 길을 아는 것과**
자본주의체제에서 자본주의의 장점을 알고
시장경제의 질서를 잘 이해하여
개인과 국가 경제의 향상을 기하는 데 있다.

경제를 알면 이념을 알게 된다.

사회주의자들의 정책을 분별할 수 있고
온갖 형태의 포퓰리즘에 속지 않고
건전한 자본주의 경제관을 알고 실행할 수 있게 된다.

자연은 처음부터 자유, 차이, 부족으로 존재했다.

자유

차이

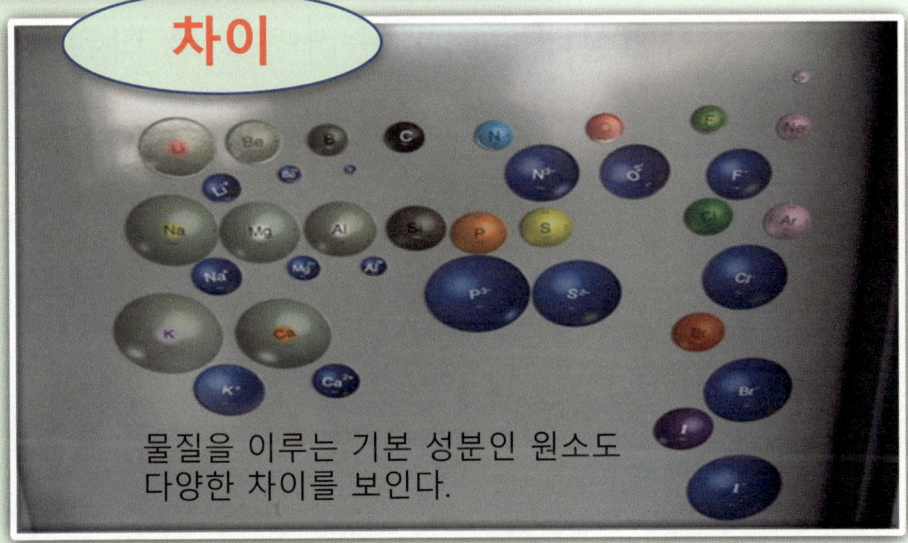

물질을 이루는 기본 성분인 원소도 다양한 차이를 보인다.

참나무의 종류

떡갈나무 신갈나무 갈참나무 상수리나무 굴참나무 졸참나무

굴참나무 상수리나무 떡갈나무 신갈나무 갈참나무 졸참나무

각종 산림자원 자료에서 뽑아 온 참나무 종류와 구별방법

자연은 부족상태

자연상태는 너무 춥거나 너무 더워 하루에도 온도가 변하는 상태로서 인간 맞춤이 아니기에 안전한 집 없이는 살수가 없고, 식량을 구하려고 수렵이나 농업을 해도 제대로 먹기 어려운 **거친 부족상태**이다. 그러므로 필사의 노력을 해야 한다

고려장 이야기

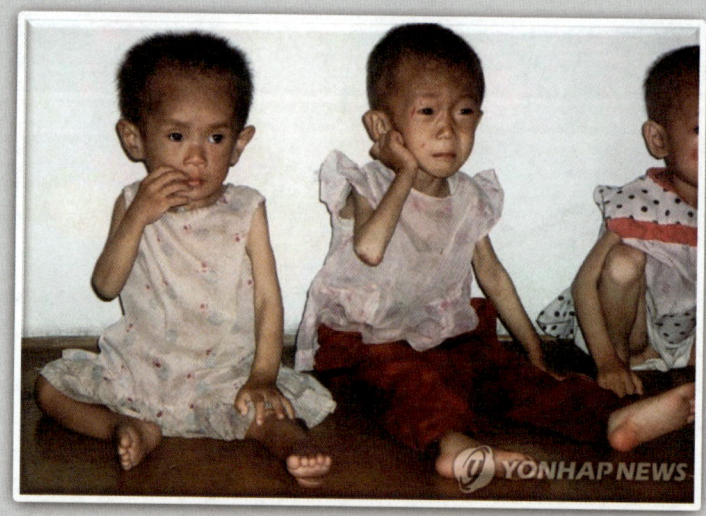

북한서 굶주린 아버지, 아이 잡아먹다 처형
(2013.01.28.연합뉴스)

부족을 해결하기 위한 방법

증산 + 착취 ⇒ 증산 + 거래   착취가 가장 빠른 시간 안에 쉽게 부를 축적하는 방법이었다.

공동수렵 (다수가 포위, 포획) + 채집 : 평등(?)배분

채집 → **정착농업** (안정된 식량확보 –인구증가 –식량부족) 이때부터 **멜서스의 공포** 시작.

　　　　　인구증가에 따른 부족을 해결하기 위해 **빼앗기 시작.**

[착취] 지금도 부자 소유를 빼앗으려는 시도는 계속되고 있다.

- **국가집단 결성** : 빼앗거나 빼앗기지 않기 위해 결성하지만 – 빼앗기 전쟁 지속
- **증산노력** : 치수(治水) , 영농 발전 (예:남송의 강남지역) – 빼앗기 전쟁 지속
- **남송의 영농발전**: 제방구축, 개간사업, 농지확보, 농기구보급, 시비 법, 모내기 법 등
- **제도혁신** : 특허 장려, 사유재산권 확립 (영국) – 빼앗기 전쟁 지속
- **산업혁명**이 영국에서 발생했지만 경쟁억제 (**붉은 깃발법** 등)로
  　　　　미국에게 주도권 빼앗김.
- **경쟁시대 진입** : 경쟁력이 경제전쟁을 이기는 필연요소가 됨 –빼앗기 전쟁지속
- **제도혁신** : **자유경쟁촉진 (미국) ,청교도적 자본주의 발전** [빼앗기 전쟁 극 감소]
- **기술발전** : 미국에서 대부분의 현대 신기술이 탄생하여 글로벌로 확산.

▶**미국을 따라가는 국가들의 발전**

　일본 : **미국의 자본주의 도입. 일본식 장인정신 정착**
　한국 : 기업의 애국정신 발휘 : 경제발전으로 **맬서스의 공포**에서 벗어났다.

멜서스의 공포
식량생산 증가는 **산술급수적**이고 인구는 **기하급수적**으로 증가해서 인류는 자원부족으로 멸망한다. (1798년 인구론)

붉은 깃발법
1865년 제정되어 30년간 시행된 세계 최초의 도로교통법.
시대 착오적 규제의 대표적 사례.
마차사업의 이익을 위해 자동차 최고 속도를 시속 3km로 제한.
마차가 붉은 깃발을 꽂고 달리면 그 뒤를 따라 가야 함.

부족을 해결하기 위한 사상의 발전

이념: 아이디어 (이상적인 생각)  사상 : 이념을 실현하는 체계

▶ 이집트, 중국, 그리스, 로마 시대에는 굶주림이나 부족을 해결하는 사상이 없어서 농지와 노동력 빼앗기(노예확보)에 주력하였다.

▶ 순수하게 부족을 해결하는 사상은 성경에서 시작되었다고 본다.

> 잠언6장6절 :   너 게으른 자여, 개미에게 가서 개미들을 보고 지혜를 얻어라. 개미는 인도자도 없고 감독도 없고 지도자도 없으되 여름에 먹이를 예비하고 수확 때에 **자기 양식을 모으니라.**
>
> 갈라디아서 6장 7절   **"뿌린 대로 거두리라"**
> 데살로니가 후서 3장 10절   **"일하기 싫거든 먹지도 말라"**
> 마태복음 5장 4절-30절   **달란트 이야기** (열심히 일한 사람이 많이 받는다.)

사회주의를 경계하는 말씀

출애굽기 (20장 1절-17절) 10계명 마지막 부분 : **남의 소유를 탐하지 말라**

▶ 성경은 자본주의적이다. 아예 자본주의는 성경에서 왔다고 말하는 사람도 있다.

고대 문명의 발상지 (1)

부족을 해결하기 위해 큰 강가로 모여들고 문명이 발생됨.

B.C.4000~B.C.3000경
큰 강 유역에서
발달한 최초의 인류문명 발생지

메소포타미아문명
티그리스강 유프라테스강

황허문명(황허강)

이집트문명(이집트강)

인더스문명(인더스강)

이들 지역은 **큰 강의 유역**으로 **교통이 편리**하고 관개 농업에 유리한 **물이 풍부**하였다.
바다와 강과 육지가 복잡하게 분포되는 곳이 **문명의 발상지**가 되었다.

고대 문명의 발상지(2)
(지중해를 중심으로)

인간의 문명은 파도가 적어 안전하고 선박 드나듬이 많게 생긴 지형에서 발생했다.

지중해는 파도가 적고 나일강(이집트문명), 유프라테스강, 티그리스강 (메소포타미아문명) 등이 있고, 해안선이 복잡하여 육지 깊숙이 배가 드나들 수 있어 문명이 먼저 발생되었다.

황하문명의 지리적 환경

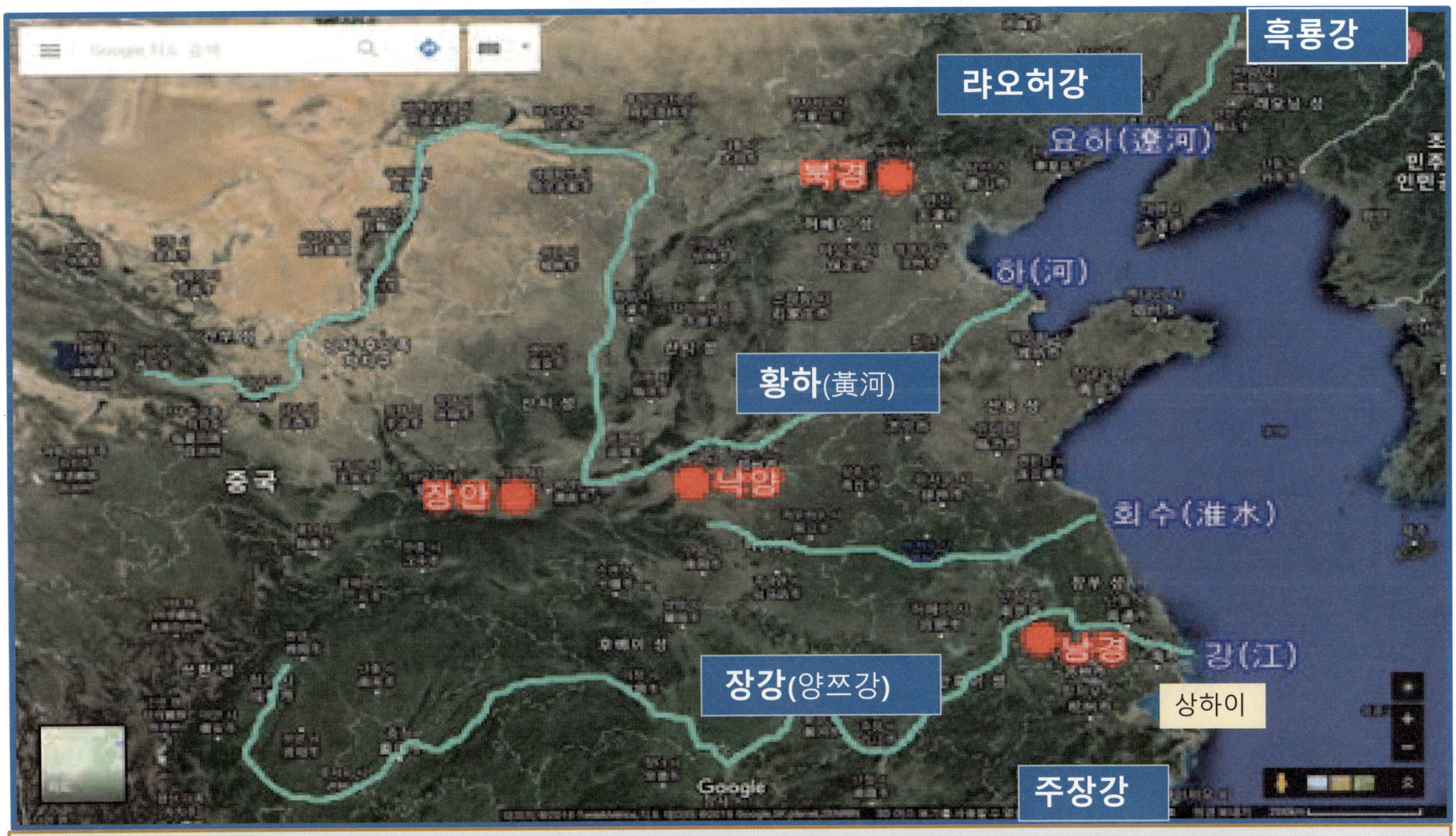

중국은 바다 같은 큰 강이 흐르고, 바다와 쉽게 접하고, 낙타와 말의 무역이 시발되는

황하지역에서 문명이 시작되었다.

문명(文明)의 시작

문명: 인류가 이룩한 물질적, 기술적, 사회 구조적인 발전

▶ **인간은 거친 자연에서 살아남기 위해 필사의 노력을 하였다.**

처음에는 험한 야수들로 부터 생명을 지키고 수렵을 하기 위해 단체거주 생활을 하였는데 이때는 **공동사냥, 평등분배**의 세상이었고, 이 평등분배는 인간의 DNA 로 남게 되었다.

▶ 수렵시대가 끝나고 물이 흔한 곳에 정착하여 **각자의 농경시대가 시작됨.**
이때부터 자연적으로 사유화가 시작되었다.

▶ 그러면서 농산물을 보관하는 그릇과 농기구가 발달하였고 자기가 잘 만드는 물품을 저잣거리에서 교환하는 **원시시장 경제**가 시작되었다.

▶ 물물 교환을 위해 **가축**을 이용하거나 **배**를 만들어 운반하게 되었다.

▶ 중국의 경우 히말라야 만년설에서 기원하는 **황하와 양쯔강 주변이 농경 시작 지점**이었다.
(우리나라는 대부분 洛西江 인데 중국은 대부분 洛東江 이다)

▶ 그 중에서 가축에 의해 외국과 거래가 이루어지는 **실크로드의 출발지**인 **황하 유역**이 먼저 발달하였고 중국을 통치하는 권력지역이 되어 지금까지 지속되고 있다.

▶ 반면 서양에서는 **배가 먼저 발달하여 운반의 중심수단이 되었다.** 배는 과거나 현재나 가축운반 능력의 70배가 되었고, 파도가 적은 육지속의 바다인 **지중해 주변이 먼저 발달하였다.**

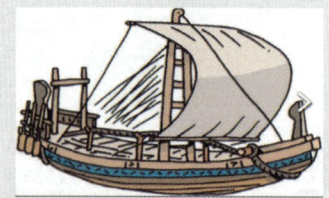 

▶ 특히 배가 육지 깊숙이 들어가는 **메소포타미아 문명**이 먼저 발달했고, 이어 **나일강 문명**, **그리스 문명**(인간 문화의 기초확립), 이어서 **로마문명**이 이어 받았다.

▶ 모든 곳이 파도가 적고 육지 요철이 많아 선박화물이 육지 깊숙이 드나들기 좋은 곳이었다.

▶ 모든 노력은 증산(增産)과 빼앗기에 집중되었다.

첨부된 지도를 보면 문명 발생의 근원을 알 수 있다.

시장경제

시장 : 거래(물자의 교환)가 이뤄지는 세상(영역)

자신의 소유를 타인의 간섭없이 사고 팔 수 있는 것

대한민국 발전의 두 축은
자유민주주의 체제와 자유시장경제이다.

우리가 추구하는 자유시장경제는 정부의 간섭이나 개입이 없는 자유경쟁에 기반한 경제시스템이다.

정부는 기업 활동을 지원하는 데 도움이 되는 법과 제도를 정비하며 정보를 교류하고 기업하기 좋은 나라를 만들어 가야 한다.

오늘날 시장은 다양한 산업의 발달로 경쟁이 심화되고 있어 기업 자본주의 시대가 도래했다.

우리 경제가 발전하려면 기업하기 좋은 나라, 정부 개입의 최소화, 자유시장 기능을 확대해야만 한다

자유경제인 자본주의 경제가, 자본주의 경제인 시장경제가 국가의 건강한 발전을 이끈다.

저잣거리에서 시장출발

- 시장 경제란?
- 시장경제의 원리
- 세상이 돌아가고 발전하는 경제 원리
- 수공업 경제시대
- 기계화 후 경제시대
- 산업 혁명과 시장경제
- 기업 자본주의 시대 (1,2)
- 시장의 발전 (1,2)
- 국가 경제가 발전하려면
- 박정희대통령과 산림녹화
- 1960년대 초 대한민국의 모습
- 통제경제의 모습
- 막강한 산업국가로 우뚝 서다

시장경제란 산업혁명 기업자본주의 통제경제 산업국가

시장경제에 대해 알아보자

■ 대한민국의 오늘의 번영을 이끈 두 축은 **자유민주주의**와 **자유시장경제**이다.

▶ **시장경제란?** 수요자와 공급자가 시장에서 만나 자유로운 경쟁을 통하여 경제활동을 영위해 나가는 제도.
▶ **시장경제의 핵심원리**—사유재산, 교환, 경쟁, 자본시장, 통화정책, 세율, 자유무역
▶ **자유시장** : 정부의 간섭이 전혀 없는 경쟁에 기반한 경제시스템.

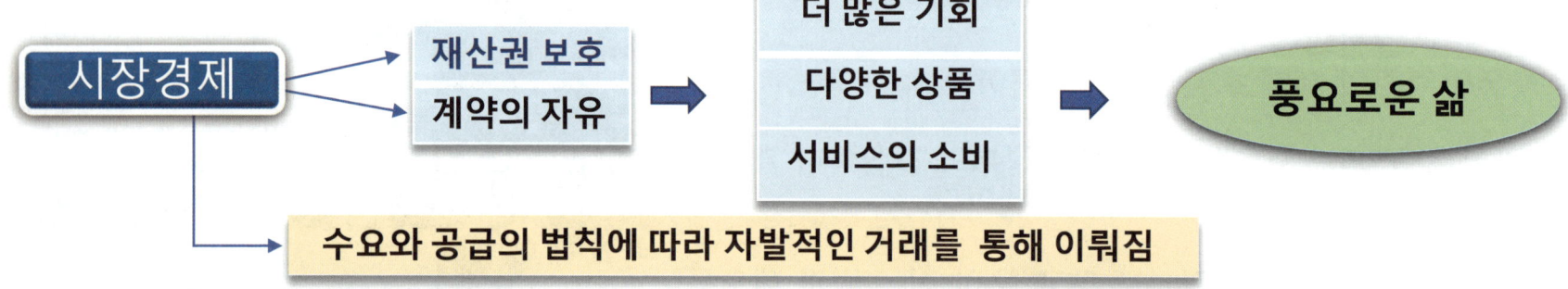

시장경제 우수성

▶ 시장경제는 자유롭게 **가성비 경쟁하는 경제이다.**

거래에서 이익을 얻으려면, 현 상태에서 얻을 수 있는 최고 가성비 제품을 선택하게 된다.

강제가 아닌 자유 상태에서는 무조건 최고 가성비 제품이나 서비스가 돈을 벌게 된다.
이런 경제에서는 부정 부패가 끼어들 틈이 없다.

가격 통제의 위험

인위적인 통제가 개입하는 순간, 시장의 가격기능이 제 기능을 상실한다.

지나치게 낮거나 높게 강제된 가격은 시장의 균형을 무너뜨리고 시장을 왜곡시켜 시장경제를 마비시킨다.

자유경제인 자본주의 경제가, 자본주의 경제인 시장경제가, 국가의 건강한 발전을 이끈다.

시장경제의 원리에 부합하는 법과 제도의 확립

시장경제가 제 기능을 발휘하려면 시장경제원리를 이해하고 그에 부합한 법과 제도가 뒷받침이 돼야 하는 데 많은 법안들이 원리에 反하여 만들어 지고 있다. 아래 시장경제원리에 부합하는가를 살펴 봐야 한다.

1. 교환 자유의 원리 — 개개인의 자발적 의사에 따른 교환을 어떤 명분이라도 막아서는 안됨.

2. 사적 재산권의 원리 — 사적 재산권은 보장되야 한다. 각종 이익이 충돌되는 사안이며 **가장 중요!**

3. 자유기업의 원리 — 기업하기를 원하는 사람들이 마음껏 사업할 수 있게 해야 함.

4. 경쟁의 원리 — 모든 것을 경쟁과정에 맡겨야, 경쟁을 방해하는 법은 개정해야

5. 인센티브 원리 — 시장경제는 이익이 생겨야 움직인다.(성과급, 장려 우대책 등)

6. 자기 책임의 원리 — 스스로 선택하고 이에 대한 책임을 스스로 져야 한다.(사회적 책임의 원리를 반대)

7. 작은 정부의 원리 — 시장경제원리보다 정치 논리를 앞세워 자원을 우선적으로 나눠 달라는 개인, 집단이 증가 ➡ 정부가 좌우할 수 있는 자원의 양이 증가 ➡ 영향력 증가
이런 부당경쟁을 위해 많은 공무원과 큰 정부가 필요하다. 이런 폐단을 막기위해 **작은 정부를 추구함**.

8. 법치의 원리 — 시장경제원리는 법의 지배를 받음, **사법의 원리를 어긴 공법은 시장경제를 변질시킴. 입법의 지배와 시장경제원리는 양립할 수 없다..**

개인이나 집단이 자신들의 이익을 위해 정부에 의존하는 것은 번영의 길이 아니다. 시장경제원리에 부합한 법이나 제도는 적극적으로 수용하고 원리에 반하는 법이나 제도는 과감히 개정해야 한다.

세상이 돌아가고 발전하는 경제원리

[분업, 증산]　　　　　　　　　　[자유시장경제]

물품생산 ⇨ 거래발생 ⇨ 거래이익발생 ⇨ **풍요로운 삶**(잘사는 국민)

[기술 혁신]　　[자연의 질서]　　[기업가 정신]

▶ 이 세상은 인간에게 필요한 물품(상품)이 많이 생산될 때 풍요해 지며

이익은 거래에 의해 발생된다.

그러므로 생산이 많아지고 거래가 많아지면

이익이 많이 발생하여 서로 부자가 되고, 많은 인구가 부자가 된다.

▶ 그러므로 잘 살려면 **분업으로 증산하고 거래를 늘려 거래 이익을 많이 만들어야 한다.**

그래서 거래이익을 만드는 시장질서를 **생명의 질서** 또는 **자연의 질서**라고 한다.

거래이익은 시장이 자유로워야 생긴다

▶ 시장을 없애는 배급세상은 거래이익이 발생하지 않기 때문에 가난하게 된다.

이익이 생기지 않는 일은 경제적으로 볼 때 일이 아니다. 돈이 생긴 이후에는 돈 버는 일이 참된 일이 되어야 한다.

그러므로 돈을 버는 것에 대한 부정적 마음을 버리는 것이 자유인이자 부자가 되는 마음의 준비다.

거래 이익 증가를 위해 知(지식).賢(현명).革(혁신)을 보호하고 지키는 것이 보수다.

현재는 <**하면 된다**> 가 <**주면 고맙다**> 로 바뀌어 망하는 길로 접어들고 있다.

動力前(수공업) 시장경제

시장 = 거래가 이루어지는 세상

▶ 자기가 잘 생산하는 **농수산물, 연장, 옷, 짚신, 가죽, 식기** 등을 가지고 저잣거리에 나와서 교환하며 자연적으로 **시장거래 경제**가 생겼다. 그 후 일본이나 유럽에서는 더 많은 돈을 벌기 위해 분야별 소질꾼(匠人)들이 모여 능률적인 연장을 만들어 생산량을 늘리는 **분업조직인 초기기업**이 탄생하였다.

▶ 연장과 틀의 발달로 **모직, 실크, 옹기 생산기술 발달과 말, 낙타 등 동물 교통, 범선 발달로 장거리 거래인** 무역이 발달하여 자본이 축적되었다. 중국대륙에서는 장거리 비단 무역 통로 입구인 장안 등 북쪽이 중국을 다스리는 심장이 되었다.

▶ 사유재산권이 확립되어 '**내가 번 것은 내 것**'이 되는 **자본주의**가 시작된 **영국에서 자본까지 축적되고 특허법이 실시**되면서 자연적으로 **산업혁명이 일어났다.**

영국 산업혁명의 구체적인 상황 발전

1. 1757년 플라시 전투에서 무굴 제국을 무너뜨리고 인도를 식민지화 하여 **거대자원과 시장을 확보하였다.**

2. 영국 농촌 노동자들이 토지가 없어 농업노동자가 되었다가 19세기에 도시로 이동하여 **도시 노동자로** 공급되었다.

3. 아메리카 대륙 발견으로 상당수 인구가 식민지로 이주하여 **노동비 폭등**이 발생하여 **기계발명의 원인**이 되었다.

4. 먼저 면방직 산업의 인건비를 줄이기 위한 **기계화**가 혁명적으로 전개되었다.

5. 석탄을 원료로 하는 **동력장치가** 발명되어 기차와 증기선이 나오고 세계의 거리가 좁아져 **시장이 확대되었다.**

1880년 면공업 공장. 대공장은 노동자들을 결집시키고 자본을 집중시켰다.

動力後(기계화 후) 시장경제

▶ 증기기관의 발달로 **방직기 등 의 대량생산이** 시작되고, **기차, 자동차의 발달로 거래 영토가 넓어져** 본격적인 산업시대로 발전되었다.

▶ 여럿이 돈을 투자하여 큰 **자본**으로 기업을 만들어 경쟁하는 산업시대가 도래하였다.(청교도 정신에 입각한 막스 베버가 '**자본주의 정신**' 이라는 책을 쓰면서 자본주의 어원 정립)

▶ 시장활동의 주역이 **개인 → 기업으로** 바뀌기 시작

| 농자천하지대본
農者天下之大本 | → | 기업천하지대본
企業天下之大本 |

으로 이승만 대통령은 "농자천하지대본에서 상업(거래)천하지대본으로 바꾸어야 한다"고 하였다.

이어 **농기계와 농업,어업기술도 발달하고 대기중 이산화탄소(CO_2)** 농도가 증가하면서 식량생산량이 증가하고 식수 소독 기술로 수명이 대폭 연장되었다.

이산화탄소는 기후재앙의 원인인가?
그렇게 주장하는 학자도 있지만

'이산화탄소는 모든 생명의 기본이며 인류에게 더 많은 식량을 공급하며

지구를 사막화 하는 것이 아니라 더 푸르게 만든다'

라고 주장하는 학자들도 있다
-그레고리 라이트 스톤-

재산권보호, 특허권보장, 자유방임주의, 세금철폐가 산업혁명을 유도하다

기업 자본주의 시대(1)

기업자본주의 세상은? ➡ **공정하고 합당한 거래가 이뤄지는 세상**

```
        협업,신뢰구축
    ↗              ↖
[기업]  규제 없는 자유시장  [기업]
        풍요한 상품, 생활편의,
        좋은 식품, 위생발달=수명연장
        가성비 경쟁, 생산성 향상

        더 좋은 상품, 더 싸게 공급
```

▶ 자유와 권리가 주어진다면 가성비 좋은 것을 팔려는 것을 누가 방해할 수 있고, 사려는 것을 누가 방해할 수 있나? 가장 합당하게 거래가 이루어지니 얼마나 정의로운가?

▶ 정치가 끼어들어 훼방하지 않았으면 인류는 훨씬 더 발전했을 것이다.

한국은 정치가 간섭하지 아니하면 기업이 일등 하는 나라다 !!

▶ 가성비 대비 너무 비싸면 팔리지 않고, 너무 싸면 금방 동나서 **수요 공급의 원리**에 의해 가격이 올라가고 물량이 넘치면 가격이 내려간다.
  수요와 공급이 균형을 이루는 상태가 되면 자동적으로 **최적의 적정가격이 정해지고 유지된다**.

▶ 기업의 대량생산 제품이 거래되는 세상이 시장이며 이 거래경제주의를 **자본주의**라고 한다.

▶ **가성비로 경쟁하는 시장**에서는 공정하고 합당한 경쟁 외의 어떤 것도 개입할 수가 없다.

정치는 4류
관료조직 3류
기업은 2류

"우리나라 정치는 4류, 관료조직은 3류, 기업은 2류다"
이건희 삼성그룹 회장
(1995년, 베이징 특파원 간담회)

삼성반도체 평택공장

지금도 기업을 무너뜨리려는 세력이 존재하는 나라이다 !!

기업 자본주의 시대 (2)

▶ 기업이 경제활동의 중심인 자본주의 체제

자익심과 동감의 상호작용에 의하여 운영되는 애덤 스미스의 국부론 10개 항과 막스 베버의 자본주의 5개항에 더하여 유태인들의 금융자본주의가 합하여 이루어 지는 자본주의의 이상적 모델인

기업(산업)자본주의는 **억강부약** (부자를 억누르고 가난한 사람들을 도와주는 대동세상)의 평등화 추구 사회보다 월등하게 잘 살게 된다는 것을 70년간의 역사경험에서 알게 되었다.

▶ 억강부약(抑强扶弱)의 평등세상에서는

기업이 소멸되고 경쟁도 없어져 발전이 정지되고 잘 살기 위한 적극적 노력이 없어져 소출 및 증산이 축소되어 기아에 허덕이는 가난한 세상이 된다.

배급주는 자와 배급 받는 자 사이에는 더 큰 불평등이 생기고 북한같이 산이 경작지로 변하여 기후 변화의 원흉이 된다.
힘 가진 자가 모든 것을 결정하는 정실 부패의 세상이 된다.

사적 소유가 허용되지 않는 세상에서는 공유지의 비극이 발생하고 자원의 낭비가 심하여 불필요한 소비가 만연해 지고 곳간이 텅텅 비게 된다.

▶ 사회주의에서는

인간성과 배려가 없어지고 곳간이 비어 인심 날 분위기가 형성되지 않고 이웃나라 쳐 들어가 빼앗을 궁리를 하게 되므로 전쟁이 잦아진다.

생산은 농지의 넓이 보다 자유도에 비례하거늘 자유 없는 사회에서는 아무리 농지가 넓어도 소출이 적어 항상 굶주리게 된다.

그런 이유로 소련의 집단농장에서 1400만 명정도가 굶어 죽었다는 이야기도 있다.

▶ 기업은 자본주의의 꽃

- 분업의 일부를 맡아 자유경쟁 하는 조직을 기업이라 한다. 기업에게 간섭하지 않고 자유를 주면 기업활동이 활발해진다. 자본주의 체제에서는 대부분의 소득이 기업의 생산 활동에 의해 창출된다.
- 기업이 해외 등의 시장에서 경쟁하여 이기면 많은 외화가 국내에 들어와 온 국민에게 직, 간접적으로 확산되어 모두가 잘 살게 된다
- 기업자본주의는 한 국가의 정치적 자유를 증진하는 경제적 자유를 강화한다.

하비에르 밀레이의 '자유 기업 자본주의론'
(아르헨티나 대통령)

다보스(스위스)포럼 연설 요약
정식명칭은 '세계경제포럼' (WEF) 2024.1.15~19

첫째, "**사회주의(Socialism)를 시도한 나라는 항상 어디에서나 빈곤을 불러왔다.** 사회주의는 경제적, 사회적, 문화적으로 실패했다. 사회주의는 1억 명이 넘는 사람을 살해했다." "**자유 기업 자본주의는 세계 빈곤을 종식할 수 있는 유일한 시스템**일 뿐만 아니라, 도덕적으로도 유일하게 바람직한 시스템이다."

둘째, 사회 정의라는 관점에서 부의 재분배에 나선 결과, 세계는 오히려 더 많은 문제를 끌어안았다. 사회 정의 옹호론자들이 경제를 제로섬 관점에서 보고 있지만,**기업가들이 경제라는 파이의 크기를 늘리는 것만이 유일한 해결책이다.**
국가가 모든 것을 해결해주기를 바라는 국민은 국가에 기생하는 " **기생충** " 이며, 그런 일을 하는 국가가 문제 그 자체이다.

셋째, 서구권이 사회주의로 전환하고 있다고 주장하며 그 대안으로 **기업가들의 자유를 주장**했다.

https://v.daum.net/v/20240122182542936

기업가의 지속적인 혁신이 자본주의 발전의 원천이다   조지프 슘페터(경제발전의 원리)

시장이 발전하면? (1)

가성비 좋은 상품 출현
▶이렇게 틀이 잡힌 시장에서 균형을 깨고 더 많이 벌려면 가성비가 더 좋은 상품을 개발하여 시장에 내놓게 된다. 그래서 시장은 점점 **더 좋은 상품을 출현시키는 곳이** 된다.

수요증가-대량생산
▶상품이 좋아 수요가 몰리면 대량으로 생산하여 수요를 잘 충족해 주면서 번성하게 된다. 결국 점점 더 발달한 상품이 대량으로 생산되어 인간을 건강하고 편리하고 풍요롭게 만든다.

자유로운 경쟁 시장
▶이렇게 만들어진 거래세상이 바로 시장이다. 시장은 정의나 평등 같은 이념도 목표도 없고 자유로운 경쟁만 있다. 또 누구의 개입없이 자유로워야 끊임없이 점점 더 좋은 상품이 출현하여 발전하므로 **시장은 자동적으로 국민을 풍요롭게 한다.**

풍요로운 국민 생활
▶이렇게 시장에서 분업을 맡은 기업들이 경쟁하면서 인류 문명이 빠르게 발달하였다.

시장은 최고 효율 시스템
▶위생, 의료기술도 발달하기 시작하여 인간의 수명이 연장되었다. 각 분야에서 새로운 아이디어로 끊임 없이 경쟁하여 저절로 최고 효율로 발전하므로 국가가 돈 들여 고의적인 계획을 세워 개입할 필요가 없다. 이런 최고 효율 시스템에 **국가가 간섭하고 개입하면 효율 저하로 퇴보한다.**

노동생산성 향상—기업 이윤 증가
▶임금 인상, 일자리 창출, 노동시간 단축 등 서민들의 삶을 개선해온 것은 배급경제의 사회주의가 아닌 시장경제를 활용하는 자본주의였다. 시장에서의 경쟁으로 **노동생산성이 높아지고 기업이 이윤을 남기게 된다.**

기업이 복지증진에 나섬
▶이 이윤을 세금으로 빼앗기느니 직원들에게 투자하여 비용 처리를 하는 것이 이익이므로 임금을 올려줄 수 밖에 없고, 사택을 지어주고, 출퇴근 교통을 지원하고, 복지를 증진하게 된다. 정부는 규제만 줄이고 가만히 있어도 기업이 다하게 된다.

■ 그래서 **세금만 잡아먹는 큰 정부가 필요 없어진다.** 그러면 우선 자기 집을 마련하고 아껴 쓰고 남는 돈으로 저축을 하는 중산층(저축을 하는 층)이 된다.

시장이 발전하면? (2)

저축하는 국민

▶ 이 저축으로 은행이 잘되고, 은행에 축적된 자본이 다시 기업에 투자되어 일자리를 창출하게 되어 **선순환**을 이루게 된다.

축적된 자본– 기업 투자–일자리 창출

▶ 부모의 도움을 받는 사람들은 자기적금에 보태어 **부동산도 투자하고 주식도 투자하여** 부자가 되기도 한다.

부유층 발생

▶ 공장이 시골로 확산되면서 형들보다 덜 배운 막둥이가 부모를 모시고 살다가 시골 땅값 폭등으로 배운 형들보다 더 부자가 되는 이변도 많이 발생하였다. 그렇게 하여 **부가 넓게 분산되고 저축을 하면서 살아가는 중산층도** 두텁게 형성되었다.

부의 확산–두터운 중산층 형성

▶ 잘 살게 되고 의료보험 도입 (후에 건강보험)으로 국민의 수명이 대폭 연장되었다.

건강보험–국민수명 대폭 연장

▶ 4대 보험을 도입한 정권은 보수 정권이었다.

> 공무원 연금도입(1960),
> 의료보험법(후에 건강보험) 제정(1963.12.16. 박정희)
> 산재보험(1964. 박정희~우리나라 최초의 사회보험제도)
> 국민복지연금법(1973. 박정희)
> 고용보험(1991. 도입결정, 노태우~1995.시행. 김영삼)

▶ 좌파정권은 의약 분업을 도입한 것 뿐 이었다. 그런데 이런 좋은 제도는 모두 좌파정권이 도입한 것으로 알고있다.

▶ 이 모든 것을 한꺼번에 이룬 지도자가 **박정희** 였다.

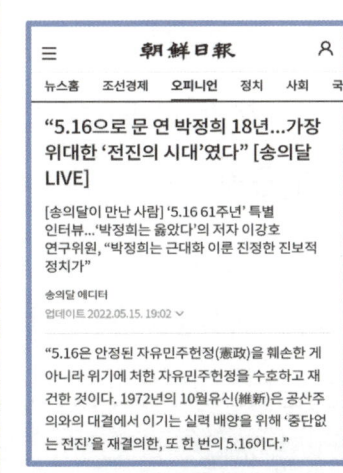

5.16으로 문 연 박정희 시대---
가장 위대한 '**전진의 시대**'였다.

박정희는 근대화 이룬 진정한
진보적 정치인

5.16은 안정된 자유민주헌정을
훼손한 게 아니라 위기에 처한
자유민주헌정을 수호하고
재건한 것이다.

국가 경제가 비약(飛躍)하려면

1. 기업 하기 좋은 나라   2. 정부 개입 최소화(규제완화)   3. 자유 시장 기능 확대

▶ 중산층이 증가하면서 인천공항이 미어 터지게 해외관광을 가게 되었다.

국가가 복지를 외치지 않아도 기업하기 좋은 나라가 되면 기업이 복지에 힘쓰게 된다.

선순환에 의해 세수도 증가하여, 고속도로 지하철 등이 세계 최고급이 되었고, 한국땅은 **미국땅의 1/100** 이지만 한국경제 규모는 **미국경제 규모의 1/12** 까지 따라 붙었고, **중국경제의 1/5**이 되었다.

▶ 국가 경제를 발전시켜 국민을 잘살게 하려면 **정부개입을 최소화 하여 시장기능을 확대해야 한다.**

그래야 정부가 힘 덜 들이고 국민을 잘 살게 할 수 있다.

공무원 1명 늘리면 민간 일자리 1.5 개가 줄어든다는 것을 뻔히 알면서
(文정부 4년 2개월간 11만 172명 증원)

■ 공무원 늘려서 간섭을 많이 하면 경제는 망하게 된다.
(예, 경자유전, 여유 집진시설 불허, 여유공장 불허, 완료보고서)

늘어나는 공무원 증원, 부담비용

공무원 수
1,156,952명
(2021.12.31)
공공기관:
약 420,000명

전 4개정부보다 더 많은 공무원 증원, 11만 172명
퇴직금 포함 300조 이상 증가함.

민둥산을 울창한 산림으로 만든
박정희대통령과 국민들

"맨손으로 시작해 세계로 부터 인정받는 숲을 만들다".
<위 제목을 검색하면 영상(13분)이 나옵니다>

1973년 산림녹화운동에 나선지 40년이 지난 후 **국토는 민둥산이 사라지고 울창한 숲으로 변했다**.

세계인이 경탄하는 녹화사업의 과정을 산림청이 제작한 영상으로 봅니다

https://youtu.be/dmmntxUw0qc

좌파 정권 인사도 극찬한
박정희대통령의 산림녹화

文대통령 "한국, 2차세계대전후 유일하게 산림녹화", 박정희 녹화 극찬

"식민지배-전쟁으로 산림파괴 경험"

2022-05-02 11:08:04

홈 > 최신기사 김부겸 총리
김총리 "어려운 시절 산림녹화 매진한 박정희 前대통령에 감사"
2022-02-07 14:57

'기후위기 시대 산림의 역할' 세미나 축사…"산림 관리, 탄소중립 지름길"

1960년대 초의 대한민국의 모습

박정희 대통령 집권 초기 서울의 모습　(1960년) 북한 GDP 세계60위, 대한민국 101위

2023년 현재　북한의 국민소득은 대한민국의 1/30, GDP(국내총생산)은　1/60
　　　　　대한민국 GDP 순위 12위,　북한 GDP 추정순위 155위(?)

통제경제(배급경제)의 모습

마스크 사면서 공산주의 배급경제를 경험했다.

모든 생필품을 이렇게 배급 받으며 살 수 있나?

쌀도 배급 받는 북조선 주민들

모든 것을 배급 받으려면 얼마나 많은 시간을 줄 서야 하나?

식량조달을 위해 산속에도 농지를 만들어 전 산야가 황폐화 되었다.

막강한 산업국가로 우뚝 서다

▶경제개발 5개년 계획 주요 목표 및 업적

차수	주요 목표	대통령
제1차(1962~1966)	에너지원 확보, 기간 산업 육성	박정희
제2차(1967~1971)	식량 자급화, 수출 육성, 과학 기술 발전	박정희
제3차(1972~1976)	중화학 공업 육성, 농업 근대화, 수출 증대	박정희
제4차(1977~1981)	자립 경제, 경쟁력 강화, 기술혁신	박정희
제5차(1982~1986)	전자기술 발전, 채무국에서 채권국으로 환골탈태, 물가안정, 복지사회 지향, 올림픽 유치, 한강개발	전두환
제6차(1987~1991)	개방화, 시장경쟁의 활성화, 중국과 수교	노태우
제7차(1992~1996)	금융실명제, 국가부도(IMF), 건국 부국의 산실인 중앙청 철거, 5.18 특별법 제정(1995. 12. 21)	김영삼

◎ 제5차 부터 명칭이 **'경제사회발전 5개년계획'**으로 바뀜

목적 농업 중심 국가에서 공업중심의 산업국가로 발전.
국민경제의 획기적인 발전.
양적 질적 성장과 국민생활의 향상.

▶박정희대통령의 '경제개발 5개년 계획' 성공이 민주화의 초석

박정희 정권 18년 동안의 목표는 자립 경제력을 갖춘 현대국가의 건설이었다.
그는 성공했고 세계는 놀랐다.   ---푸틴---

정유산업

자동차산업

조선산업

반도체산업

경제 문제 생각하기

대한민국의 순위

세계인구 79억 5,395만명 ('22현재)

세계 인구 순위 28위(5,184.6만명)

국가별 국토 면적 108위

국가별 국내 총생산 9위

국가별 수출 5위

국가별 수입 8위

1인당 국민총소득 10위(3만 1,880 달러)
  인구 1,000만 이상 국가기준
  (2022)산업은행 미래전략실 제공

한국 국가경쟁력 20위 '역대 최고'
 독일, 일본 제쳤다.
 기업하기 좋은 여건은 하위권
 (2024년 국가경쟁력 평가, IMD. 06.19발표)

경제문제를 중심으로 더 나은 발전을 위한 다양한 생각들과 제안을 이곳에 담았습니다.

- 빼앗아 주면 고맙다 ?
- 규제는 경제를 말라 죽게 한다(1),(2)
- 정부별 규제 개혁 성적표
- 규제개혁에 대한 제언
- 시장을 알아야 규제가 보인다.
- 가격 규제의 폐단
- 주권자 국민의 올바른 선택
- 시장을 파고 드는 사회주의
- 사회주의 약속, 자본주의 약속
- 전문가를 무시하는 정책은 실패
- 경제적 자유주의, 자본주의, 시장경제
- 富의 불평등 문제와 계층간 이동
- 富의 대물림은 불공정한가? (1), (2)
- 국가의 약탈—상속세(1),(2),(3)

가격 규제의 폐단 주권자 국민의 선택 부의 불평등 부의 대물림 상속세

'빼앗아 주면 고맙다'는 국민이 더 많아지면 ?

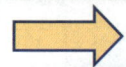

'빼앗아 주면 고맙다'고 하는 인구를 **붉은 색**으로 표시

1. 질투심 많고 빼앗아 주기를 좋아하는 세력이 표를 얻어 집권하게 된다.

2. 점차 경쟁적으로 빼앗아 주기를 하게 된다.

3. 자산가 층이 없어지고 국제 경쟁력이 소멸되어 **외화벌이가 없어진다.**

4. 외화벌이가 없어지면 막대한 금액이 소요되는 에너지수입(1,372억$/2021년)을 못하고, 수력발전용 부품구입도 못하여 **에너지 원시시대가 된다.**

5. 에너지가 없어 **모든 공장 가동이 정지된다.**

6. 그동안 빼앗아 받은 것도 빼앗기고 자유마저 빼앗기고 빈부 차이가 없는 공산사회가 된다. 그동안 난방을 못하는 등 **지옥 같은 세상에서 수많은 사람들이 목숨을 잃는다.**

7. 끔찍한 경험으로 재수가 좋으면 소련이 망하듯 공산정권이 무너질 수도 있다.

8. 다시 자유세상이 되면 경제가 재건된다.

9. 끔찍한 맛을 본 인구가 살아있을 동안은 공산사회가 망하여 소멸되는 것 같지만 이름만 바꾸면서 **이름 바꾼 공산주의가 재기의 기회를 노린다.**

10. 빼앗아 주면 고맙다는 인구가 다시 많아지면 언제든지 재집권하여 빼앗기가 반복된다.

11. 뇌 속에 저장된 기억은 당사자 죽음과 함께 소멸되기 때문에 후손들에게 전달되지 않는다.

12. 그들은 집권의 기회가 왔을 때 빨대를 꽂아 흡혈귀같이 빨아 먹는다.

13. 언론을 철저히 장악하여 **내로남불 방송**을 지속하여 수준 낮은 다수의 국민을 속이면 쉽게도 속아 넘어간다.

14. **반복적으로 경각 시키지 아니하면 불행은 반복된다.**

규제는 경제를 말라 죽게 한다

■ **좌파들은 이 경쟁거래를 강자가 약자를 수탈하는 정글경제라고 부르고,**

"동물들은 배부르면 먹이 사냥을 안 하는 데 자본주의 기업들은 욕심이 끝이 없어서 끝없이 먹이 사냥을 하므로 제한해야 한다" 면서 **좋은 일자리 늘리려는 생각은 않고 규제로 기업활동을 얽매려고 한다.**

■ **기업의 속성은** 경쟁력 있는 분야에서 집중하여 경쟁하는 것이므로 끝없이 전 분야를 먹어 치운다는 것은 기업의 분업 속성을 모르고 하는 말이다. 대기업이 점유하는 국토면적은 제주도 면적의 1/40 이라 한다. 그러나 국민들은 대기업이 국토를 대부분 차지하는 것으로 알고 있다.

또한 기업상속을 못하게 하여 소멸시키는 결과를 만드는 **상속세** (중소기업은 50% **대기업은 상속주식의 60%**)를 물리고 있다.

세계에서 가장 가혹한 상속세율이 적용되는 나라

기업 상속 주식의 60%를 내는 한국

■ **기업이 없어지고 경쟁거래가 없어지면** 국가가 모든 소모품을 생산하고 권력을 등에 업은 <u>부패한 정실거래가</u> 대신 들어선다. 그래서 공산 사회주의가 훨씬 더 부패한 사회가 된다. 정부 비용을 줄이려면 시장기능을 저해하는 *규제를 줄이고 시장의 기능을 최대한 확대하고, 공무원을 줄이면 된다.*

현재 규제의 96.5%가 심사없이 통과되고 있다(2020년 7.21 한국경제 신문).

부동산 3법 통과때는 소위원회 검토없이 상임위원회로 올라갔다. (펜 앤 마이크 윤희숙 의원 대담에서)

대한민국을 살리는 규제개혁 (1)

▶ 5,000만명의 입맛과 기호는 모두 다르므로 정부가 그것을 다 맞추어 주면서 먹여 살려 주는 것은 불가능하다. **그러므로 국민 각자가 노력하여 먹고 살아야 하며** 그렇게 하도록 하는 것이 각자 제일 잘 살게 하는 길이다.

▶ 자유 경제하에서 경제활동을 하다 보면 의도치 않게 남에게 피해를 주거나 피해를 줄 가능성이 생기기도 하여 갈등이 생긴다.

이런 갈등을 해소하거나 최소화 하기 위해 피치 못하게 **정부가 기업과 개인의 행위를 제약하는 규제**를 만들게 된다. 그런데 이런 선한 동기가 규제의 폐해를 덮어 버리게 되어 경제활동의 발목을 잡고, 없애면 잡초같이 금방 생긴다.

▶ 한국은 여러 나라의 규제법을 긁어 모아 광범위한 규제제도를 갖추고 있으나 **규제 남발로 인하여 규제지옥 국가가 되고 있다.**

한국의 규제는 너무 심하여 사회주의나 공산국가 보다 심하다고 탄식이 나올 정도다.

예를 들어 규제라는 것은 꿀 벌집 주위나 꽃주위에 거미줄을 잔뜩 쳐 놓는 것이다. 그러면 **꿀 따오는 양이 1/10로 줄어든다. 꿀이 넘치던 꿀 집이 텅텅 비게 된다.**

마찬가지로 **국가가 시장에 심하게 개입하면 경제를 크게 위축시켜 국민을 가난하게 만든다.**

▶ **대한민국에는 그런 류의 규제법이 15,000개라고 한다. 이 15,000개의 규제법 때문에 발전 못하는 손실이 매년 300조라고 한다. 규제가 심하면 경제활동의 발목을 잡는다.**

▶ 규제를 다 지켰다면 세계 80위권 되었을 거라고 한다. 지키지 않고 피해 갔기 때문에 10위권이 되었다고 한다.

▶1988년부터 규제를 줄이자는 이야기가 나왔으나 김대중 정부 외에는 별다른 성과를 내지 못하고 있다.

이명박 정부나 박근혜 정부도 김대중 정부 못지않게 노력을 하였으나 의회내에서의 역학 구도 및 당, 정부 장악력 문제로 오히려 규제가 증가하였다.

대한민국을 살리는 규제개혁 (2)

▶ **이명박 정부**는 집권초기부터 전봇대 규제개혁으로 불리는 규제개혁을 주요 국정과제로 채택했으며

규제 일몰제, 한시적 규제유예, 규제등록제 정비, 유사규제의 정비 및 관리대상 규제에 대한 연구를 수행했다.

그러나 이런 적극적인 규제개혁에도 불구하고 이명박 정부의 규제개혁에 대한 평가는 긍정적이지만은 않다.

행정규제 간소화 및 국민편익 개선을 위한 규제개혁이 압도적이었음에도 불구하고 대기업 친화적 규제개혁으로 인식되어 규제개혁의 성과가 국민들에 제대로 알려지지 못했다.

집권 중반 이후 제시된 동반성장과 공정사회의 논리는 거래비용을 높이는 품질 낮은 규제가 양산되는 계기가 되기도 했다.

국가경쟁력강화위원회와 **규제개혁위원회**로 규제개혁과 규제심사를 분리해 집권초기 높은 성과를 얻긴 했지만 상시적 **규제개혁시스템의 구축에는 이르지 못했으며 의원입법에 대한 규제심사의 부재는 여전하였다.**

▶ **박근혜정부**는 "돈 한 푼 들이지 않고 투자를 늘릴 수 있는 방법은 규제개혁 뿐입니다. 투자의 가장 큰 걸림돌인 규제를 반드시 혁파하겠습니다. 한 건 한 건 씩 하는 규제개선을 넘어 앞으로는 규제의 시스템 자체를 개혁해 나갈 것입니다"

라고 약속한 바 있다. 그러나 장악력 부족과 의회의 협조 부족으로 좋은 성과를 내지 못하고 탄핵되어 끝났다.

▶ **보수든 진보든 정권은 규제개혁을 외쳤다.**

김대중은 '**규제 길로틴**', 노무현 '**규제 덩어리**', 이명박 '**규제 전봇대**', 박근혜 '**손톱 밑 가시**', 문재인 '**붉은 깃발**' 을 각각 내걸고 정책 1순위로 규제 개혁에 나섰지만 일정한 성과를 낸 김대중 외 모두 실패했다.

실패 정도가 아니라 규제는 오히려 더 늘어났다.
규제는 죽지 않고 계속 살아난다.

규제의 정의

정부가 기업과 개인의 행위를 제약하는 수단

규제의 예

붉은 깃발법, 타다 금지법, 겔포스 편의점 판매금지
로톡(법률서비스)금지, 부동산거래 플랫홈 금지
정육점 곰탕판매금지,
화물선에 제주 갈치 냉동차 싫으면 냉동차 기사는
다른 배 타고 가야 함.
기계공단에 전자업체 금지, 화관법, 화평법,

외국인력 고용 : 300인미만(자본금 80억 미만)
　　　　　　　업체에게만 허용
　　　　　　　제조업 9-40명
　　　　　　　농축업 4-25명
　　　　　　　서비스업 2-30명

외국인 장기체류 금지

정부 별 규제 개혁 성적표 (2014년 기준)

규제개혁에서 가장 성과를 올린 정부는 **김대중** 정부이다.

집권 첫 해, 1만372건이던 규제건수가 집권 마지막 해인 2002년에는 7천546건으로 줄어 연 평균 6.5% 규제가 준 것으로 나타났다.

IMF위기를 극복하기 위해 규제를 개혁해야 한다는 절실함도 있었지만 정부의 의지도 강했다. 전체 규제의 50%를 없앤다는 목표를 세웠고 규제개혁 실적은 장관 인사평가에서 우선 항목이었다.

장관들이 규제철폐를 안 할 수가 없고 그 당시 어떤 형태로든 존치가 불가피하다고 스스로 입증하지 못하면 다 폐지하는 구도로 나갔다.

정부별 규제개혁 성적표

단위:건, 임기 중 규제 증감(+증가, -감소)

정부	증감	슬로건
김대중 1998~2002	-2461	"내가 직접 챙기겠다"
노무현 2003~2006	+229	"풀 수 있는 것 과감히 풀겠다"
이명박 2009~2012	+2040	"구호가 아니라 실천"
박근혜 2013(1년간)	+114	"원점에서 재검토"

규제 분류 기준 변화로 2007~2008년은 제외.
자료:국무총리실

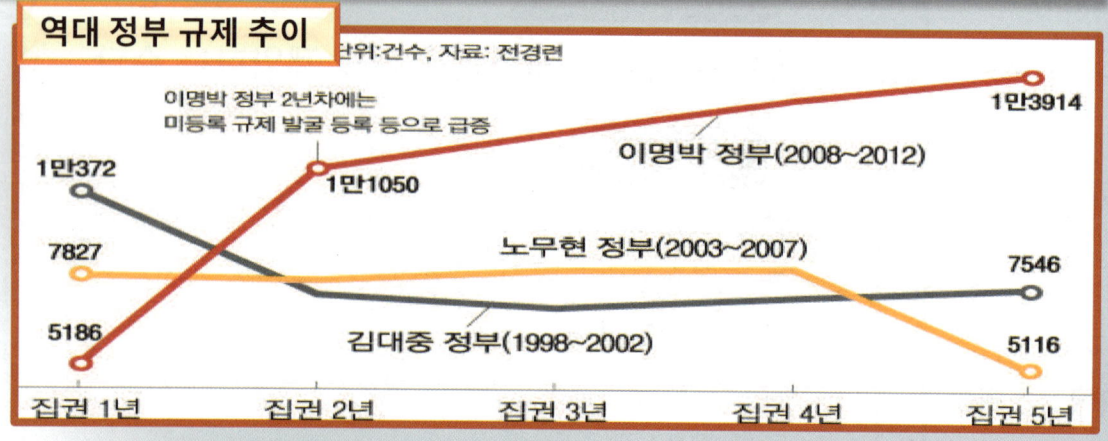

역대 정부 규제 추이

노무현 정부때에는 규제총량제를 도입해 규제풀기에 나섰지만 집권 후반부로 갈수록 힘이 떨어졌다.

'**전봇대 뽑기**'로 상징되는 **이명박** 정부 규제개혁은 집권 초의 규제건수가 오히려 두 배 이상 급증한 결과를 낳고 막을 내렸다.

손톱 밑 가시뽑기로 상징되는 **박근혜** 정부때도 114개가 증가하였다.

문제는 집권 후반부로 갈수록 규제개혁 성과가 떨어졌다는 점이다.

규제개혁이 지속되려면

일정한 기간이 지나면 다시 살아 나는 게 규제이다.
그래서 그 규제를 또 어떤 시점에서 한 번 봐 가지고 전체적으로 다시 한 번 대청소를 하고 또 진행하는 과정이 필요하다..

규제개혁이 일회성 이벤트로 끝나지 않기 위해서는 집권 5년 내내 꾸준하고 지속적인 점검이 있어야 한다.

좋은 규제의 조건

좋은 규제란?

편익의 경중 비교를 위해 **객관화 계량화**가 선행되어야 한다.

원칙과 상식에 부합해야 한다.

비용 보다 혜택이 더 커야 한다.

기술발전을 촉진하는 내용이라야 한다.

부처간 중복없이 단순 명료해야 한다.

과학적으로 검증이 가능하고 성과 및 미래예측이 가능해야 한다.

절대 안되는 것 외에는 허용하는 내용이어야 한다.

윤석열 정부의 규제개혁

투자의 결정적 **걸림돌이 되는 규제를 킬러규제**로 명명하고 업종, 토지용도, 공장매매 와 관련한 규제를 철폐 완화하는데 촛점이 맞추어져 있으며 평택, 용인 등의 반도체 단지조성을 쉽게 하게 하도록 지원하고 있다.

참고문헌
함께 못사는 나라로 가고 있다
정부 사용 매뉴얼
좋은 규제의 조건, 강영철 (KDI 국제정책대학원 초빙교수)
규제 vs 시장

규제완화에 나선 정부

기업규제로 기업의 숨통을 조이던 각종규제를 완화하기 위한
방안으로 윤정부는 24개 **규제혁신 과제**를 확정하고 추진하기로 했다. (2022.10.17)

이러한 규제혁신은 관련 기관마다 상설기구를 두고 추진하여 기업의 어려움을 듣고 가능한 규제를 없애 기업이 활력을 찾아 **새로운 투자와 기술개발에 나설 수 있는 환경을 만들어야 한다.**

기업이 살아야 나라 경제도 산다.

윤대통령 "**전 부처가 규제완화에 나서라**"
기업 1000조 투자, 규제 철폐로 화답.

모래 주머니 달고 글로벌 시장 가서 경쟁하고 뛰기는 어렵다.

규제를 대하는 각 집단의 속성

밀턴 프리드먼은 규제는 정치권, 관료, 이익집단의 '**철의 삼각형**'에 의해 견고 해진다고 봤다.
1. **이익집단**은 자기들의 이익을 위해 관료, 정치권에 입맛에 맞는 규제를 만들어달라고 한다.
2. **관료**는 퇴직 후 자리를 보장받으며 규제를 설계한다.
3. **정치권**은 표와 예산을 챙기며 규제법안을 입법화 한다.

규제 개혁이 성공하려면 **규제가 양산되는 메커니즘을 깨야 한다.**
역대 정부가 규제 개혁에 올인했지만 실패를 반복한 것은 이 같은 카르텔을 깨지 못했기 때문이다.

우파 대통령
경제자유도를 높이기 위해 **규제개혁을 추진**한다.

좌파 대통령
좌파 대통령 중에서 **경제발전에 관심이 있는 경우 규제개혁을 추진**한다.

좌파대통령 중에서 경제에는 관심 없고 이념에만 몰두하는 경우

좌파 이념에 따라 **규제확대에 적극적**이다.
(예 원전폐쇄, 부동산규제 확대)

우파 국회의원
자유경제인 시장경제를 활성화 시켜야 한다는 이념에 따라 **규제개혁에 적극 찬성한다.**

좌파 국회의원
개인들이 돌출되게 돈을 벌면 평등을 해치기 때문에 규제를 활용하여 시장경제를 옥죄어야 하므로 **규제설치(확대)에 적극 찬성한다.**

규제는 사건, 사고, 물의를 먹으면서 생기고 더 강화된다.
21대국회에서는 2000여개의 법종류에 분산하여 20,000개의 규제 법안을 상정했고 이는 영국의 172배로서 입법독재의 증거다.

환경단체
자유시장경제는 정글경제가 되어 환경을 해칠 수 밖에 없다고 보고 환경보호를 중시하는 환경단체는 **시장경제를 규제하는 입장에 서게** 되므로 좌파와 같은 입장이 되기 쉽다.

규제개혁의 방향

▶ 우리경제가 1% 대의 저성장의 늪에서 탈출하기위한 현실적 해법은 **과감하게 규제를 개혁하여 투자를 활성화 하는 것 뿐이다.**

▶ 경쟁국에는 없고 우리에게만 있는 규제인 ***갈라파고스 규제**(신드롬)는 우선 없애야 한다.

▶ 할 수 없는 것만 최소화하고 나머지는 다 허용하는 **네거티브규제로 바꾸어야 한다.**

▶ 명문화 되지 않은 채 법령의 해석과 집행과정에 숨어있는 **그림자 규제도 없애야 한다.**

▶ 참신한 아이디어와 상상력이 경쟁력을 좌우하는 **기득권을 깨 부수는 규제개혁** 이야말로 **경제 살리기의 시작**이다.

갈라파고스 규제
세상과 단절되어 독특한 동·식물 구성을 이룬 갈라파고스 제도처럼 변화하는 국제정세와 동떨어진 특정지역에만 있는 규제를 뜻하는 말이다.

가격통제에 의해 발생된 **역사적인 예**

소련에서의 유리생산
규격개념 없이 생산량만 지시하고 맞추게 되므로 낭비가 심하였다.
유리판 생산량을 톤단위로 지시하니까 두껍게 빨리 생산하고 쉬었다. 다시 면적으로 지시하니까 얇게 넓게 쉽게 생산하고 쉬었다.

프랑스 로베스 피에르(혁명정치가)의 우유가격
가격통제로 우유생산이 급감하여 많은 아기들이 굶어 죽었다. 그 결과 혁명 지도자 피에르는 단두대에서 처형되었다.

로마시대 곡물가격 통제로
곡물가격 폭등하여 민린(民亂) 발생하여 로마 멸망이 시작되었다.

文정부의 전세 값 통제로
서울 전세 값 급상승하고 시골 지방 전세값이 폭락하게 되었다. <문정부의 통계조작 감사 결과 발표>
감사원' 문정부 집값 통계조작 최소 **94회** 있었다.
(2023.9.15. 한겨레)

문정부는 또한 선진국에서 실패한 경험이 있는 최저임금이라는 역 통제로 큰 실패를 하였다.

규제개혁에 대한 제언

규제 풀어 상상·창의 일으켜라

김태윤 한양대 정책과학대학 교수

4차 산업혁명시대 상상과 창의. 개인 소양 아닌 사회 중요 역량

청년 가로막는 규제에, 정부 기획 능력은 바닥 수준
전면적으로 기회 열어야 노인도 청년 되는 '청년사회'

> **부처와 지방자치단체의 기획 능력은 바닥을 치고 있다.**
> 실력이 안 된다. 시장에서는 수천 명의 실력자가 수천 개의 수단을 필사적으로 궁리한다. 고정된 월급을 받는 정년보장 사무관들이 가까운 업자 몇 명이 들고 온 두 세 개의 대안을 검토해서 어떻게 제대로 된 기획이 나오겠는가?

> 우리 국회에서는 엉뚱하게도 100여 개 기업을 묶어 국가 재량으로 느슨하게 다루고 혼내는 스타일의 규제 패키지를 검토하고 있다.
>
> **기업으로 성공하면 정부 규제의 융단폭격을 받게 되는 것이다.**
> **이런 상황에서 누가 기업을 하려 하겠는가?**

> **청년들이 마음껏 창의와 상상을 펼칠 수 있는 장을 마련해줘야 한다.**
> 그 장을 여는 죽창은 어른들이 들어야 한다.
> 그 반대로 우기는 나쁜 어른이 많다.
>
> 그린벨트를 어떻게 선용해야 하는가? 노동시장의 유연성을 어떻게 확보해야 하는가? 대학입시를 미래사회와 어떻게 튜닝해야 하는가?
>
> 온 나라가 고민하고 토론해야 한다. 전면적으로 기회를 열어야 지금의 희생이 또 다른 미래의 기회로 연결될 수 있다.
> 이것이 **규제개혁의 사고방식**이다.

왜 정부는 규제개혁에 실패하는가?

안현실 AI경제연구소장·논설위원

▶**왜 정부는 실패하는가.** 오로지 대통령 때문인가. 이런 질문도 가능하다.

자칭 보수나 진보나 역대 대통령마다

꼭 하겠다고 약속한 규제개혁은 왜 실패로 돌아갔는가.

전부 대통령 탓인가?

정치가 지배하는 것처럼
보이는 권력은 의회 및 관료집단에 위임돼
그들의 수중으로 들어간다.

1. 관료사회가 변하지 않는 한 본질적으로
   '**정부에서 민간으로의 권력 이동**' 을 의미하는
   규제개혁이 될 턱이 없다.

2. 규제를 좋아하는 좌파당이 의회권력을
   차지하면 **규제를 대량 양산하여 규제개혁은 뒷걸음질한다.**

의회가 규제를 양산하기 때문이다.

<두 칼럼의 주요 내용을 발췌했습니다>

시장을 알아야 규제가 보인다 (1)

규제 vs 시장
(2023.1.15 출판)

최병선
(하버드대 정책학박사)

- **새로운 규제 정의** :
  정부가 기업과 개인의 행위를 제약하는 것
- **과거의 규제 정의**: 국가나 지방자치단체가 특정한 행정 목적을 실현하기를 부과 하는 행위.

시장을 모르면 규제도 모른다

규제를 줄여서 시장의 기능을 더 활성화해야 한다.
시장의 역할을 제한하는 규제는 가능한 만들지 말고,
만들어도 합리적인 수준에서 만들어야 한다.

획일적이고 경직적이고 투입기준 규제보다는
유연하고 성과 기준으로 바꿔야 한다.

정부는 공정한 경쟁이 되도록 하는 역할만 하고
그로 인해 나오는 결과의 공정을 시장에 요구하지
말아야 한다.

시장의 몫은 커지고 정부의 몫은 대폭 줄어
들어야 한다.

5,000만명의 입맛과 기호는 모두 다르다.
정부가 그것을 다 맞추어 주면서 먹여 살려 주는 것은 불가능하다.

**국민 각자가 시장에서 노력하여 먹고 살아야 한다.
또 그렇게 하도록 하는 것이 제일 잘 살게 하는 길이다.**
그런 노력을 못하게 법으로 막는 것이 규제다.

그런 규제는 누가 왜 만드나 ?
국회나 정부가 책임회피를 위해서 또는 누군가에게 이익을 주려고 만든다.

가까운 예를 들면 파업을 부추기는 **노란 봉투법** 과
막을 수도 없지만 기업가들을 무기징역 까지 처벌하는 **중대재해법**,
기업활동을 위축시키는 **화학물질평가법, 화학물질관리법** 등이 규제다.

세계적으로 매일 자동차 사고로 사망하는 인원이 3,600명정도라고 한다.
우리나라식으로 한다면 이런 불행한 사고 안 나게 자동차를 없애야 한다.
현재 그런 핑계로 자동차 주행속도를 말도 안되게 느리게 해 놓았다.

저속에 의한 전국민적인 생산성 저하는 계산이나 해봤나 ?
과거의 통계를 보면 속도를 원위치 시켜도 문제없다.

대한민국에는 그런 류의 **규제법이 15,000**개라고 한다. 이 15,000개의
규제법 때문에 발전 못하는 **손실이 매년 300조** 라고 한다.

그 많은 규제속에서 어떻게 세계10위권 경제대국이 되었나 ?
규제를 다 지켰다면 세계 80위권 되었을 거라고 한다.
지키지 않고 피해 갔기 때문에 10위권이 되었다고 한다.

이제 매 규제마다 없앴을 때의 이익을 계산하는 상당한 조직을 두어
계산 근거상
    **국가경제에 도움이 안되는 규제는 점차적으로
    없애 나가야 한다.**

시장을 알아야 규제가 보인다 (2)

요약

- **좋은 규제는 있나?** 좋은 규제의 조건(221쪽) 참조

  과도한 **규제를 풀면** (없으면) 창의력이 살아나서 매년 1.4-2.0% 추가 성장한다. 환경 규제, 소비자 안전 규제를 풀면 대신 민간 압력단체가 해결하게 된다.

  선진국에는 이익도 없는데 비용만 큰 엉터리 나쁜 규제가 없다.

- **우리기업은 뻔뻔하고, 돈 밖에 몰라 역량이 안 되니 자율규제는 곤란하다고?**

  정부의 가부장적인 생각에 불과하며 4류(정치)가 2류(기업)를 지배하는 꼴이다. **기업에게 자유를 주기는 주어 봤나?**

  교통사고를 줄이기 위해 차량속도 50km/h구간은 말도 안되게 느리게 해 놓았다. 70km/h-80km/h 였을 때도 큰 문제가 없었다,

- **규제 강화는 사회주의로 가는 길**

  일단 허용해 보라고 하면~
  그랬다 문제 생기면 네가 책임질 래? 라고 역공한다

  위험을 예방하려고, 약 개발 실험, 항공촬영, 유인 우주선 발사 실험 등을 억제하면 아무 일도 못한다.
  가스통 옆에서 불고기 구워 먹는 것은 안전해서 그냥 두는가?

- **사회정의를 시장보다 우선하면 사회주의가 된다**

  공정하게 가성비 경쟁하는 시장에 우선하여 권력이 개입하여 사회정의를 추구하면 시장경제가 소멸되고 사회주의 세상이 된다

- **시장에 대한 비난**

  그럼에도 불구하고 부익부 빈익빈, 약육강식, 무질서, 혼란과 혼잡,부조리, 비윤리, 냉혹, 비정, 비열, 반 기업 정서, 돈 욕심에 눈이 벌겋다면서 시장을 비난한다.

  길게 식당 할 사람이 썩은 음식을 팔 리가 있나?
  사업을 길게 하려는 기업들은 소비자를 중시 하기 때문에 나쁜 짓을 안 한다.

- **정부의 역할**

  그러나 세상에는 항상 소수의 나쁜 인간이 있기 마련이며 소비자에게 손해를 끼친다.
  정부는 이런 악성 기업이나 개인에 대한 정직한 정보만 시장에 공개하면 된다.
  시장이 제대로 작용하면, 시장에 가해지는 어떤 정부 조치들보다 소비자를 더 잘 보호한다.

- **규제 양산하는 대한민국**

  규제는 사건, 사고, 물의를 먹으면서 생기고 더 강화된다.
  21 대국회에서는 2000여개의 법 종류에 분산하여 20,000개의 법안을 상정했고 이는 영국의 172배로서 입법독재의 증거다.

규제의 해악성은 차별을 못하는 경직성에 있다.

그 경직성은 재산권에 대한 제약으로 작용하여 창의성을 억제한다.

규제를 해소하려면 엄청난 비용과 노력이 투자 되어야 하므로 숨겨진 세금이다.

주권자 국민의 올바른 선택

어떤 정권, 어떤 정치인을 선택해야 하나?

■ 유권자가 원하면 무엇이든지 해 주겠다는 정치인은 퇴출 시키고, 국민에게 땀과 고통을 주문하는 정치인을 뽑아야 한다. 그가 더 정직하기 때문이다.

예를 들면 얼마 안 있어 고갈될 국민연금의 경우, 미리미리 대비하여 더 내고 덜 받는 구조로 만들기 위해 국민의 고통을 요구하는 것이 정직한 것이고, 표 잃기 싫으니 내 임기 중에는 그런 개혁을 반대하고, *스튜어드십 코드(국민연금 이용)로

기업의 경영권을 수탈하려 들면 국가경제를 망치게 된다.

인기가 아니라 미래를 내다보고 공무원 연금 개혁을 단행한 정권이 정말 나라를 걱정하는 정권이었다.

좌파 세상의 온상이 되기 쉬운 문화 예술계

■ 문화 예술인들은 자본주의가 쌓아온 **부(富)를** 기반으로 융성하지만 문화 예술계에 좌파의 영향력이 강해 좌파적 사고를 갖기 쉽다.

이들 중 누군가 좌파들과 반대 생각이면 그 사람을 개념 없는 사람으로 몰아붙여 문화 예술계에 우파 문화 예술인이 활동하는 데 어려움이 많다고 한다.

문화, 예술계가 좌파세상의 온상이 되기 쉬움을 경계해야 하고 올바른 이념 정립에 힘써야 한다.

스튜어드십 코드

주요 기관투자자들이 기업의 의사결정에 적극 참여해 주주로서의 역할을 제대로 수행하고, 위탁 받은 자금의 주인인 국민, 또는 고객에게 이를 투명하게 보고하도록 하는 행동지침을 의미한다고 좋게 말하지만

주주들이 그런 용도로 이용하라고 한 것도 아닌데 자기 맘대로, 특히 정권 맘대로 이용하는 것은 계약 위반이다.

<우리나라의 도입>

2016.12.19 자율적으로 도입, 실행
2018.7월 세계3위의 자산규모를 가진 연기금인 **국민연금이 스튜어드십 코드를 적용하기 시작했다.**

주주가 경영에 적극적으로 개입하여 기업의 방만한 경영을 방지하고 기업의 투명성을 높이는 것 같이 말하지만

정권을 대신하여 기업경영에 간섭하는 것이므로 연금사회주의라고 한다.

<문제점>
기업의 경영 자율성이 위축된다.
국내 주식시장 최대 지분(약7%)을 가진 국민연금이 주주권행사에 나서면 기업의 존립문제가 발생한다.

시장에 파고 드는 사회주의

규제 강화

▶ 사회주의화 한 일부공무원들은 자기에게 괴로움을 주는 민원소지를 줄이려고 그 존재감을 나타내려고 규제를 늘리고 괴롭게 감독한다.

(예. 화관법. 화평법, 중대재해 처벌법)

*화관법 : 화학물질의 체계적인 관리를 목적으로

유해화학물질의 취급기준을 강화하는 법률

*화평법 : 화학물질의 등록 및 평가 등에 관한 법률(2015년)
1t 이상 제조, 수입되는 화학물질에 대해 유해성 심사를 의무화하는 법

*중대재해처벌법 ▶산업계는 강하게 반발하고 있다.

법이 무섭다고 사고가 안 나는 것이 아닌데, 안전관리조직을 키워 관리하게 하면 된다고 생각한다.

『 어느 조직이나 일하는 사람보다 관리자가 많아지면 생산성이 떨어져 망하게 된다.』

▶ 좌파정권은 유권자가 원하면 무엇이든지 다 해주겠다고 따뜻하게 말하여 표를 얻는 댓가로

균형이 잡힌 시장규칙을 바꾸려고 한다.

어버이 수령 ?

▶ 이렇게 부모같이 돌봐서 잘 살게 해주겠다고 하면 표가 그쪽으로 몰리고, 국민을 돌보는 어버이로 둔갑하고, 슬며시 **어버이 수령논리**가 파고 들게 된다.

그러다가 표를 준 유권자 모두 만족시키려면 **모두에게 고르게 분배하는 평등화로** 갈 수 밖에 없고, 평등을 관철하려면 (지능과 노력의 결합인) 능력의 법칙이 지배하는 **시장기능을 줄여 나가면서 복지 지원금 등의 배급을 확대하게 된다.**

'마스크 배급제'... 1인당 2장·출생연도 따라 5부제 판매

마스크 생산과 유통, 분배 모든 과정을 정부가 100% 관리

우리는 공산주의를 경험했다!!!

■ 결국 점점 더 평등하게 하기 위해 언젠가 **사유재산을 몰수하고** 완전 배급제로 하여 **시장을 소멸**시키게 된다. **70년 공산사회를 실현 시키면서 입증된 결과다.**

사회주의 약속

사람들에게 행복과 함께 모든 문제가 한꺼번에 해결될 수 있는 약속, 계급이 사라진 사회, 즉 **유토피아(지상낙원)를 약속한다.**

결과: 지상낙원의 약속은 종종 지옥으로 끝을 맺었다. 사회주의 실험으로 **1억 명** 이상이 목숨을 잃었다.

<전체주의 철학>

'우리'가 중요하다
그러므로 집단을 위한 국가의 역할이 증대된다.

**"너는 사회적 환경의 피해자다.
자본주의의 구조속에서는 보다 나은 삶을 살아갈 기회를 절대 갖지 못한다.**

우리가 손잡고 이 구조를 깨부시기 위해 투쟁하자" 라고 말한다.

'당신은 희생자' 라고 말하는 자들이 당신을 의지가 박약하고 무능한 사람으로 만들어 버린다.

" 지옥으로 가는 길은 선의로 포장되어 있다" (간디)

자본주의 약속

지상낙원을 약속하는 것이 아니라 재화의 공급을 제대로 하는 질서를 약속한다.

자본주의는 개인의 삶의 의미와 행복에 대한 약속을 하지 않는다.

1. 인간은 자유롭게 자신의 행복을 추구한다.

2. 자본주의체제는 행복을 추구할 수 있는 틀을 제공할 뿐, 달성하느냐 못하느냐는 책임지지 않기 때문이다.

자유주의 철학은 인간의 자기 책임에 기반하고 있다.

'자기 자신이 운명의 개척자' 이다.
인간 스스로가 성공적인 삶을 이룰 수 있을 뿐이다.

좋든 싫든 자기 삶의 주체가 되는 것이 중요하다.

성공한 사람들의 두드러진 특성은 스스로 선택하고 결정한다.

자유사회는 각자가 꿈꾸는 것을 실현시킬 수 있는 가능성을 더 많이 만들어 준다.

전문가를 무시하는 경제정책은 실패한다

▶**정글에 정의를 찾게 되면?**

사자가 약자인 멧돼지를 잡아먹으면 사자는 나쁜 놈이고 죽일 놈이 되어 제거 대상이 된다. 사자가 제거되고 나면 멧돼지가 토끼를 잡아먹는 것이 눈에 띈다. 너도 또 약자를 잡아먹어? 고약한 놈! 다시 멧돼지를 제거하게 된다.

▶그렇게 내려가면 동물은 상부로부터 하부로 내려가면서 멸종되고, 먹이 사슬의 **최하위 동물만 살아남는** 평등화가 달성된다.

전문가를 무시하는 정책은 망한다

▶인터넷에서 검색하면 왠만한 정보는 다 나온다. 그래서 공부안하고 경험도 없이 선동만 하면서 정권을 차지한 좌파정부는 인터넷을 믿고 전문가를 무시한다.

▶**경험 > 지식** 을 모르는 것 같다. 인터넷 정보는 저들이 왜곡한 정보 투성이다. 전문가인 이세돌 하나에 비전문가 100명이 달라 붙으면 바둑을 이기나?

그래서 전문가 이재용, 정의선에게 경영을 맡기는 것이다. 판사가 아무리 뛰어나도 전문가 이재용을 따라갈 수 없다

▶**경제민주화는 이세돌(바둑 고수)의 착점권을 빼앗는 것이다.**

<헌법119조 2항>
경제의 민주화를 위하여 경제에 관한
규제와 조정을 할 수 있다. – 누가? 비전문가가?

▶**의료는 의사들이 전문가다.**

코로나 초기에 의사협회장의 건의를 무시하고 중국인 입국을 막지 않다가 얼마나 많은 희생을 치렀는가? 그러면서 꼴등나라와 비교하면서 해외에 8억 5천만원을 들여 K-방역을 자랑했다. 교회는 예배를 못하게 하고 술집은 허용하다 전염이 확산되었다. 그래도 언론들이 잘한다고 나팔을 불어 대니 선동 당한 국민은 속았다. 누구나 꼴등보다는 잘하기 마련이다. 그것을 정말 잘한다고 믿는 국민이 문제다.

■ 정부가 간섭할수록 경제는 나빠지므로 남이 **실패했던 경제정책을 피하는 방법으로** 운용해야 한다

경제적 자유주의 = 자본주의 = 시장경제

경제적 자유주의
- 마음대로 아이디어를 구상하고 구현하게 놔 두는 것
- 거래를 자유롭게 보장해 주는 것
- 내가 번 것은 내 가족의 사유재산으로 보장 받는 것
- **경쟁에서 이길 자유를 주는 것**
  경쟁에서 이기지 못하게 하는 법 : 붉은 깃발법, 타다 금지법,
  대형마트 영업제한법, 중소기업 고유업종법 (LED, 안경태)

자유노동 자기 책임주의

자기 소유권(생존권, 신체권, 생각권)을 보호받으면 남의 자기 소유권도 보호받게 해주는 정도의 법 앞의 평등이 필요해 진다. 그러므로 일하는 노동도 자유노동이어야 하며 자기 책임주의가 되어야 한다.

사유재산 보장

자기소유권과 자유는 사유재산으로부터 보장된다.
사유재산이 아닌 정부재산에 의존하면 생각까지도 정부의 통제를 받게 된다.
토지공개념이나 과도한 세금으로 사유재산을 축소시키려 하면 열심히 일을 안 하게 되어 가난한 세상이 된다.

통제로 결과의 평등을 도모하면 부자들이 다른 곳으로 가게 되어 가난한 나라가 된다. 그러므로 소득격차가 더 커진다

富의 불평등 문제와 계층간 이동

- **미국에서 평등을 위해 부자들이 사용하는 상품들에 소비세를 먹였더니,** 연방 세수입 증가는 **1,660만 불**이었고, 일자리가 폭망하여 실업보험으로 지불한 금액은 **2,400만 불**이 되어 손해가 발생되었다. 현재의 필수품(전화, TV, 냉장고 등)이 과거에는 특소세를 내는 사치품들 이었다.
사치는 생활향상의 요인(要因)이 되고, 기술혁신의 동인(動因)이 된다는 것도 알아야 한다.

- **부의 불평등을 용인하는 사회에서는 계층 간의 이동이 쉽다.**
홀홀 단신으로 월남한 사람들은 부자가 되고 南에서 잘살던 사람들이 가난뱅이가 된 경우는 매우 많았다.

- **미국에서는** 1979년 상위 20% 가 1988년에는 중하위 소득계층으로 떨어졌고, 1979년 최하위 20%중 14.2 %가 잔류하고 20.7%가 한 등급 올라섰고, 35%가 2등급 올라섰고 25.3%가 3등급 올라섰고 14.7%가 최상위 20%로 올라갔다.
1988년 최하위가 1977년 최상위 보다 소득이 높아졌다.

공산사회주의에서는 계층간 이동이 불가능하다.
김정은 딸 김주애를 '조선의 샛별' 우상화 눈길-세습왕조 이어지나?

계층간 이동 (대한민국)

한국의 경우
"1998년에 84%의 아이들이 20년간 출발 시 계층과 는 다른 계급에 도달해 있었다" 고 한다.

나아가 "2018년에도 아들 10명 가운데 8명 정도가 출신 계급과 다른 계급에 도달했다는 점에서 한국 사회는 여전히 역동적이라고 할 수 있다"고 강조했다.

부(富)의 대물림은 불공정 한가 ? (1)

TV를 보다 보면 대담하는 사람들이 **부의 대물림을 하면 안 되는 것 같이 말한다**. 사회 경제적 평등은 불가능한 일인데도 평등을 주장하는 자들에 의해 현혹되면 부의 대물림은 불평등하다고 생각할 수 있다.

불평등이 당연하고 능력과 노력에 따른 결과라 인정하면 부의 대물림이 공정한 것이라 인정을 하게 될 것이다.

부의 대물림은 자연권에 속하는 인간 본성

인간은 가정을 꾸리고 산다. 그 가정은 소비를 공유하는 유일한 성공적인 사회주의 공동체이며 그 부를 자녀에게 물려주는 것은 자연권에 속하는 인간 본성이다. 그러므로 자본주의 사회에서 정당하게 축적한 부의 대물림은 정당하며 필연이다.

역사적으로 부의 대물림이 반복되어 왔다

역사적으로 부의 대물림은 자본주의 사회 뿐만 아니라 공산주의 사회에서도 이뤄지고 있다. 거역할 수 없는 인간의 본성이기 때문이다.

이런 문제는 긴 호흡으로 생각해야 한다. 인간은 조상없이 홀로 태어난 존재가 아니고 조상부터 내려온 계주(릴레이)로 이어진 존재이며 수많은 계주가 강물같이 흐르는 곳이다.

수많은 계주가 강물같이 흐를 때 훨씬 빨리 발전한다. 세대가 바뀔 때마다 계주를 끊고 다시 원점으로 돌아가 동일 출발선에서 출발시키면 훨씬 느리게 발전한다. 문명의 축적도 느려진다.

신체조건의 대물림은 공정한가 ?

성공에 큰 영향을 미치는 것의 하나는 타고 난 신체조건이다.

인물이 잘나고 연기력이 있으면 배우나 탤런트, 좋은 목소리에 노래를 잘하면 가수가 되어 큰 돈을 번다.

신체 조건을 잘 타고 나서 기술을 익히고 노력하면 이름난 선수가 되어 혼자 중견기업 만큼 번다.

좋은 두뇌를 타고 나고 성실하면 부모 도움 없이도 크게 성공한다.

부의 대물림에 대한 바른 생각

▶ 자신이 부모의 유산을 물려 받는 것은 당연시 하면서 부의 대물림을 불공정하다고 말하면 이치에 맞지 않다.

▶ 현 대한민국에서 더 좋은 계급으로 올라가는 상승 이동률이 47% 정도까지 된다는 조건에 부응하여 더 노력하는 것이다.

▶ 특수한 경우를 제외하고는 어느 나라 보다 공정하게 되어 있는 나라를 헬조선 이라며 뒤엎을 노력을 하기보다는 **그 사회에 들어가 긍정적인 노력을 하고**

▶ **국가는 이들이 상승하는 것을 막는 규제타파에 전력을 다해야 할 것이다.**

부(富)의 대물림은 불공정 한가 ? (2)

상속세나 증여세 과다 등으로 부의 대물림을 차단하면 ?

▶ 그렇지 않아도 부의 대물림 보다는 책임의 대물림이 되어, 감옥가기 십상 (예를 들어 중대재해 처벌법에 의해 무기징역)이 되므로 민노총의 선동과 파괴를 극복하면서 고통스럽게 기업을 키우려 할 사람이 없어지고 점차 일자리가 없어져 가난한 사람들이 더 어렵게 된다.

어차피 세계 최고 수준의 상속세 3번 내면 경영권을 잃게 되는데 기업을 한국에 유지하려고 할 필요가 있을까 ?

▶ 오히려 복지과다 국가들이 하는 것처럼 상속세 폐지와 증여세 축소로 부의 대물림을 장려하여 일자리가 많아지게 하는 것이 지혜로운 정책이 아닌가 ?

(예: 스웨덴, 호주, 멕시코, 뉴질랜드, 포르투갈, 슬로바키아, 캐나다, 이스라엘, 중국, 인도, 에스토니아, 라트비아, 체코, 룩셈부르크, 노르웨이, 美 뉴햄프셔주, 美 유타주, 美 루이지아나주, 러시아, 홍콩, 오스트리아, 싱가폴 등은 상속세가 없다.)

부자라고 더 많이 먹지도 못하며 더 많이 쉬지도 못한다.

부의 대물림은 인간을 열심히 일하게 하여 세상을 풍요롭게 한다 !

중대 재해 처벌 등에 관한 법률 (중대재해법)

(중대재해법 2022.1.27시행)

▶ 중대한 인명 피해를 주는 산업재해가 발생했을 경우 사업주에 대한 형사처벌을 강화하는 내용을 핵심으로 한 법안

근로자 50인 이상 기업(22.1.27시행),
50인 미만(2024 시행),
5인 미만(적용대상에서 제외)

▶사업주에게 대한 법적책임
(안전사고로 근로자가 사망할 때)

1년 이상 징역, 10억 이하의 벌금 부과, 법인은 50억 이하의 벌금 부과

헤럴드경제 PiCK
중대재해법 헌재 간다…"법 모호하고 과잉 처벌"
입력 2022.10.18. 오전 9:27

연합뉴스 PiCK
중대재해처벌법 1년…'법 적용 사업장' 사망자 오히려 늘었다
입력 2023.01.19. 오전 11:00 · 수정 2023.01.19. 오전 11:32

국가의 약탈, 상속세   상속세제 개혁포럼

1. 주식가격이 높으면 상속세나 증여세가 높아져 승계 시 기업경영권을 잃게 된다.
2. 주식가격을 낮추면 중국기업들이 주식 쓸어 담아 가므로 중국 소유가 되면 중국인들의 직원이 되어 임금도 삭감될 수 밖에 없다.
3. 처음에는 한국 임금을 주겠지만 알 만큼 알고 나면 중국의 싼 인건비를 활용하려 할 것이므로 그만큼 임금은 내려갈 수 밖에 없다. 좌파들이 말하는 종속이론이 적용된다.
4. 지정학적 약점이나 북핵보다 위험하다.

상속세 개괄

년간 사망자 30-35만명,
그중 **상속세 납부대상 7000-8000명** (2020-2021년)
국가 세수 중 상속세가 차지하는 비율: 2~3%,
상속세 없애는 것이 노동자에게 유리 (맨큐 박사 논문)

▶ **한국의 상속세가 60%를 넘게 되는 이유 : 60% + 40% X 0.5 =80%**
60%로 상속세를 내고 나면 경영권 방어를 위해 빚내서 40%를 매입해야 하며 이때도 50%의 가산세를 낸다.

이재용 회장은 물려 받은 주식가격 31조 중 12조 상속세 내고 10조 미술품을 기부하고, 의료부분 1조를 납부하여 23조를 내야 하며 온통 납세자금 마련에 골몰하여야 하고, 결정적인 투자기회때 **감옥살이 하여 TSMC(대만 반도체)에 뒤쳐지게 되었다.**

상속세에 대한 한국민들의 의견

우리나라 국민들은 부자들의 세금 부담이 낮기 때문에 부자들에 대한 상속세를 **더 올려야 한다는 의견이 54.6% 반대가 22.3% 무의견이 23.1%** 이다.

년말 정산 기준 세금을 안내는 국민이 **46% ~ 50%** 라는 통계도 있다.

세금을 다 내고 저축한 돈에서 세금을 더 걷는 2중 과세를 아는 국민이 얼마나 되나?

24년 묵은 상속 세제 개편 수면위로... 각론엔 이견

YTN. 2024.06.09

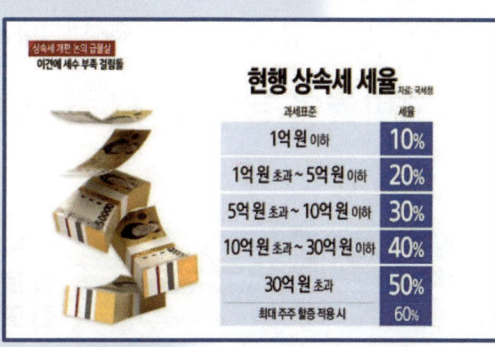

상속세를 받지 말고 기술 개발 등 다른 투자를 하게 하면 얻게 되는 이익

▶ 법인세 증가로 상속세수 보다 **더 많은 세금을 걷게 된다.**

▶ 기업가들의 편법과 모순적 행위들의 원인이 제거되어, **정상화가 도모 된다.**

▶ **대주주의 이익과 소주주들의 이해가 일치된다.**

▶ 상속세금을 내지 않고, 그 돈으로 회사설립, 출자전환 하니까, **투자고용이 획기적으로 증가한다.**

▶ 연구개발과 중장기투자가 가능하여, **국제신용도가 상승한다.**

▶ **연금고갈 우려를 상당기간 불식한다**

▶ 외화유입이 늘어나고 국가경쟁력이 상승하여, **기업의 해외이전이 억제된다.**

▶ 죽어가는 **주식시장이 살아나고 투자가 폭발하여 주가 1만으로 상승한다.**

▶ **1,441만명의 주식투자자들의 자산이 큰 폭으로 증가한다.**

▶ **스웨덴은** 2005년 상속세 폐지 이후 세수가 증가하고 **GDP 대비 조세비율이 낮아졌다.**(즉, 경제가 커져 세율이 줄어도 걷히는 세금은 커졌다.)

"상속세 내느니 떠난다"

작년 한국 백만장자 800명 이민

2023.12.22 (파이낸셜뉴스)

부자들이 한국을 떠나는 주된 이유는 '상속세' 때문인 것으로 풀이된다.

한국의 상속세율(50%)은 경제협력개발기구(OECD) 평균치인 25%보다 훨씬 높은 수준이다.

게다가 상속 면제한도도 다른 나라에 비해 과도하게 낮아 투자이민 비용이 상속세보다 훨씬 덜 든다는 것이다.

상속세 없는 나라

캐나다, 스웨덴, 호주, 노르웨이, 포르투갈, 헝가리, 체코, 룩셈부르크, 세르비아, 슬로베니아, 라트비아, 에스토니아, 멕시코, 이스라엘, 뉴질랜드, 슬로베키아, 스위스, 콜롬비아, 코스타리카, 중국, 러시아, 싱가포르, 인도,

국가별 상속세 실질 최고 세율 (%)

한국	프랑스	일본	독일	네델란드	아일랜드	벨기에	스페인	미국	영국
60	11.2	11	4.5	3.4	3.3	3	1.7	40	20

미국 40% : 공익재단 통한 상속 등으로 상속세 납부자 0.2% 미만
poison pill(포이슨 필), golden share(황금주). differential voting rights(차등의결권)
golden parachute(황금 낙하산)등으로

경영권을 방어하게 함. 자식에게 상속할 경우 300억 까지 세금 공제해 준다.

영국 20% : 비기업자산 7년 전 증여시 과세표준에서 제외

캐나다, 스웨덴, 호주는 자본이득세 도입,

스웨덴의 발렌베리 그룹은
공익재단 출연조건으로 차등의결권 보장하여 경영권 보장

OECD 가입국의 상속세율 평균 26.3%, 이것은 상속세가 있는 국가들의 평균이고 모든 OECD 국가들의 상속세 평균은 14.5%,

상속세가 있는 OECD국가들의 경우 다양한 공제제도가 있고, 특히 기업상속의 경우에는 상속세를 내는 나라는 없거나 아주 낮다.

가업(家業)상속세 감면에 따른 경제적 파급효과

가업 상속세	50% 인하 할 때	100% 인하 할 때
총 일자리	26만 7,000개	53만 8,000개
총매출액	139조원	284조원
총 영업이익	8조원	16조원
직장인 월급	7,000원증가	14,000원 증가

영업이익에 대한 법인세는 소득 200억 이하의 경우 **22%**

소득 3000억 이하의 경우 **24.2%**

소득 3000억 초과의 경우 **27.5%** 이므로

법인세를 24.2%로 가정할 경우, 법인세수는 두 경우에

각각 2조원과 4조원에 달한다. 이는 2011-2020년 10년 동안의

상속세수 2.25조원과 비교하면 세수가 증가한다는 결론이다.

자료 : 중소기업중앙회 파이터치 연구원 연구자 : **나정주** 파이터치연구원 원장 **추문갑** 중소기업중앙회 경제정책본부장

경제에 대한 불경(佛經)구절

▶ 재물을 가지면 한량없는 복을 얻을 것이다. 그래서 부동산 임대업, 이자놀이, 재테크 목축, 상업도 권장했다 『증일야함경』

▶ 불교는 신분제를 부정하고 가난의 고통으로부터 벗어나는 지혜를 많이 가르친다.

▶ 자유로이 돈을 많이 벌라고 가르치므로 상공인들의 지지를 받고 전파되어 나갔다.

▶ 가난한 부탄이나 방글라데시 삶이 행복하다고 속여도 속으면 안된다. 거기 가서 살려고 하는 사람이 없는 것을 보면 알 수 있다. 우리의 뇌는 가난을 합리화 하려 하므로,

세상과 뇌에게 속지 말고 돈 앞에서 정직해 져야 불행을 막는다.

▶ " 마땅히 먼저 기예를 익히고 그것으로 재물을 얻으라" 『중아함경』

▶ "많은 재물을 얻으면 즐거이 스스로 쓰고, 부모를 공양하고 처자와 친척과 권속을 돌보며 종들을 가엾게 여겨 돕고 -- 라고하여 지출의 우선순위를 가르친다. 『잡아 함경』

▶ 자기 희생을 강요하지 않고 먼저 자신의 욕망을 충족시키는 지출을 중요시한다

" **즐거이 스스로 쓰고**" 라는 구절과 유사한 구절이 경전의 곳곳에 나타나며 **자신을 먼저 고려하는 지출이 이기적이 아닌 당연한 지출로 가르친다.**

부처님의 경제관

빈궁이 가장 큰 괴로움이다. 죽는 괴로움과 가난한 괴로움 두 가지는 다름이 없다

벌이 온갖 꽃을 채집하듯 밤낮으로 재물을 얻으라

부처님은 기술과 지식의 중요성을 강조하였으며 교육의 필요성을 역설했다

" 온갖 기술을 먼저 배우고, 다음에 온갖 재물과 보물을 모아라"

『별역 잡아 함경』

▶ 가난한 사람은 낙관도 비관도 하지 말고 현실을 직시하고 정직한 삶의 방향을 정하라고 가르친다.

▶ **무소유를 주장하는 설교는 불교와 배치된다**. 성직자에게도 무소유를 요구하지 않고 너무 경제에 몰입하지 말 것을 가르쳤다.

(윤성식 著 부처님의 부자수업에서)

▶ 불경의 가르침은 산업혁명과 청교도의 기회와 접하지 못하여 자본주의(근면 검소주의)사상으로 발전하는데 기여하지 못했다.

노벨 경제학상 수상자들의 경제학

보수주의를 대표하는 학자들 중
아담 스미스의 경제론은 이미 소개했기에
여기서는 20세기에 가장 큰 영향을 끼친

노벨경제학상 수상자들인
하이에크, 슘페터, 프리드먼의 보수주의적
관점에서 자유시장 경제론을 간략히
소개하고자 한다.

그들은 자유시장의 자율적 기능을 옹호하며
정부에 의한 개입이 최소화 되어야 한다고
주장했다.

하이에크는 세계 대공황(1929~1933) 이후
시장에 대한 정부의 개입을 주장한
'케인즈'(John Maynard Keynes)의 경제
이론에 반대하며 사회주의경제와
국가의 경제 개입을 비판하고 자유시장
자본주의경제를 옹호하는 데 평생을 바쳤다.

슘페터는 '창조적 파괴'를 통한기술의 혁신이
자본주의를 이끄는 힘이고 '기업가가 혁신을
이끄는 주체'라고 했다.

프리드먼은 개인의 자유를 최우선으로
보장하는 시장중심,자유경제를 외친
경제학자이다.

어려운 경제이론은 뒤로 하고
이 들의 핵심 경제사상을 살펴 보자.

아담 스미스(1729~1794)
영국의 경제학자, 도덕철학자
경제학의 아버지
자본주의의 창시자

슘페터(1883~1950)
오스트리아출신의 미국 경제학자
케인즈(영)와 함께 20세기 경제학의
양대거두로 평가 받음

하이에크
(1899~1992)
영국 경제학자.

밀턴 프리드먼
(1912~2006)
미국. 자유주의와
시장제도를 통한
경제활동 주장.
1976년 노벨경제학상

빈곤이 사회문제로 떠오른 이후 빈곤해결에 있어 자유시장과
시장경제보다 더 효과적인 제도는 존재하지 않았습니다

- 하이에크 경제학 (1) 노예의 길
- 하이에크 경제학(2) 몽플드랑회
- 하이에크 경제학(3)핵심경제사상
- 슘페터(Joseph Schumpeter)의 경제학 1 (창조적 파괴, 혁신)
- 슘페터의 경제학 2 (기업가 정신, 경제사회 발전론, 민주주의론)
- 경제성장과 기업가 정신
- 밀턴 프리드먼 자유시장 경제론(1)
- 밀턴 프리드먼 자유시장 경제론(2)
- 앵거스 디턴 **불평등**은 경제성장의 원동력

하이에크 경제학 슘페터 프리드먼 기업가 정신 앵거스 디턴 창조적 결단

하이에크의 경제학(1)

'신자유주의'에 사상적 기초를 제공한 보수주의의 아이콘

프리드리히 하이에크 (1899~1992)

오스트리아에서 태어난 영국의 경제학자이자 정치 철학자이다.

보수주의의 아이콘인 하이에크
그는 **신자유주의 아버지**로 불린다.

20세기 케인즈와 함께 최고의 영향력 있는 경제학자. 1938년 영국 시민권을 취득하였다.
1974년 화폐와 경제 변동에 관한 연구로, 노벨 경제학상을 수상했다.

하이에크의 <노예(농노)의 길 (1944)>

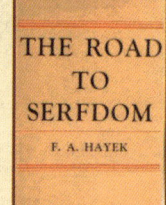

노예의 길 원본

하이에크가 2차대전 중 영국에서 일어나던 정치, 경제 사상적 변화가 전체주의 흐름으로 가고 있다는 문제의식에서 쓴 책이다.

전체주의를 기반으로 나온 사상들이 공산주의, 나치즘, 파시즘이라 보고 전 세계가 전체주의로 가는 흐름에 대한 위기의식을 환기하기 위한 책이다.

전체주의에 대치되는 개념으로서 개인의 자유를 내세우고 있다.

"이 세상을 천국으로 만들어 주겠다는 사람들 때문에 이 세상은 결국 지옥으로 간다"

케인즈와 하이에크의 다른 길

케인즈가 1936년 일반이론을 발표하자 런던정경대학의 하이에크 제자들 대다수가 케인지언으로 돌아섰다.

제2차 세계대전 이후에는 케인즈의 경제학이 대세를 이루면서, 2차 대전 후 정부들은 케인즈, 식으로 완전 고용과 가난 퇴치를 추구했다.
케인즈혁명의 여파로 **하이에크**는 설 땅을 잃었다.

세계 대공황(1929~1933) 이후 **시장에 대한 정부의 개입을 주장한** '케인즈'(John Maynard Keynes)의 사상에 반대하며 **하이에크**는 **사회주의경제와 국가의 경제 개입을 비판하고 자유시장 자본주의경제를 옹호하는 데 평생을 바쳤다.**

1970년대 케인즈의 통화팽창 정책으로 불황과 물가상승으로 불경기에서도 물가가 오르는 스테그플레이션이 발생하면서 케인즈 경제 이론이 엉터리 임이 밝혀졌다.

사회주의자에서 자유주의자로

하이에크는 20대 초반까지 사회주의자였다.
빈 대학교에서
미제스(1881~1973, 오스트리아계 미국 경제, 사회학자. 하이에크의 스승)를 만나, 그의 저서
'**사회주의**'(Socialism, 1922)를 접하고나서,
사회주의자에서 자유주의자로 전향하였다.
학문에 전념하여 경기 변동론의 전문가가 되었다.

미제스

하이에크의 경제학(2)

몽펠르랭회(Mont Pelerin Society.MPS) 창립(1947)을 주도

사회주의 경제와의 전쟁선포

MPS의 첫 모임(1947)

대공황 이 후 각국은 케인즈의 이론을 도입했고 하이에크의 이론은 외면했다. 하이에크와 신념을 공유하는 이들은 사회에서 소외됐다.
하이에크는 케인스 경제학과 사회주의 경제와 싸워 이기는데 10~20년은 걸릴 것으로 예상했다. 그는 39명의 경제학자들을 조직해 1947년 **몽펠르랭**(스위스 리조트)**회**(Mont Pelerin Society) 창립을 주도했다. **자유주의의 본진(本陣)**이라고 할 만한 이 모임은 범대서양 네트워크로 발전했고 2013년까지 9명의 노벨 경제학상 수상자를 배출했다.

창립 당시 상황과 활동, 성과

정부의 과도한 개입으로 발생한 대공황과 파시즘, 나치즘, 스탈리니즘같은 전체주의가 세계를 황폐화 시켰고 공산주의같은 계획경제가 유행처럼 번지고 있을 때였다.

이런 세계적인 혼란 속에서 학자들은 자유주의를 통해 세계를 살려내려고 했다. 의견이 분분했지만 **사유재산**, **경제자유**, **법치** 등이 인류를 구제할 수 있다는데 의견을 모았다. **그곳에 모인 모두가 큰 정부에 반대했고 개인의 자유를 중시했으며 자유방임주의에 공감했다**

▶ 경제 개입주의, 특히 케인즈 경제정책과 사회주의경제정책을 반대하며 **경제적 자유주의를 옹호**한다.

▶ **MPS**는 표현의 자유, 자유시장 경제정책, **열린 사회**를 옹호하며 **자유시장, 자유기업, 표현의 자유, 개방된 사회** 등을 옹호한다. 자유지상주의에 가까운 성격을 보였다.

MPS 서울 총회 (2017.5.7~10) 한경 주관

아시아에서는 일본, 대만, 홍콩에서 지역총회나 총회가 열린 적이 있지만 한국에서 열린 것은 이 때가 처음이었다. 서울총회의 타이틀은 **'경제적 자유, 번영으로 가는 길'**이다.

반기업정서가 팽배하고 시장경제가 근거 없이 매도 당하는 시점에서 자유주의를 지키고자 하는 모임이 개최되었다는데 뜻 깊은 서울 총회는 500여명이 참석했다.

MPS 서울 총회의 주요 메시지

1. **경제적 자유를 지켜라**
2. 불평등을 시정하기 위한 법들이 오히려 반 법치적이고 경제자유를 유린한다.
3. 대기업 차별같은 차별입법을 금지하는 법치의 중요성
4. 기업가 정신의 중요성
5. 정부는 함부로 개입하지 말고 시장의 자생력을 믿어야 한다.

하이에크의 경제학(3)

자유는 경쟁이 기본이고, 노력이 기본이고, 책임이 기본이다

하이에크의 핵심 사상

▶정부의 경제계획 개입 반대---정보는 현장의 개개인에게 있다.

정부의 계획은 개인주의를 짓눌러 결국 전체주의로 가는 길을 닦는다.

일단 계획이라는 정부의 개입이 시작되면 끝이 없다.

거짓말이 더 많은 거짓말을 낳듯이…. 경제계획을 세울 정책 결정자들은 필요한 정보가 없다. **정보는 현장의 개개인에게 있다.**

일종의 '**자생적 질서(spontaneous order)**'인 **시장이 계획 사회보다 훨씬 우월하다.**

선한 의도에서 시작된 계획이라는 국가의 행동이 더 나쁜 해악을 끼칠 수 있다.

▶ *왜 대중은 자유를 버리고 노예의 길을 선택할까?*

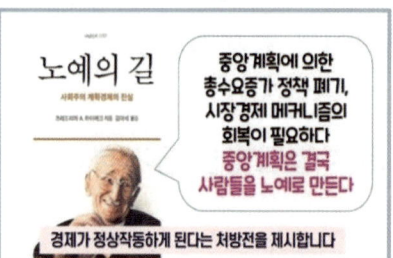

자유는 경쟁이 기본이고, 노력이 기본이고, 책임이 기본이다.

경쟁하기 싫고 노력하기도 싫고 책임지기도 싫은 미성숙한 대중이 **쉽게 원하는 것을 얻고자 할 때** 달콤하게 등장하는 정치 세력이 파시스트나 공산주의 같은 전체주의자이다.

하이에크와 러셀 커크의 보수주의 논쟁

하이에크는 MPS 회장 시 비공개로 "나는 왜 보수주의자가 아닌가?" 라는 에세이를 썼다.

유럽의 권위와 전통 보전에 중점을 두는 유럽의 보수주의를 비판하며 자신이 그런 보수주의자가 아님을 말했는데 이는 보수주의에 대한 오해와 선입견 탓이라 본다.

이에 미국의 보수주의를 대표하는 러셀 커크는 하이에크와의 토론을 제의하고 미국에서 다시 일어나고 있는 보수주의는 자유주의를 바탕으로 한 미국의 건국정신을 보전하려는 것이라고 설명했다.

4년 후 두 사람을 중심으로 미국 보수주의의 정수를 담은 대표적인 문헌이라고 여겨지는 '**샤론 선언문**'을 발표한다. 하이에크는 사실상 "나는 왜 '유러피언' 보수주의자가 아닌가"를 이야기했던 것이다.

하이에크 경제의 성공적 사례

서독: 에르하르트 수상   라인강의 기적

영국: 대처 수상   영국병 치유

미국: 레이건 대통령   레이거노믹스.

레이거노믹스를 만든 관료 77명가운데 22명이 **몽펠르랭 소사이어티**(MPS)의 회원이었다고 한다.

조지프 슘페터(Joseph Schumpeter)의 경제학 1 (창조적 파괴, 혁신)

동시대 케인즈와 함께 경제학의 양대 산맥으로 평가받으며 **가장 세련된 보수주의자**라는 평판을 받았던 인물
'**창조적 파괴**'라는 개념에 **개인의 자유를 최우선으로 보장하는 시장중심, 자유경제를 외친 경제학자**
그의 경제이론이 오늘날에도 높이 평가 받고 있다

슘페터(1883~1950)
오스트리아출신의 미국 경제학자
케인즈(영)와 함께 20세기 경제학의
양대거두로 평가 받음

"현재를 파괴하는
기업만이
미래를 가질 수 있다.

창조는 파괴의 또 다른
이름이다. 리스크를
두려워하면 창조는 없다.

새로운 것에 대한 도전은
엄청난 리스크를
떠 안는다.

반면 도전의 성공은
미래시장 지배라는
천문학적 가치의
과실을 보장 받는다.

● 그의 학설을 대표하는 용어

| 창조적 파괴 | 혁신(신 결합) | 기업가 정신 |

1. 창조적 파괴

* 자본주의의 역동성을 가져오는 가장 큰 요인은 창조적 혁신이다
* 경제발전과정에서 기업가의 창조적 파괴 행위를 강조한다.

* 이윤은 기업가의 창조적 파괴 행위로 인한 생산요소의 새로운 결합에서
  파생되며 창조적 파괴행위를 성공적으로 이끈 기업가의 정당한 노력의
  댓가이다

* 기술혁신으로 낡은 것을 파괴, 도태시키고 새로운 것을 창조하고 변혁을
  일으키는 창조적 파괴과정이 기업경제의 원동력이다.   예)휴대폰, 자동차 등

2. 혁신 (신 결합)
혁신이란? 발명이 아니라 기존의 개발된 것들을 새롭게 조합하는 것.
기술의 혁신이 자본주의를 이끄는 힘. 기업가가 혁신을 이끄는 주체이다.

혁신의 5가지 패턴

1) 새로운 상품을 만든다   4) 새로운 판매시장
2) 새로운 생산 양식   5) 새로운 공급원을 찾기
3) 새로운 조직

조지프 슘페터의 경제학 2 (기업가 정신, 경제사회 발전론, 민주주의론, 경고)

3. 기업가 정신

- **기업가** 혁신을 만들어 내는 사람
  새로운 아이디어와 발명을
  성공적인 혁신으로 전환할
  의지와 능력이 있는 사람

- **기업가의 역할**
  아이디어를 통해 새로운 사업을
  만들어 내는 것

  디턴: 경제발전의 원동력은 '불평등'

  슘페터: 경제발전의 원동력은 '혁신'

  그 중심은 자본가도 노동자도
  아닌 기업가 !!

4. 경제 사회 발전론

마르크스가 죽은 해 (1883) 슘페터는 태어났다

마르크스는 자본주의는 체제가 지닌 모순으로 붕괴되고 사회주의체제로 대체될 것이라 예측했지만 슘페터는 동의하지 않았다

그 이유는 자본주의 내적혁신,즉 '**창조적 파괴**'가 일어나기 때문이라 봤다

기업가 정신을 제대로 발휘할 수 있는 사회시스템이 바로 자본주의 사회이며 기업가 정신이 훌륭하게 발휘되는 사회는

끊임없는 <창조적 파괴>를 불러와 시장을 계속적인 혁신으로 이끌게 된다.

5. 민주주의론

민주주의는
숭고한 이상(理想)도,
정치사상도 아니고,
선거라는 수단이므로

민주주의의 발전이란
완전하고 안전한(완벽하고 안정적인)선거제도를
구축하는 것일 뿐이다.

"민주주의란 국민이 단지 자신을 통치할 사람들을 승인하거나 거부할 수 있는 기회를 가지는 것에 지나지 않는다"

슘페터의 경고

자본주의는 자본주의 자체의 성공에 의해 무너질 것이다~!!!
자본주의의 핵심은 기업가에 의한 '**창조적 파괴**(기술적 혁신)'에 의해 발생하면서 경제적 발전을 이뤄 나간다.

그러나 소수의 성공한 기업가에게 대중은 심리적 박탈감,질투심, 원한,분개심을 갖게 되고
비판과 선동만이 자신들의 존재가치와 영향력을 강화할 수 있는 유일한 방법이라 생각하는 좌파지식인들이
이 질투의 대중을 선동하여 소수의 기업가들을 공격하고 이에 움츠려 들 수 밖에 없는 기업가와 기업이
위축되어 **자본주의는 쇠퇴하게 되고 사회주의가 득세하게 될 거라 경고했다 !!**

경제 성장과 기업가 정신

【 리더의 중요성 】

▶ **이순신과 원균**을 비교해 보면 나타난다. 인간을 경제적으로 잘 살게 하는 것은 정치가보다 기업가들이기 때문에 기업가의 말에 귀를 기울여야 한다.

▶ **박정희 대통령**은 항상 기업가의 말에 귀를 기울이고 그들이 세계시장에서 돈 벌어 올 수 있도록 **수출 제일주의**로 적극 도왔다. 좌파정부의 지도자들이 어디 기업가의 이야기를 참모들 이야기보다 중요하게 받아들인 적이 있나 ? 좌파정권이 삼성 등 대기업에게 무슨 도움을 주었나 ? 박정희 정권과 좌파정권의 **경제성장을 위한 집념과 리더십**을 비교해 보라.

▶ **좌파 정치가는 대부분 기업을 착취하고 권력 유지에만 몰두**한다. 근래 정치가들은 **국민의 생명과 재산을 위협하는 존재**가 되어 왔다.

■ **기업가가 안심하고 자유롭게 경영을 할 수 있도록 분위기를 만들어 주어야** 비전을 가지고, 통찰력을 발휘하여 경제성장에 이바지 할 수 있다.

정주영 회장의 기업가정신

"이봐, 해보기나 했어?"
"그래, 안되면 또 하면 되지 뭐"

근검절약, 인간존중   신용제일주의
고객 최우선   창의와 기술개척,
신념, 노사화합   **도전**과 개척,
사업 보국주의

"꼭 하고 싶은 일, 꼭 해야만 하는 동기가 충만한 일을 생각한다면, 누구든 좋은 아이디어를 떠올릴 수 있다"

이병철 회장의 기업가정신

"세계 최고의 기업을 만들자"

현대성을 추구   사업 보국주의
인재제일주의   합리주의,
일등주의   책임주의,
기술혁신   무 노조 산업평화주의

"기업 경영에 제일 중요한 요소는 인재양성이다'

밀턴 프리드먼 자유시장 경제론(1)

왜 우리는 시장중심의 자유경제를 중시하고 지키려 하는가? 그 이유를 **프리드먼**을 통해 알아 보자

● 자유경제를 외친 밀턴 프리드먼

밀턴 프리드먼 (1912~2006) 미국. 자유주의와 시장제도를 통한 경제활동 주장. 1976년 노벨경제학상

빈곤이 사회문제로 떠오른 이후, 빈곤해결에 있어 자유시장과 시장경제보다 더 효과적인 제도는 존재하지 않았습니다

미국의 대공황(1929) 이후 국가는 시장과 개인의 삶에 적극 개입,

큰 정부가 시장과 개인의 자유를 잠식할 때 그 정책을 비판하며 **개인의 자유를 최우선으로 보장하는** 시장중심, 자유경제를 외친 경제학자

케인즈
1. 시장경제 결함이 있으니 정부가 나서서 바로 잡아야 한다.
2. 재정을 퍼부어 긴급금융과 지원금을 지원해야 한다. (재정확대, 통화량 팽창 등)
3. 공공 일자리 제공하는 뉴딜정책을 주장했다.

케인즈의 학설은 열렬한 환영을 받음

프리드먼
1. 대공황의 원인은 시장의 실패가 아닌 정부의 실패로 정부개입은 문제를 더 악화시킨다.
2. 경제활동이 위축되어 있는 데 통화공급량을 대폭 축소해서 기업이 어려움을 겪으면서 대공황이 일어났다.
3. 정부가 재정정책과 통화정책으로 경기에 간섭하면 경제가 교란된다.

프리드먼의 경고는 무시됨

● 케인즈와 프리드먼의 대공황에 대한 원인과 해결방안

대공황의 원인은 '시장의 실패'가 아닌 '**정부의 실패**'

'통화주의 정책을 주장했던 **프리드먼**'

'**국가 개입**에서 **자유시장**'으로의 전환

●1970년대 스태그플레이션 현상

1970년대에 들어 경제성장은 침체한 데 물가는 오히려 오르는 **스태그플레이션**현상은 케인즈의 학설(경제성장에 따라 물가도 성장한다)로는 설명할 수 없는 데 세계는 큰 충격을 받게 된다.

만화설명   만화 출처 **자유기업원**

대공황의 원인은
'시장의 실패'가 아닌 '정부의 실패'

'통화주의 정책'을
주장했던 프리드먼

'국가 개입'에서
'자유시장'으로의 전환

▶ **1929년 미국**

기업부도는 늘어나고
실업률은 증가하고
주가는 폭락하는 대공황 발생

정부(슈퍼맨?)
　　내가 구해 줄게요!

프리드먼
　　못 구합니다! 그럴 능력이 없어요!

케인즈
　　정부가 공공지출을 해야 일자리도 많이 생기고 경제가 활성화 됩니다. 정부를 믿으세요!

프리드먼
　　정부가 시장에 간섭해서 돈을 퍼붓고 통화량을 늘리면 경제가 교란됩니다. 물가가 폭등합니다! 시장에 맡기세요!

사람들 : "역시 정부가 믿음직스러워"
　　　　"우리 한테 돈 다 쓴다 잖아"
　　　　"보이지도 않는 시장을 어떻게 믿어"

1970년대
경제성장은 침체한 데 물가는 오히려 오르는 **스태그플레이션** 현상 발생

케인즈
　　이럴 수는 없는 데...

정부
　　어쨌든 여러분을 위해 일한 것만 알아 주세요

프리드먼의 인플레이션 처방
1. 정부 개입 억제
2. 일정 통화를 유지
3. 시장과 개인의 자유 확대

밀턴 프리드먼 자유시장 경제론(2)

이에 따라 **물가상승을 억제하기 위해선 재정정책과 통화정책을 삼가해야 한다**는 프리드먼의 주장이 관심을 받게 되고 많은 국가가

1) 정부 개입 억제
2) 통화 증가율을 일정하게 유지
3) 시장과 개인의 자유 확대 정책

으로 **만성적 인플레이션 문제를 해결**하게 되고

국가개입 주의 ➡ **자유시장경제로 전환함.**

※ 이 공로로 1976년 노벨경제학상을 수상

"자유경제체제인 자본주의를 확립할 때
정치적 자유도 누릴 수 있다"   (프리드먼)

프리드먼의 궁극적목적은 **'개인과 가족의 자유'**

정부는 이 목적을 위한 수단에 불과, **정부는 국방,치안,법질서 유지 등 제한된 업무만 담당해야 한다.** (최소정부 주장)

저서들

선택할 자유

● **평등에 대한 그의 생각**

"평등을 자유보다 앞세우는 사회는 결국
평등도 자유도 달성하지 못하게 될 것이고
자유를 앞세우는 사회는
보다 큰 자유와 평등을 달성할 것이다."

* 자본주의는 다른 어떤 체제보다
 불평등을 완화시켰다

● **저소득층을 위한 복지제도**

*빈곤이 사회문제로 떠오른 이후
 빈곤 해결에 있어 자유시장과 시장경제보다
 더 효과적인 제도는 존재하지 않았다.

" 미국인을 가난에 몰아 넣는 동시에 자유를 빼앗아 가는 가장 큰 위협은 정부 개입이다 "

이를 개혁하려면 정부개입을 최소화해야 한다.

저소득층을 위한 정부 주도 복지제도는 가난한 사람을 양산한다.

가족붕괴를 촉진하고 일자리를 찾지 않게 되고
결과적으로 가난하게 만드는 결과를 초래한다

불평등은 경제성장의 원동력

디턴은 경제성장이 수명의 연장, 건강의 증진을 낳는다는 평범한 진실을 실증연구를 통해 밝혀냈다.

상향 불평등 발생

→ **상향평등화**
→ 더 높은 상향불평등 발생
→ 더 높은 상향 평등화

이런 과정의 반복으로 인간은 잘 살게 된다.

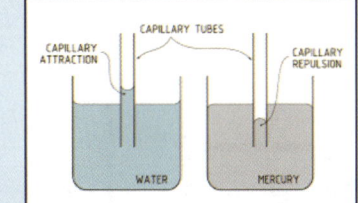

- 기업은 생존 번영하기 위해 기술혁신, 제도 혁신, 경영혁신을 하면서 **차이라는 불평등을 만들어 낼 수 밖에 없다.** 불평등은 성장의 결과이면서 동시에 또 다른 성장과 발전을 이끌어 낸다.

예) 황제 대추로 돈을 벌고, 맛있는 쌀 소출을 늘리고, 더 좋은 핸드폰을 만들어 돈을 벌고 더 좋은 자동차를 만들어 돈을 벌어, 그렇지 못한 사람들 보다 부자가 되어 불평등이 발생하더라도, 삼성이 외국에서 돈을 벌어오면 우선 직원들이 많은 봉급을 받아 부자가 되고, 협력 중소기업이 돈을 벌고, 협력 중소기업에서 일하는 직원이 돈을 벌고, 삼성 및 협력업체 주변의 상가들이 돈을 벌게 된다.

- 일단 돈을 벌어 오는 순간은 불평등 하지만 그 돈이 퍼져 나가 주변을 **부유하게 평등화** 시키며, 잘 먹고 살고, 여행도 많이 다니고, 생활도 편리해지고 수명도 길어 졌다.

앵거스 디턴 (1945~)

영국, 2015. '소비자의 행동 분석과 경제발전 및 빈곤에 대한 연구' 등으로 **노벨경제학상수상**.

"모든 분별 있는 사람들이 그렇듯이 나는 친 성장론자(pro-growth)다. 그러나 무조건 성장이 좋다는 것은 아니다.

불평등은 성장의 부산물일 수도 있고, 성장을 위한 인센티브가 될 수도 있다.

그것은 성장을 질식 시킬 수도 있다. 이런 장단점에 적절한 균형점을 맞춰 주는 것이 사회의 역할이다."

- 세상은 모든 사람들의 욕심을 채워줄 만큼 풍요하지 아니하여 욕심 대비 항상 부족함을 느끼면서 살게 된다.

이런 부족심을 완화하기 위해 남보다 더 노력하여 더 모우려고 하면서 **결과의 차이가 발생하여 불평등이 발생하나 전체 국민은 좀 더 잘 살게 된다.**

- **상대적 빈곤은 배의 흘수(吃水)물속에 잠긴 선체의 깊이)와도 같다.** 수관 내벽에 부착된 물이 먼저 수관을 적시며 따라 올라가면서 **가운데 낮은 바닥물이 끌려 올라가 높아지는 것을 반복해야 전체가 높아진다**

흘수 (吃水) : 물속에 잠긴 선체의 깊이

경제의 모세관 현상

액체가 중력과 같은 외부 도움 없이 좁은 관을 오르는 현상.

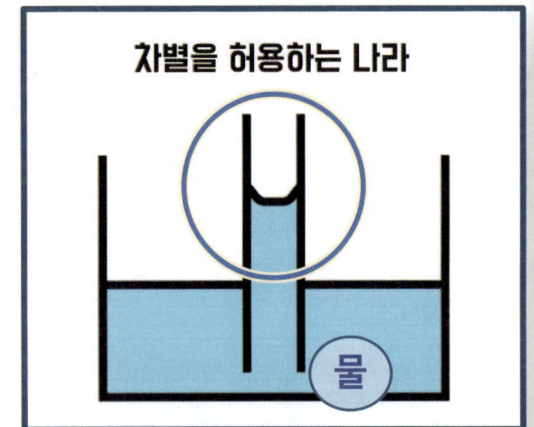

차별을 허용하는 나라

물

상향 평등화

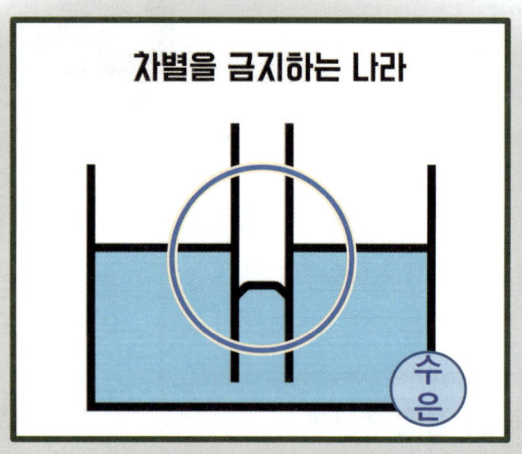

차별을 금지하는 나라

수은

하향 평등화

차별촉진으로 능력 있는 자 부터 올라가게 도와주어 모세관 현상으로 나머지가 올려지게 하는 것이 보수정부의 일이다. (상향평등화)

차별 금지를 어기고 더 잘 살려고 솟아 오르면 머리를 때려 솟아 오르지 못하여 평등하게 만드는 것이 좌파 친 공산주의 정부의 일상적인 일이다. (하향평등화)

로고프 교수는 "디턴의 책을 읽고 세계가 그 어느 때보다 평등해졌다고 결론지을 수 있다"고 썼다. 그는 '지난 몇 십년 동안 개도국의 수십억 명이 극심한 빈곤으로부터 탈출했다는 것'이라고 디턴의 책을 요약했다.

경제상황은 결코 'Snap shot' 이 아니다

■ **Snap shot의 오류**: 정지화면을 보고 판단함으로써 상행 하행을 오판하는 오류-사진

('움직이는 것을 한 단면으로 판단하면 안된다'는 뜻이다.)

▶ **중국은 사회주의 체제인 데도 경제성장을 이루지 않았는가 ?**

　　중국에서 경제는 시장경제로 접근했기 때문에 어느 정도 맞다.

▶ **박정희 대통령때 경제발전은 정부개입으로 이룬 것이 아닌가 ?**

　　잘하는 사람에게 맡기고 나서 부터는 간섭하지 않고 글로벌 경쟁에 투입 시켰기 때문이다.

　　정부개입은 1998년(김대중 정권) 경제구조조정으로 알짜기업을 팔면서

　　성장율이 감소되기 시작했다.

▶ **DJ 때는** 예비타당성을 통과하는 경우만 국가가 투자하게 하는 합리성을

　　구축했으나 문재인 때는 표만 된다면 막무가내 였다.

　　가덕도 신공항은 예비타당성조사 무시하고 결정했다.

　　후세에게 커다란 짐이 될 것이다.

▶ **스웨덴이** 자유로 번영했다(1870-1960) 복지로 망하고(1960-1990),

　　다시 복지를 줄이고 (1991)시장경제 재도입하면서

　　1994년 부터 발전하기 시작했다.

▶ **좋은 상품으로 시장 점유율 높인 것이 독과점 이라고 처벌하면 ?**

　　시장 점유율 92% 가 되면 안된다고 2004년 삼익악기 + 영창악기

　　합병방해로 둘 다 해외로 나가 버리고 세계 최고 기술의 국내 악기 제조업은

　　쇠퇴의 길을 걷게 되었다.

이래서야 되겠나 ?

매일경제　　　　　PiCK

도로·철도사업 예타 면제기준 500억→1천억 상향...국회 소위 통과

입력 2023.04.12. 오후 2:26

전경운 기자　TALK

재정준칙을 뒤로 한 채 예타(예비타당성) 면제 기준만 완화하게 되면 내년 4월

총선을 앞두고 지역구 챙기기용 선심성 사업이 남발하는 게 아니냐는

우려가 제기됐고 이에 현재 국회 소위는 통과 됐지만 현재 국회에 보류되어 있다.

한국지도자의 창조적 결단

슘페터의 **창조적 파괴**가 있었다면 한국에는 **창조적 결단**의 지도자가 있었다.

공무원들의 순리적 합리적 판단을 넘는 **창조적 결단으로 국가의 발전을 이루었다.**

이승만
광복 후 건국한 대한민국에 **자유민주주의, 자유시장경제시장을** 국가정체성으로 삼음
토지개혁, 여성 참정권, 반공포로 석방과 한미 상호방위조약 체결 ~ 국가 안보 초석을 다짐.
(갓난 아기와 세계 챔피언 간 상호방위라는 세계적인 코미디 조약을 타결했다.)

박정희
베트남 파병과 경부고속도로 건설.
(자체방위도 안되면서 남을 지원? 자동차도 없는 나라에서 웬 고속도로 ?라는 반대속에서)
KIST 설립으로 기술강국도약 기초. 경공업 기초도 없으면서 **중화학 공업 성공. 새마을 운동,**
농지정리, 미곡증산과 산림녹화 성공. **한일협정으로 종잣 돈 마련, 포스코 건설성공.**
중동건설 참여로 석유 파동의 세계적 어려움을 극복했다. 1차에서 4차까지 **경제개발 계획의 성공**

전두환
전자산업고도화, PC, 전자식교환기, 광통신 케이블 개발 및 장비, 카폰, 64K D램 성공.
자유화정책, 연좌제 폐지, 한강개발, 일본으로부터 방위비 40억 달러를 공짜로 받아 냄.
이병철 회장이 1983년 반도체 진출 선언 후 국가적 지원이 없어 진척을 못 봤는데
1986년 전두환 대통령이 지원하면서 **4MD램 개발을 성공**하게 되었다.
中매체 "전두환, 전자산업 올인 '도박'...덕분에 한국 경제 도약"
사망 사실 대대적 보도..."일생 공과 후대에 남겨졌다" (서울=뉴스 2021.11.23)

좌파 지도자들
창조적 파괴적 역(逆)결단으로 대한민국을 망치는데 혁혁한 공로를 세웠다.
북에 핵 개발비 지원, 비자금 조성, 탈원전, 경제실패, 모택동, 신영복 등 공산주의자 존경(?)
특히 문재인 재임 기간 동안 국가에 이로운 일을 한 것이 별로 눈에 띄지 않는다.

건국의 아버지 이승만대통령의 업적 (1)

1. 정치분야 - 반공주의와 자유민주주의체제 정부수립

남한 단독정부 수립을 주장하여 관철함으로 한반도에서 **김일성의 공산화를 막았다.**
남한 단독 선거를 통해 이승만은 정치 분야에서 **자유민주주의와 시장경제 원칙에 입각한 대한민국을 건국하였다.**

언론의 자유를 비교적 폭넓게 허용하였고, 선거 및 의회 제도를 존중하며, 양당제도의 발달을 용인하였고, 지방자치제를 도입하는 등 척박한 정치환경에서 자유민주주의의 체제를 유지했다.

2. 외교분야 - 탁월한 외교력

대한민국 수립 이후 유엔과 미국 등 30여 개 국가로부터 승인을 획득하여 **대한민국의 정통성을 확립하였다**.

1952년에는 **'인접 해양에 관한 주권에 대한 대통령 선언'** (일명 **이승만 라인**)을 일방적으로 선포하여 독도를 수호하는 조치를 취했고, 독도를 포함한 해역에서 어족자원 및 해저자원을 보호하였다.
평생을 독립운동을 했던 이승만을 친일 세력이라고 하는 좌파의 주장은 허구다.

. 6·25전쟁 막바지에 미국이 단독으로 휴전을 모색하자, 아이젠하워 대통령 등 미국의 정치가들을 회유 내지 협박하여 1953년 10월 1일에 **한미상호방위조약을 체결**하는데 성공했다. **미국이 제공하는 군사적 보호우산** 아래 국가 안보를 강화하고 경제가 발전하게 되는 중요한 계기가 되었다.

자유를 주셨으니 다시는 노예의 멍에를 메지 말라

이승만에 대한 오해

건국을 해놓고도	**건국의 아버지**(국부) 소리를 듣지 못한 건 물론이요,
민주주의를 몸소 실천하고도	**'독재자'** 소리를 들었다.
북한군이 내려오니 당연히 컨트롤 타워를 옮긴 것 인데도	**'도망자'** 취급을 받았다.
북쪽에 이미 정부가 들어섰기에 우리도 정부 세우자고 했다가(정읍발언)	**'분단의 원흉'** 이라는 타이틀을 얻었다.
미국을 압박해 어렵게 한미상호방위조약을 체결했는데 돌아온 건	**'미국의 앞잡이'** 라는 손가락질이었다.
골고루 사람을 기용해 만든 남한정부는	**'친일정부'** 누명을 썼다.
폼만 나고 실익은 없는 무장투쟁 대신 국제정세에 유익한 외교 전략을 활용한 혜안은	'몸사리는 **겁쟁이**' 라는 비난으로 돌아왔다.

건국의 아버지 **이승만대통령**의 업적(2)

3. 경제분야 - 토지개혁의 성공

6·25 전쟁 발발 전에 시작된 토지 개역을 통해 기존의 **지주 토지 소유제**를 청산하고 경자유전(耕者有田)의 원칙에 따라 **자작농적 토지 소유제를 확립하였다.**

자작지의 비율은 35%에서 92.4%에 달하게 되어, 한국 농업구조상 획기적인 변화를 가져왔다.. 결과적으로 농민들에게 자주성을 부여하고 생산력을 높이는 결과를 가져왔다.

1950년 3월 이승만 정부의 농지개혁법 공포로 남한에서 토지개혁이 이루어졌다.

이는 남한의 토지개혁을 통해 자신들의 영향력을 남한지역까지 확대하려고 했던 북한의 의도를 완전히 무너뜨렸던 중요한 계기가 되었고, **한국 자본주의를 태동시키는데 기여**하였으며, 6·25전쟁 시 남한의 농민들이 북한군에 부역하는 현상이 나타나지 않았다.

. 이승만 대통령은 6·25 전쟁이 일어난 직후 충주비료공장, 문경시멘트공장, 인천 판유리공장을 준공했다. 이는 장기적으로 사회간접자본 건설의 밑거름이 됐고 박정희 정부에서 핵심적인 사업이 된 **중화학공업 발전의 토대를 마련했다**.

4. 교육분야 - 6년 의무교육제도의 도입과 문맹 퇴치 운동전개

그 결과 1959년까지 전국 학령아동의 **취학률을 95.3%**로 높이고, 해방 당시 **80%에 달했던 문맹률을 22%**(남11%, 여33%)로 낮추는 데 성공했다.

나아가 이 대통령의 정부는 중·고등학교와 대학을 대폭 증설하고, 해외 유학을 장려함으로써 산업화에 필요한 고급 인재를 양산했다.

1960년대는 정부정책에 힘입어 초급대학·대학·대학교가 68개교, 학생 수는 10만 명으로 폭발적으로 늘어났으며 해외 유학생 수도 비약적으로 늘었다.

이런 교육정책의 장려로 인하여 1960년대 이후 **'경이적' 경제성장의 지적 기반이 조성되었다.**

5. 사회분야 양반제도를 뿌리 뽑고 남·녀에게 동등한 교육기회 보장

농지개혁을 통해서 전통적인 **양반제도를 뿌리 뽑았다.**
남·녀 구분 없이 동등한 교육 및 취업기회를 정책적으로 보장함으로써 한국 사회의 평등화에 획기적으로 기여하였다.

여성의 참정권은 건국 이전 5.10 선거부터 시행됐다.
한국 여성은 초등학교 수준에서 남자와 똑같은 의무교육을 받게 되었고, 나아가 중·고등학교 및 대학에 대거 진학하기 시작하였다.

차별대우를 받던 한국 여성이 이승만 대통령의 집권기에 많은 혜택을 누리게 된 것이다.

이런 여러 가지 개혁과 업적에 대하여 수정주의 사관을 가지고 있는 자들에 의하면 '**미제의 앞잡이**'로서 남한을 미국이라는 패권국가에 종속시키는 작업을 수행했다고 비판하는 자들이 있지만,

그러나 우리나라의 관점에서 보면, 해방 후 혼돈했던 시대 상황 속에서 강력한 리더쉽과 확고한 반공의식을 통해 **김일성에 의한 공산화를 막고 자유민주주의를 수호하고**, 제도적 정비와 사회 다방면의 개혁을 이루어서 진정한 자유민주주의 국가를 위한 초석을 놓았다는 점은 그 누구도 부인할 수 없는 이승만 대통령의 업적이다.

"**현재 우리가 누리는 자유와** 번영은 이승만 대통령이 만든 토대 위에서 이뤄졌음을 누구도 부인하지 못할 것"
(박민식 전 보훈부장관)

출처 : 코람데오닷컴과 김형준교수 글에서 발췌

富國强兵 박정희대통령의 위대한업적

박정희 전 대통령 15년째 업적 평가 '1위'

헤아릴 수 없는 업적 중 30가지만 적어본다

박정희시대는 대한민국의 **산업혁명 시대이며**

북한과의 체제경쟁을 마감한 시대이다.

1. 최초로 <주민등록제도> 실시.

2. 최초로 <의료보험제도> 실시.

3. 최초로 <국세청설립>으로 재정자립/거시경제 안정

4. 최초로 <국가유공자 보상> 실시.

5. **문화재보호법 제정**.

6. 산림 보호하여 **세계4대 <조림성공국 반열>에 오름**.

7. 전국 일일생활권이 가능해진 사회, 경제 발전의 획기적인 계기가 된 **< 경부고속도로 등 고속도로 건설 프로젝트>**.

8. 1979년 <88 올림픽 유치>계획 **수립** 및 구성.

9. 홍수/가뭄, 환경 대비 **<4대강 다목적댐> 준공**.

10. 제주도 명물 감귤사업 조성, 도로, 항만 등 <국제적인 관광지>로서의 입지를 구축.

11. 농촌 진흥과 국민의 근면, 자조, 협동정신 일깨운 농촌혁명인 <새마을운동> 실시.
    농촌의 현대화

12. <자동차 산업 육성>하여 우리나라 대표적인 효자산업으로 성장.

13. 식량자급으로 가난을 해결하고자 다수확품종인 **통일벼 재배**하여<녹색혁명>성공.

14. <한일협정> 체결을 통해 얻어낸 막대한 청구비용 으로 1960년대 경제발전 토대를 닦음.

15. **경제개발5개년 계획에 따라 <철강산업 육성>**시켜 세계적 규모의 철강업체 기반을 구축. 포스코 설립.

16. 2001년~2012년까지 세계 1위를 놓치지 않았던 대표적인 <조선산업 기반>을 다짐.

17. 공업입국' 신호탄인 **공업단지를 조성**, <경공업·중화학공업>을 통한 경제개발 기틀 다짐

18. 서민들의 원활한 도로교통을 위해 <서울지하철 1호선> 개통.

19. 세계에서 1위를 지키고 있는 대한민국 효자산업인 <반도체 전자공업 기반>을 다짐.

20. 외세에 의존하지 않고 <자주국방>을 통한 철통 같은 국가안보를 계획하여 실현시킴.
    방위산업육성, 국방과학연구소 설립

21. 독립국가 140여개 국가중 유일하게 **과학진흥계획 수립**, **KIST 설립** 등. 세계적인<과학국가 기반>을 조성.

22. 대한민국을 위해 헌신한 **역사적 인물들에** 대한 숭고한 <기념사업>을 정부주도로 추진.

23. 국민에게 '우리도 할 수 있다', '하면 된다' 라는 <긍정 리더십>을 통해 자신감을 심어 줌. 수출 진흥, **절대적인 빈곤에서의 해방**.

24. 전국 호국문화 유산 등 중요한 <문화재 발굴 정비>.

25. 야간 중학 개설, 중학입시시험 폐지, 고교평준화 같은 <현대식 교육체계기반>조성.

26. 통일대비 <국회의사당 건립>지시.
    평화통일 정책 수립.

27. 오일쇼크 피해 타개책으로 토건공사, 항만 축조 ,플랜트 건설분야로 <중동진출>.

28. 건전한 생활윤리와 가치관 확립을 위해 **<국민교육헌장 제정>**.

29. 식량,자동차,무기 등의 수입대체로 <국산화 추진 및 장려>.

30. <적극적인 외교>를 통해 한국의 존재를 세계에 각인 시켜 동반자로서 입지를 구축.

산업구조를 고도화 하는 데 성공하며 한강의 기적을 일으키는데 성공했다. 세계2차대전이 후 저개발국 가운데 **국가 주도의 경제 계획으로 가장 성공한 나라가 됨**.

살기 좋은 자유주의 나라 만들기

無恒産 無恒心
무항산 무항심

떳떳한 살림이 없으면 떳떳한 마음도 없다.

■ **자유주의 나라는 정부 개입이 적은 나라**

▶ **나물 먹고 물 마시며 팔을 베고 누웠으니, 대장부 살림살이 이만하면 족하도다!**
  특수한 사람에게만 해당하는 말이다.
  혜민스님이 사는 집을 보면 수도자도
  쾌적하고 부유한 집을 원한다는 것이
  확인되었다.

즉, **'생활이 안정되지 않으면 바른 마음을 유지하기 어렵다'** 라는 것을 보여 준다.
  보통 사람들은 일단 생계걱정 없을 정도로는
  풍요 해져야 행복해 진다.
  풍요, 문화발전, 도덕심 (배고프면 도둑이 된다)
  이 평화로운 나라를 이루는 것이 자유주의이다.

▶ **한보, 기아 사태**는 정부의 보호주의 때문에 발생하였고,
▶ **카드사 문제**(1980년)는 금융부정, 신용불량으로 발생하였다.
▶ ***서브프라임 모기지 금융사태**
  (2007~2008년)도
  미국정부가 주택시장에 개입하여 저금리
  돈을 풀어서 모기지 전문 금융기관을
  보호하다가 발생하였다.

서브프라임 모기지 금융사태
2007년에 발생한 서브프라임 모기지(subprime mortgage) 사태는 미국의 TOP 10에 드는 초대형 모기지론 대부업체가 파산하면서 시작되었다. 미국 만이 아니라 국제금융시장에 신용경색을 불러왔다.

■ **국민이 정부에 요구할 것은 빵과 떡이 아닌 자유다.**

정부에게 자꾸 무엇을 달라고 하면 국민이 돈 벌 자유가 줄어 들어 배고파진다.

막강했던 중국(동양 대제국)은 왜 서양에 패했나?

서유럽보다 앞섰던 중국(동양)

서기 1500년 당시 세계의 판도는 중국이 인구, 철강, 육군, 해군 등 전반적으로 유럽을 압도했다.

16세기 이전은 물론 18세기 중엽까지도 중국은, 심지어 제3세계도 서양을 경제적인 측면에서 압도하고 있었다.

그러나 서유럽은 과학 기술력, 경제력, 군사력을 절묘하게 결합 세계의 패자(覇者)로 부상할 수 있었다. **서양**이 결국 세계 정치 경제의 주역이 되었다.

압도적인 우위를 차지 했던 중국이 몰락하게 된 원인은 무엇일까?

서유럽 경제발전 및 승리의 원동력

사상적 원인	프로테스탄트 윤리, 청교도 정신 르네상스 이 후의 인본주의적 사상(max weber)
구조적 원인	봉건제도의 지속, 중앙집권 부재(지방 분권)로 권력자들의 **자유로운 경쟁** 가능
군사적 원인	군사기술 혁신을 통한 정복 (Geoffrey Parker 의 RMA 이론)

이에 반해 동양은 유교적 사상의 영향으로 공업, 상업에 대한 경시(輕視)사상이 지배하였고

중국의 막강한 중앙 집권적 정치 질서는 변방의 항해 및 상업 발전을 제약하는 요인이 되었다.

중앙 집권화 되었던 중국의 관료들은 중국 변방에서 새로운 신흥 부호 세력의 성장을 방관할 수 없었다.

중앙집권화로 자유경쟁을 막은 것이 중국이 서구에 뒤쳐지게 된 주요 원인이다. **경제발전은 자유경쟁의 산물이다.**

일본의 경우는 서양과 가장 근접한 문화 및 정치 구조를 가지고 있어 **서구적 자본주의가 발전하였다.**.

자본주의와 자유주의의 발달이 서양의 우위를 확고히 했다.

76년의 정신	자본주의, 자유주의의 근대적 기원의 해

미국 및 서구에서 **76 (1776)**은 아주 중요한 의미를 갖는 해이다.

1776년은 아담 스미스(Adam Smith)의 국부론이 출간된 해이고 미국 독립 선언의 해이기도 하다.

경제적 자유주의의 기원과 **정치적 자유주의**의 기원이 되는 해이다.

자유주의 정치 경제 사상을 배경으로 해서 산업혁명이 이루어질 수 있었고 18세기 이후 급격한 산업발전이 이루어졌다.

인류는 자본주의적 생산의 확대를 통해 처음으로 빈곤에서 벗어나게 됐다.

폴 케네디 (Paul Michael Kennedy)
1945. 영국
1983~예일대 역사학과 교수
저서:
'강대국의 흥망' 외 11건

'강대국의 흥망'과 이춘근박사의 강의에서 발췌함

자유주의 관점에서 본 대한민국 헌법 [1] 어떻게 자유주의 가치를 실현할 수 있는가?

헌법이란?
사회가 지향하는 가치를 실현하는 방법을 담아 놓은 것으로서 한 사회의 **정치 질서의 기초**이며 정치적 **의사결정의 기초**이다.

권력은 사람이 가지면 안된다. 법이 가져야 한다.

헌법을 잘못 만들면(헌법실패)
정부실패, 시장실패, 포퓰리즘 정책이 발효한다.

헌법실패 예) 검수완박(검찰 수사권 완전 박탈)을 막지 못함.
최저임금 급상승을 막지 못함. 재정준칙이 망가짐.

자유주의의 역할
국가권력 제한, 기타 권력 제한, 최소정부로 자유 보호
(자유주의는 정부권력을 최소화하는 데 있다.)

▶ **자유민주주의 단점** : 다수결에 의하여 국가권력을 무한으로 키울 수 있으며 복지명목으로 사회주의를 대체할 수 있을 정도가 된다.

헌법의 두 가지 기능

1. 권력을 조직하는 규칙(권력구조)---민주헌법
정부를 어떻게 조직하고 누가 지배하는가?
삼권분립 방법과 역할, 집단적 의사 결정 방법, 선거제도, 정당법, 정부형태 등

2. 권력을 제한하는 규칙(법치원칙)---자유헌법
국가가 통제할 자원의 몫을 정하고 국가가 정부기관을 통하여 수행할 활동범위(의사결정 범위)를 제한하는 규칙

입법제한 : 다수결 결정의 한계를 두어야 한다.
정부 조직이 할 수 있는 의사 결정 영역을 제한해야 한다.
공적 영역, 사적영역을 구분 하는 규칙이 필요하다.

▶ **영국**의 민주주의 문제점
왕의 절대 왕권이 의회로 이전되어 의회 권한을 제한하지 못함.
통제 불가한 주권재민, 통제 불가한 의회민주주의,
막강한 정부조직이 만들어지고 **다수 만능주의**로 흐름.

국가권력을 제한하는 규칙의 중요성

우리 헌법은 권력 제한헌법이 아니다.
다수가 위임해준 강력한 권력만이 약한 개인들을 지켜줄 수 있다? - **위임 받은 자가 권력남용을 못하게 제한해야 한다.**

▶ **주인 대리인 문제** :
대리인 (예, 의사, 변호사, 경영자, 국회)이 정보를 독점하여 자기의 이익을 도모하는 것을 제한해야 한다.

▶ **인식론적 관점** :
권력자인 국가가 모든 정보를 갖고 있어 국가전지전능 주의에 빠지지 않게 제한해야 한다.

▶ **추종적 인식의 문제** :
자기가 따르던 세력(예, 정당) 의 규칙을 추종 하려고 하는 것 제한 : 국회의 경우 입법가이드를 정해야 한다

자유주의 관점에서 본 대한민국 헌법 [2] 헌법에 있는 정부 간섭 조항

경제 헌법상 정부 간섭의 유형

	헌법 조항과 정부 간섭의 내용
경제활동규제	119조2항 : 균형성장 경제안정, 소득분배, 시장지배, 경제력 남용억제, 경제민주화를 위한 규제와 조정 120조 : 자연자원에 대한 제한적 특허, 국토와 자원의 균형개발을 위한 계획 121조 : 경자유전원칙, 농지의 임대차 제한 122조 : 국토의 균형발전을 위한 이용과 개발제한
보호육성 지원정책	123조 : 농어촌 개발계획, 지역 균형발전, 중소기업 보호육성, 농수산물 가격안정 보호 124조 : 소비자 보호운동의 보장 125조 : 대외무역의 육성 규제조항 127조 : 과학기술제도 국가표준제도 확립
복지와 분배	32조 : 노동의 권리와 의무를 규정, 적정임금과 최저임금 보장 고용증대 노력 : 연소자와 부녀자의 특별 보호, 국가유공자 유가족의 고용 우선 34조 : 사회보장, 사회복지의 증진. 여자의 복지. 노인과 청소년 복지.

자유주의 관점에서 본 **대한민국 헌법 [3]** 현행 헌법의 문제점과 제언

자유주의 관점에서 본 우리 헌법의 문제점

- **한국헌법 : 자유헌법이 아닌 민주헌법**
- **한국의 정치적 자유는 독일이나 스웨덴, 미국 수준**
- **한국의 민주주의는 그 어떤 나라와 비교해도 권력의 제한이 거의 없는 주권 재민국가로 다수의 지지를 받으면 제한 없는 권력을 행사할 수 있다.**
- **국가 권력, 특히 입법권력을 효과적으로 제한하기 위해서 필요한 장치는 법치이다.**
- **정부에게 경제 개입권한을 매우 광범하게 인정함.**
- **대한민국헌법은 권력구조에 초점을 맞춘 헌법이며 권력을 제한하는 헌법이 아니다.**
- **국가(국회)의 권력을 효과적으로 제한하는 장치가 없다.**

자유헌법에 대한 제언

□ **입법 가이드가 필요하다.** : 법의 지배

  헌법에 무엇이 법이 될 수 있는가에 관한 조항이 있어야 함
  집단적 의사결정에는 일관성 유지가 어려움.
  경제를 목적에 합당하게 통제할 수 있다고 믿는 입법자의 지적 도덕적인 자만을 막아야 함.

□ **포퓰리즘을 막을 헌법을 만들어야 한다.**

  적자예산 한계법 (독일 GDP 대비 0.34%넘는 예산 입법금지)
  정부 청부입법 제한, 영향평가로 제한해야, 정부예산,
  투자 타당성 지키게 해야 한다.

□ **법치와 국가의 관계**

  법의 지배 원칙이 추구하고자 하는 것은 개인들은 물론
  국가의 정의롭지 못한 행동으로부터 개인의 재산과 자유를 보호하는 것이다.

□ **反법치 법은 제외시켜야 한다.**

  특정산업 육성법, 특정그룹 육성법,
  시장경제의 결과를 수정하는 법, 가격 규제, 수량 규제법 등

□ **법 실증주의를 원칙으로 한다.**

  (경험적 사실에 의거하여 형성된 법만 법으로서 인정하는 사상)
  입법부가 정하면 다 법이라는 것은 코미디이다.
  법이 법 다워야 하며 헌법에 입법가이드를 만들어 제한해야 한다.

헌법119조 1,2항

❶ 대한민국의 경제질서는 개인과 기업의 **경제상의 자유**와 **창의를 존중**함을 기본으로 한다.

→ 1항은 경제상의 자유와 창의를 존중 한다 해놓고

❷ 국가는 균형 있는 국민경제의 성장 및 안정과

→ 차별화 특성화는?

적정한 소득의 분배를 유지하고

→ 정부가?

시장의 지배와 경제력의 남용을 방지하며

→ 좋은 것 판매 자제?

경제 주체 간의 조화를 통한 **경제의 민주화를 위하여**

→ 시장에 맡기지 않고?

경제에 관한 **규제와 조정**을 할 수 있다.

→ 또 규제 양산? (정부의 무한한 개입 가능)

남발되는 의원입법

지난 4.15 총선으로 출범한 21대 국회에서 발의된 의원입법은 2만818건 하루평균 20건 한달에 600건 이중 30%가 통과 연간 2000건의 법이 생긴다. **미국은 년간150건 일본80건 영국40건 이다.**

국회1인당 통과법안 건수는
한국이 미국의 21배
프랑스의 49배
영국의 172 배
독일의 37배

정쟁을 일삼다가 마지막에 하루에 1000건을 처리하기도
이 **묻지마** 입법이 개인과 기업을 강제한다.

정말 필요한
미래세대를 위한 개혁법안
재정준칙 도입은 외면하면서

반대로 의원연봉은 국민소득대비 3.36배로
미국의 2.48배 일본의 2.11배
프랑스의 2.1배로
선진국을 압도한다.

이런 국회를 개혁해야 국민이 산다.

헌법119조 2항 문제점

■ 헌법 119조 2항을 해석해 보면 다음과 같이 된다

1. 소득분배를 **시장이 아닌** 정부가 하고,
2. 좋은 상품으로 시장을 지배하는 것을 방지하고
3. 경제력의 남용을 방지하고 (경제력 남용은 좌파정권이 했다.)
4. 경제 주체 간의 조화 (이것은 시장에서 자연적으로 이루어짐)
를 **정부주도로 이룬다**

정부가 대신 소득 분배 핑계로 "남의 재산을 빼앗아 나누어 주자"고 하면 무서운 공무원들과 빼앗길 것 없는 거지만 남게 된다. 조선말기의 가렴주구(苛斂誅求) 현상

이렇게 고쳐야 한다

▶ 바둑 둘 때 이세돌의 착점을 다수결(사회민주주의)로 정하자는 것이 경제민주화 이다.
그러나 다수결로 덤벼도 전문가를 당할 수 없다.

▶ 그래서 전문가 이재용, 정의선에게 경영을 맡기는 것이다. 판사가 아무리 뛰어나도 전문가 이재용을 따라갈 수 없다. 그래서 경제민주화는 안되는 것이다.

■ '공짜로 먹고 살게 하거나, 일을 해도 내 소득이 안 될 때는 열심히 일하지 않는다' 는 것을 뻔히 알면서도 다수결로 무엇이든지 해낼 수 있다고 하는

경제민주화(경제사회주의)**는 폐지해야 하고**
경제자유화(자본주의 시장경제)**로 바꿔야 한다.**

▶ 정부가 간섭할수록 경제는 나빠지므로 **실패했던 경제정책을 피하는 방법으로** 운용해야 한다.

김종인의 경제민주화(재벌개혁)에 대한 반론

경제민주화는 김종인이 과거 사회주의에 기반한 독일의 **질서자유주의**를 87헌법에 도입한 것으로서 알려져 있으며 민주당에 의해 기업규제법으로 나타나고 있다.

▶ **경제민주화**는 **재벌개혁**(재벌이나 대기업 규제)에 초점을 둔다.

1. 대기업에 대한 규제 완화가 1997년 경제위기를 초래한 근본 원인이기에 대기업이나 재벌을 규제하거나 개혁해야 한다.
반론) 국내 통화량의 과다발행, 국제적으로 엄청난 달러, 엔 등의 유동성이 넘쳐났기에 발생했다.

2. 재벌은 사회 전반, 정치 영역까지 영향을 미치는 경제세력이다.
반론) 재벌 못지 않게 정치력을 행사하는 집단은 많다.

3. 대기업은 생리적으로 탐욕이 끝이 없다. 규제 안 하면 탐욕을 억제할 길이 없다.
반론) 불법 등을 저지르지 않는 한, 탐욕을 문제 삼는다는 것은 우리 사회를 공산주의나 사회주의가 중심이 되는 사회로 만들겠다는 의미로 해석할 수 있다.

4. 압축성장이 마치 자기들(대기업을 말함)이 잘해서 한 것 같은 착각에 빠졌다.
반론) 정부의 지원을 받지만 기업의 성장은 그 기업의 크기를 불문하고 대부분 **자신의 노력의 결과**라고 보는 것이 옳다.

무분별한 재벌개혁은 경제적 반향만 초래할 뿐이다.

재벌의 해체를 원한다면 언제든지 그렇게 할 수 있다. 문제는

그렇게 했을 때 우리 모두가 그 결과를 감당해야 한다는 것이다

전용덕 (대구대학교 경제학 교수)글에서 발췌

경제민주화(반 성장주의 구호)를 경제자유화(시장경제화)로 바꿔야

정부주도 경제정책은 실패! → 규제 풀고 → **민간,기업 주도 경제로!**

일자리를 만들려고 고의적으로 **54조원**을 투입했는데도 **9만명** 증가에 불과했다. 고의적인 일자리 투자를 하지 아니한 **박근혜 정부**때는 같은 기간에 **58만명**의 **일자리**가 증가했었다.

그런데도 "**더 기다리면 좋아진다. 지금 좋아지고 있다**"고 남의 일 같은 소리만 하고 있고 7조원 인가를 세금으로 퍼주어 달래겠다고 한다.

(코로나 발생 전 상황 비교)

www.policetv.co.kr › news
문재인 정부 5년 **일자리 예산** 127조, 기상천외한 '관제 알바' 창출 < 정치 < 뉴...

고용노동부가 2일 국회 예결위 전체회의에 제출한 자료에 따르면 **문재인 정부**가 지난 5년간 썼던 **일자리 예산**이 127조 원이...
2022.09.02.

경제민주화 개념은 사회주의 개념이다

- 경제민주주의(경제민주화)는 독일혁명으로 1919년 성립된 바이마르공화국 시절 마르크스주의 이론가 **힐퍼딩**이 사회주의로 이행하는 전 단계로 정립한 '조직자본주의' 이론을 바탕으로 1928년 독일노동총연맹(DGAB)의 **나프탈리**가 주도해 **사회주의로의 이행 프로그램으로** 제안하고 체계화한 개념이다.

- **사회주의적 기원**을 가지고 있으며, 그렇기에 구소련 공산주의 혁명을 독일에서 일으키고자 했던 **로자 룩셈부르크**를 기념하는 **로자 룩셈부르크** 재단에서 자주 논의되는 개념이다.

- **질서자유주의**와 **사회적 시장경제**라는 개념도 이러한 독일 특유의 사회주의적이고 반자본주의적 전통에서 탄생한 개념으로 **독일 좌파 정당에서 주로 사용하는 사회주의적 개념**이다.

- 독일에서 말하는 민주적 사회주의(사회민주주의)의 **경제민주화**는 사회주의로 가기 **위한 중간단계적 변혁개념이다.**

질서자유주의

1950년에 **헤로 뮐러**에 의해 처음 사용된 개념. 독일식으로 변형된 자유주의의 별종. 자유시장이 이상처럼 작동할 수 있도록 **국가가 적극적으로 개입하는 것을 강조한다.**

'경제민주화'를 비판하는 성명서(요약) 한국질서경제학회 2020.10.06

독일어권에서 경제·경영학을 수학한 학자 300여 명으로 구성된 한국질서경제학회의 성명서

김위원장은 지난 **30년간 재벌개혁 타령으로 반기업정서를 부추기고 한국경제의 활력을 훼손한 장본인이며** 경제민주화로 한국사회를 퇴행시킴과 함께 학자적 양심을 어겼다.

김 위원장은 한국사회에 생소한 독일의 경제민주주의 개념이 반자본주의 혹은 사회주의를 지향하는 본질을 은폐하고 왜곡해 '김종인 식 경제민주화'를 창조했다. 독일의 경제민주주의는 사회주의적 전통에 기반해 정립된 개념이다.

김 위원장은 이러한 경제민주주의의 역사적 근원을 한 번도 밝히지 않았다 독일의 경제민주주의가 독일의 사회적 시장경제와 원천적으로 같은 맥락인 것처럼 주장한다.

미래의 번영을 위해서 자유와 자율이 보장되고 경제자유화가 확대돼야 한다.

독일이 통일의 후유증을 극복하고 경제회복과 재도약에 성공한 것은 기업의 부담을 줄이고 자유시장경제를 강화한 덕분이다.

. 독일 바이마르공화국의 유물인 **경제민주주의(경제민주화)**가 한국경제를 정의롭고 공정하게 이끈다는 감성적 개념으로 둔갑하여 한국 사회를 포획하였고, **한국경제는 국가개입주의를 넘어** 차베스 **식의 반자본주의 '포퓰리즘'으로 향하고 있다.**

이런 역사적 퇴행을 지켜보면서, '가짜 복음을 전파하는 거짓 선지자'의 잘못을 지적하고 한국경제의 올바른 방향을 제시하고자 한다.

정부는 시장에서 경쟁질서를 유지하기 위해 게임 규칙을 제정하는 장기적인 안목의 질서정책에 한정해서 경제에 개입할 수 있고

특정한 목적의 달성을 위한 시장에 개입하는 과정정책을 통한 개입은 소득 재분배와 같은 **복지정책에서 최소한에 그쳐야 한다는 것이 질서자유주의와 사회적 시장경제의 원칙이다.**

. 정부는 시장경제 질서의 확립만 담당하며 경제활동은 개인의 자유에 의해 이루어진다는 원칙은 독일에서 비교적 엄격하게 유지되었다.

독일의 사회적 시장경제에는 **국가 주도의 경제관과 마구잡이 기업규제는 존재하지 않는다..**

사민당이 2007년 함부르크강령 이후 **경제민주주의를 사실상 폐기**한 것은 당연한 귀결이다.

이 결과 현재 극좌 노선의 **좌파당**(Die Linke)과 **노조**(DGB)만이 독일에서 경제민주주의(경제민주화)를 주장하고 있다.

시대착오적인 경제민주화를 앞세워 베네수엘라로 향하는 특급열차를 탄

대한민국은 집단 환각에서 조속히 깨어나야 한다!

끊이지 않는 논란 헌법 119조 2항'은 폐지되어야 한다 !!

대륙횡단 철도의 유혹에서 벗어나자 !

연방제 통일의 당위성으로 저들은 대륙횡단 철도의 유용성을 든다. 사실일까?

대륙 횡단 철도를 화물 운송로로 하자는 안(案)은 정권마다 던지는 화두이지만 북한 지역을 통과해야 되고 막대한 예산이 투입되는 사업이다. 연방제 통일이 되면 유용하고 경제적인 화물 운송 수단이 될까?

■ **아담 스미스**는 '**무역할 때 해상무역을 하라**'고 권고하였다.

그 당시에도 선박탑재 화물이 가축수레 화물의 50배 정도 되었지만 현재도 선박 탑재화물이 철도 탑재중량의 50-90배 정도되기 때문에 해상무역이 유리하다.

마차나 철도나 도로로 여러 나라를 통과하기는 너무 복잡하고 위험하다.

그런데도 **유라시아 철도가 선박보다 유리하다는 것은 맞지 않는 말이다**

반대로 러시아와 같이 바닷길이 막힌 나라와는 무역을 하기 어렵다. 이렇게 바다와 접하지 아니한 맹지 국가와 무역을 할 때만 철도가 필요하다.

그래서 러시아와 소련은 부동항(不凍港)을 얻으려고 그렇게도 한반도를 탐냈다.

■ **군량미나 짐이나 화물을 운반하는 데는 선박이 월등히 유리했고 그런 조건의 환경이 유리하다.**

육지나 섬이 파도를 방어하고 해안선의 요철이 복잡하여 육지 깊숙이 배가 들어갈 수 있는 것이 유리하다.

요철이 많은 지중해연안에서 문명이 발생된 것은 당연하다.

또한 나일강과 같이 지류가 많은 강의 경우 선박이 육지 깊숙이 드나들 수 있어서 화물, 인력 운반이 유리하여 **문명이 먼저 발생하였다**.

실크로드(Silk Road)나 차마고도(茶馬古道)는 말이나 낙타를 이용하였는데 선박에 비하여 매우 가벼운 화물만 운반가능 하였다. 몽고군이 강했던 것도 군량미 운반수단이 우수했기 때문이다.

환상에 젖게 했던 유라시아 횡단 철도 연결 계획은 수면 아래로 가라앉았다. 국민이 현명해야 한다.

대한민국의 빚 현황

(2021년) 국가 총 부채 **5188.5**조, 일반 정부부채 **965.3**조 (2022년 **1067**조)
가계부채 **1862.1**조 ➡ **2200**조(2023.10.20. 증권뉴스) 기업부채 **2361.1**조 (한국경제2022년4월6일 A8면)

▶**국가채무**: 국가(**중앙정부+지방정부**)가 직접 상환 의무가 있는 국채+차입금 등(**697.2**조)
▶**국가부채**: 국채 + 차입금 등(**818.2**조) +연금충당부채(**1378.2**조)=**2196.4**조
　　　　　　　확정부채　　　　　　　　　　　비확정부채

▷2021년도 **GDP**(국내총생산)= **2057.4** 조 ▷2021년 정부의 순자산 : **643.5** 조
▷2021년 **국민 총인구**: **5174.5** 만명

나라 빚(**국가 총 부채**)은 GDP 대비 **252** %　국가 총부채에 대한 국민1인당 부채 : **1억 27** 만원
국가부채는 GDP 대비 **106.8** % → 국가부채(정부부채)에 대한 국민1인당 부채 : **4245** 만원
가계부채는 GDP 대비 **90.5** % → 국민1인당 가계부채액 : **3599** 만원
기업부채는 GDP 대비 **114.8** %

정부부채 증가속도는 세계 1위, 경제 활력이 크게 떨어질 것,
일부 가계와 기업은 디폴트 (채무불이행)위기를 맞을 수 있다.
정부의 적극적 부채관리가 필요하다.
▶연금충당부채를 포함시 총부채는 **6419.6** 조로 늘어난다.

연합뉴스 PiCK
한국 정부부채 증가속도 선진국 2.5배…60년엔 지금 3배로
입력 2022.10.23. 오전 5:48 · 수정 2022.10.23. 오후 3:45
박용주 기자

한국, 기업부채증가 속도 세계2위
(2022.10.31. FN TODAY)

국가가 빚을 통제하지 못하면 빚이 국가를 통제한다. 　조지 오스본 (전 영국 재무장관)

자유 국제경쟁 체제의 탄생 Bretton Woods system(1944)

2차 대전 후 미국 New Hampshire주 Bretton Woods에 있는 Mount Washington Hotel에 44개 연합국 대표 730명이 모여 **전후복구 질서를 마련하기 위한 협약을 체결하여 성립한 국제간 금융체제이다**

체결 목적: **1차대전후** 유럽의 소수 나라에 힘이 집중되어 **통화문제를 잘못** 처리하여 2차대전이 유발되었다고 인식하여 **세계2차 대전과 세계 대공황에 대응하여 각국의 통화정책을 감시하기 위한 IMF(국제통화기금)**를 설립하고 전후 복구를 위한 **IBRD(세계은행)**를 설립하는데 합의하였다.

결과

1. 그 당시 세계 금의 2/3를 보유한 미국은 금본위제를 유지할 수 있어 달러가 통상과 금융질서를 유지하는 **기축통화(거래통화)**가 되었고,

2. 타국통화 고정환율로 달러와 교환하기로 합의하였다.

세계통화는 금 –은–지폐(송나라)-은(명) 지폐(현대).

미국 닉슨대통령(Nickson) 때 금본위제 중단

세계가 가진 금 21.7m x 21.7m x 21.7m

밖에 안되므로 증산된 대량의 **고부가** 가치의 상품을 거래하는 수요를 충당할 수 없어 중단되었다.

3. 영국, 프랑스 간에 만 이루어지던 **배타적 경제 BLOCK 이 해체되었다.**

4. 시장이 전세계로 확대하여 열리는, **글로벌리즘이 탄생하여 경제전쟁이 방지되었다.**

현재는 좌파들이 글로벌리즘에 ESG (환경지킴,사회기여. 노조경영참여)를 섞어 넣어 나쁘게 변질되었다.

5. **미국이 유일의 경제대국과 패권국이 되었다.**

6. **전승국이 패전국에 배상을 요구하지 않고 오히려 도와주는 인류 최초의 역사를 만들었다.**

플라자 합의와 루브르 합의 — G5 외환시장 개입

Plaza Accord

1985년 9월 22일 미국, 프랑스, 독일, 일본, 영국(G5) 재무장관이 뉴욕 플라자 호텔에서 외환시장에 개입해

미달러를 일본 엔과 독일 마르크에 대해 절하시키기로 합의한 것을 말한다.

합의 후 경과

플라자 합의 이후 2년간 엔화와 마르크화는 달러화에 대해 각각 65.7%와 57% 절상됐다. 그러나 그후 미 달러화의 가치하락에도 불구하고 **미국의 경상수지 적자는 개선되지 못했고** 독일과 일본 등이 국제 경쟁력 상실을 우려하여 **자국 화폐의 절상에 주저함으로써** 플라자 합의는 더 이상 이행되지 않았다.

하지만 엔화 가치의 상승(**엔고**)은 일본 기업의 수출 경쟁력을 약화시키고 '**잃어버린 10년**' 의 원인을 제공했다는 평가를 받고 있다.

합의 배경

1980년 중반까지 미 달러화는 미국의 대규모 적자에도 불구하고 고금리 정책과 미국의 정치적, 경제적 위상때문에 강세를 지속하고 있었다.

미국은 국제경쟁력이 약화됨에 따라 자국 화폐가치의 하락을 막기 위해 **외환시장에 개입할 필요**가 있었고 다른 선진국들은 미 달러화에 대한 **자국 화폐가치의 하락을 막기 위해** 과도한 긴축통화정책을 실시해야 했으며 그 결과 경제가 침체되는 상황을 맞게 되었다.

이에 미국, 영국, 프랑스, 독일 및 일본은 1985년 9월 뉴욕의 플라자 호텔에서 **미 달러화 가치 하락을 유도하기 위하여 공동으로 외환시장에 개입하기로 합의했다.**
미국의 의도는 환율 변화를 통해 수출을 증가시키고 그 수출증대를 통해 미국경제를 살리는 것이 목적이었다.

플라자 합의내용

엔화와 마르크화 절상 요구(미 달러 절하 효과, 주 목적은 엔화 절상)
달러 약세전환과 무역 불균형을 해소하기 위함.
미국이 수출에 유리해지고, 달러 빚이 탕감되는 효과도 있음.
▶ 생각보다 일본의 무역 흑자는 효과적으로 줄지 않음.

플라자 합의 동영상 (만화로 보는 맨큐의 경제학) https://tv.naver.com/v/15066393
링크를 따라가려면 <Ctrl>키를 누른 채 클릭하세요

루브르 합의 (Louvre Accord) 1987.2.22

프랑스 파리에서 **선진 6개국**(프랑스, 서독, 일본, **캐나다**, 미국, 영국)이 체결한 합의를 말한다.
합의문의 골자는 1985년 플라자 합의 이후 급격한 **미국 달러화의 가치 하락을 막기 위한 것이다.**

선진 6개국 재무 장관 회담에서 달러당 150엔 전후 이하로 달러가 하락하면 각국의 경제 성장을 저해한다 하여 통화 안정에 관해 정리한 합의.

미국의 물건을 사라고 일본에 요구
　　일본의 수입 확대
　　(1달러짜리 물건을 100엔으로 살 수 있으니 수입을 선호함.)

저금리정책, 부동산 경기부양, 해외여행 장려 등
내수경제가 활성화 되고, 물가가 오르니
　　부동산도 상승함. (**부동산 버블**)

시장 경제의 요약

자본주의는 '**내가 번 것은 내 것**' (내 가족 포함의 사유재산)이 되는 이념이다.

▶ 자본주의의 실체는 시장경제다.

▶ 시장경제에서는 사람들이 필요한 것은 누군가가 만들어 내고 만다.
그래서 자동적으로 각양 각색의 상품이 나오게 되어 넘치게 된다.

▶ 시장경제의 요체는 자익주의를 이용하여 가장 정의롭고
합리적인 세상을 만든다.

> 최우수 가성비를 가진 상품을 선택하는 **자익심**(자기 이익 추구)과 이를 이용하여
> 최우수 가성비 상품을 만들려는 **자익심**이 어우러져 풍요한 세상을 만든다.

▶ 자익심의 **발현과 경쟁이 가장 정의로운 과정을 만드는** 기막힌 자연적인 조화다.
그래서 " 착한 정부 보다도 무 감성 시장이 더 정의롭고 국민에게 이롭다" 는 말이 있다

> ■ '**내가 번 것이 내 것**' 되게 보장해 주어 자기 이익 추구 본능에 의해 열심히
> 일하게 만들고, 그 결과물로 시장에서 가성비 경쟁을 하여 시장에 상품이 넘치게 되고
> 권력과 밀착하여 발생하는 정실, 부패경제를 방지하여 가장 정의롭고 효과적이고
> 풍요한 세상을 만든다.

잘 사는 나라가 되려면

1. 정직성과 양심을 부단히 유지하면서

    최대한 많은 인구가 열심히 일하게 해야 한다.

    일에 따라 적합한 임금이 지불되도록 최저임금제를 폐지해야 한다. 노동시간 제한을 없애야 한다.

2. 일은 소질에 따른 분업형태로 해야 한다.

3. 자율적으로 아이디어를 짜내면서 열심히 해야 한다.

4. 근로자의 노동조건 개선과 건강 복지에 힘써야 한다.

5. 효율적인 토지 형태 관리와 쾌적한 작업환경으로 개선해 나가야 한다.

6. 최대한 시장경제에 맡기고 경자유전 등 경제와 기업을 옭재는 규제를 철폐해야 한다.

    *경자유전 (耕者有田)농지는 농사짓는 사람만 소유할 수 있다.)

7. 무역, 영업력을 확대해야 한다(국익 우선주의).

8. 적극적으로 최신기술(혁신기술)을 접목해서 신기술 개발에 나서야 한다.

9. 세금을 줄여 나가야 한다.

10. **자유민주주의, 시장경제와 진실한 역사교육을 지향해야 한다.**

<매경 국민보고대회 제언>
한국을 부자나라로 만들기 위해서

▶ TEE 패러다임 제시

1. 신뢰도(Trust)
2. 경제 자유(Economic freedom)
3. 기업가 정신 (Entepreneur ship)을

1인당 국민소득 기준
세계 10대 국가 수준으로 맞추라

일 안하고 잘 사는 길은
천국에도 없을 것이다.

■ 우리가 생각하는 잘 사는 나라가 되는 길은?

정치가 안정되야 나라가 성장한다.

종북 좌파, 반미, 반일 세력, 용공 세력 등 반대한민국 세력의 척결 없이는 자유대한민국의 미래는 없다.

헌법에 명시된 **국가정체성**(자유민주주의, 자유시장경제) 확립이 최우선이 되어야 한다.

時論

44번 버스의 조폭들을 몰아내자 !

이 나라는 조금 배가 부르다고 너무 일찍 축배의 샴페인을 터트렸다. 거친 좌파에게는 관용모드를 취하고, 자기에게 정권을 물려준 우파에게는 더 잔인하게 응징하는 비굴함을 보였다.

거친 좌파에게 밀려 한보 기아 사태를 제때에 수습하지 못하여 국가부도를 당하고, 자기 편 후보를 도와 주지 아니하여 상대방 좌파에게 정권을 넘겨 주고는, 좌파들의 용어전술을 따라 민주화를 이루었다고 ? 덩달아 자랑한다.

실질적인 민주화(다수결 주의)는 5.10 건국의회의원 선거 때 이루어졌으며, 대한민국을 자랑할 때마다 자유를 지켜내고 산업화와 민주화를 동시에 이룬 대단한 나라라고 치켜 세운다.

고장 난 라디오 같이 반복하는 그 민주화는, 민주화를 이룬 게 아니고 온 나라를 44번 버스 같은 나라로 만든 것 이라고 솔직한 말을 해야 하는 것 아닌가 ?

5.18 특별법 같은 법을 만들어 국민들에게 재갈을 물리고 부정선거를 했다고 진하게 의심받는 지금의 상태가 민주화가 달성된 상태인가 ?

국가부도낸 문민정부가 들어서기 전까지는 호남의석 대부분이 민정당이라는 보수의석 이었다.

그도 그럴 것이 전남 72%가 이승만을 지지하는 우파의 본산이었다고 호남대안 포럼 공동 대표 박은식 의사는 말한다.

그들이 말하는 문민정부때 까지는 44번 국가가 아닌 나라였다 라는 이야기가 된다.

국가부도낸 정권 이후로 좌파 세력이 성장하고 일부 경상도인들이 거친 좌파 세력에게 동조, 합세하면서 전국화 세력이 되었다.

더군다나 국가부도 정권의 심복들을 이어받아 거친 반대세력과 싸우기를 피하는 실용주의라는 노선을 취하면서 좌파에게 상납한 제물이 박근혜 대통령이었다.

제물을 상납했다고 잘 대접해 주었나 ?
이념 없이 비겁한 실용대장에게 돌아간 선물은 감옥이었다.

그런데 지금도 일부 경상도 세력이 좌파세력에게 동조하고 있다. 현재 44번 버스에서 운전기사를 제외한 대부분의 좌석에 승객이 아닌 좌파가 앉아있다.

44번 버스에는 소수의 조폭에게 승객이 앉아 있는 상태였지만, 지금의 대한민국은 많은 자리에 전과 4범이 운영하는 조폭들이 타고 있어 더 어려운 상태다.

실화로 알려진 중국영화
'44번 버스' 이야기는
검색을 통해 알 수 있습니다.

대한민국 어디로 가야 하나

인쇄 2024년 07월 25일
발행 2024년 07월 30일

편저자 나라 걱정 시민모임
발행인 유차원
펴낸곳 광진문화사
발행소 04556 서울 중구 마른내로 4가길 5
        남영빌딩 3층 광진문화사
전 화 02-2278-6746
출판 등록 제2-4312

*이 책의 저작권은 저자에게 있습니다.
*저자의 서면 동의없는 무단 전재 및 복제를 금합니다.
*인지는 생략합니다.
*잘못된 책은 바꿔 드립니다.